U0633883

未达续集

许嘉璐 著

中国社会科学出版社

图书在版编目（CIP）数据

未达续集／许嘉璐著 . —北京：中国社会科学出版社，2017. 6
ISBN 978 - 7 - 5203 - 0628 - 7

Ⅰ. ①未…　Ⅱ. ①许…　Ⅲ. ①文化发展 – 研究 – 中国　Ⅳ. ①G12

中国版本图书馆 CIP 数据核字（2017）第 129616 号

出 版 人　赵剑英
责任编辑　任　明
责任校对　李　莉
责任印制　李寡寡

出　　版　中国社会科学出版社
社　　址　北京鼓楼西大街甲 158 号
邮　　编　100720
网　　址　http：//www. csspw. cn
发 行 部　010 – 84083685
门 市 部　010 – 84029450
经　　销　新华书店及其他书店

印刷装订　北京市兴怀印刷厂
版　　次　2017 年 6 月第 1 版
印　　次　2017 年 6 月第 1 次印刷

开　　本　710×1000　1/16
印　　张　20. 5
字　　数　346 千字
定　　价　58. 00 元

凡购买中国社会科学出版社图书，如有质量问题请与本社营销中心联系调换
电话：010 – 84083683
版权所有　侵权必究

作者近照（2015年10月）

作者近照（2016年6月）

2014年4月17日，出席中华文化与品德教育研讨会

2015年10月25日，出席纪念方东美先生诞辰115周年暨方东美哲学思想研讨会

2015年8月7日，出席第三期海峡两岸大学生文化体验营（长城文化之旅）结营式

2015年8月7日，与第三期海峡两岸大学生文化体验营（长城文化之旅）师生合影

2015年12月7日，出席和平文化研讨会

2014年10月18日，出席第二届中医养生论坛

2014年7月3日至5日，出席陶山论坛开幕式

2015年5月23日，出席第二届两岸四地茶文化高峰论坛暨第十四届中国普洱茶节开幕式

2014年7月2日至6日，出席韩国21世纪人文价值论坛开幕式祭礼

2015年9月5日至6日，出席养生保健与生态文明国际研讨会

2015年1月31日，在台湾佛光山与著名诗人余光中先生一起，同第二期海峡两岸大学生文化体验营（茶文化之旅）学员合影

2015年8月7日，在山西五台山与第三期海峡两岸大学生文化体验营（长城文化之旅）学员交谈

2015年12月27日，在云南普洱"民族团结誓词碑"前与誓词缔结代表亲切交谈

2015年5月27日，考察普洱少数民族村寨

目　录

大陆与港澳台文化共建

中华文化与多元世界

其　　他

序　　文

附　　录

未
达
续
集

乙未祭黄帝文

具茨山下，中华始祖轩辕黄帝故都故里；

溱洧河畔，炎黄后裔庄严神圣拜祖敬宗。

维公元 2015 年 4 月 21 日，岁在农历乙未，三月初三，中华炎黄文化研究会会长许嘉璐，谨以海内外炎黄子孙之名，肃拜恭祀我人文始祖轩辕黄帝曰：

华夏文明，浩浩荡荡。我祖勋德，万古流芳。

蒙昧既启，开辟鸿荒。鸣乎帝后，泽被八方。

教民耕牧，莳谷树桑。婚嫁有礼，历数歧黄。

始作车楫，初制度量。选贤任能，有纪有纲。

修德怀远，封土辟疆。肇趋一统，和合共襄。

来者秉志，历尽沧桑。千秋风流，共赋华章。

积薪不辍，后来居上。愈挫愈奋，多难兴邦。

天下为公，民本为上。振兴中华，百年梦想。

依法治国，全面小康。全球胄裔，同欣同光。

浩浩九州，腼腆河南。秣马执辔，崛起中原。

既安且美，维新维先。富而多文，荣我轩辕。

昆仑巍峨，江河浩瀚。先祖前哲，垂宪黾勉。

允恭允让，克勤克俭。济济多士，笃业丕显。

自强自尊，远虑忧患。厚德载物，至诚至善。
我胸宽博，我思悠远。四海兄弟，息息相关。
亿兆同心，跨洋越山。相扶相持，相敬相谦。
和平伟业，匍匐而前。路长多阻，何畏万难。
维我竭诚，列祖实鉴。天下大同，龙脉绵绵。

谨禀我祖，伏惟尚飨！

未达续集

中华文化的一体两翼

国学之春就是国医之春※

2014 年 10 月 19 日，"第二届中医养生论坛"在成都召开。值此之际，本刊主编马烈光教授有幸采访到中国著名语言学家、教育家、社会活动家许嘉璐教授，与许教授就国学与国医的问题进行了深入交流。

马烈光： 许教授，我记得上次拜谒您已是 20 世纪 80 年代初了，因我的恩师李克光老师主持的"黄帝内经太素校注与研究"课题申报评审，我去北京给您送评审书，那时就能与您促膝长谈，聆听教诲，真是幸甚至哉！此后一直没有机会再次晤面，颇为遗憾，然心实向往之！听说今天能见到您，我特地把《黄帝内经太素校注》这部书带来了，敬赠给您，也了却我一桩心愿啊！

许嘉璐： 看到这部书，我也感慨颇多！算来匆匆三十余载，一轮甲子已过半，真是"逝者如斯夫"。当年李克光先生率领团队，从训诂、医理等方面校注《黄帝内经太素》，使这部失传千年的典籍能方便地被现代人阅读理解和学习，这不仅填补了《黄帝内经太素》研究的空白，也对中华文化的繁荣做出了贡献。

马烈光： 这项研究能得到您的肯定，我也"与有荣焉"！您是中华传统文化研究大家，又是中国文化院的院长，这次来成都主持召开以中医养生为主题的"第二届中医养生论坛"，是否说明，中医养生与中华文化之间有着密切的联系呢？

许嘉璐： 中医养生学是中华民族精神与中华文化的缩影，国运与国医

※　此文是作者接受《养生杂志》访谈的记录稿。刊载于该刊 2015 年第 1 期。

息息相关。几千年的历史证明，中医养生学的兴衰，与国家的兴衰有着内在的联系。国力强大、社会稳定，可以为医学的进步发展提供有利条件，国医的兴盛也为造就一个兴旺的时代提供重要保障。

马烈光：许教授，听您这么一说，我突然想起习近平总书记曾指出："中国医学凝聚着深邃的哲学智慧和中华民族几千年的健康养生理念及其实践经验，是中国古代科学的瑰宝，也是打开中华文明宝库的钥匙。"您觉得该怎么解释呢？

许嘉璐：中华民族的历史、品格、哲理深刻地体现于中医之中，也创造了中医的根本优势。哲理上，天人合一、和而不同、二元辩证、整体论等中华文化核心概念，都体现出中国民族特别重视世界上所有事物彼此之间的关系，并以"中和"作为处理各种关系的原则。"中"即不走极端。"和"即不对抗。这种哲理形成了中医独特的个性和优势。也让中医成为中华文化最系统、最生动、最具体、最切身的载体，打开中华文化宝库的钥匙。

马烈光：东西方文化的不同，孕育出了中西医不同的医疗体系。二者除了治疗疾病的根本目的相同外，其他从学科特质、理论根基、治病理念等方面均有很大的不同。西医重视明确诊断，消除病因，铲除疾病；中医重视辨证求本，扶正祛邪。也就是说，西医讲对抗，中医讲平衡，所以"谨察阴阳所在而调之，以平为期"。

许嘉璐：二者的差异确实非常明确。品格上，中华民族是开放、包容、与时俱进的。西方文化的核心则是二元对立论，是封闭、排他的。希伯来文化的宗教，无论是犹太教、基督教、基督新教、东正教以及伊斯兰教，都是一神论。"一神"意味着是排他而非包容的，是拒绝对话而非相互学习的。这种基本理念带来了西方历史上多次的种族屠杀与宗教战争，也形成了以对抗疗法为核心的西医。可以看到，西方的开放仅仅在于商品流通层面，在精神领域却极端封闭。反观东方，中华民族开放的品格不仅带来了儒释道之间的融合，也形成多种宗教并存于中国而从未发生过宗教战争的奇迹，并在不同文化的相互碰撞与辩论中得到丰富，使得中国哲学站到了全世界哲学的顶峰，也让中医在历史上很长一段时期站在全世界医学的顶峰。14 世纪，欧洲爆发的黑死病断送了欧洲三分之一的人口；一战期间，欧洲爆发流感造成了 4000 万人死亡。历史上，中国也发生过 500 多次见于正史的瘟疫，但中医对于瘟疫的控制显得更为及时有效，也在病灾中产生了著名的温病论。

马烈光：是呀，历史的影响甚至决定了整个民族及其发展出的文明特质，真是深远而又奇妙！

许嘉璐：文化的本质是多元的，不同文化之间必然产生碰撞，但具有开放、包容、与时俱进的品格，才能在碰撞中互相学习，吸纳对方优点，产生文化发展的外动力。民族内部各亚文化之间的相互碰撞与融合形成了文化发展的内动力。源源不竭的内外动力，使得中华文化成为几千年来唯一没有断绝的古老文明。遗憾的是，自明代中叶到清末，中国经历了短时间的封闭，造成了中华文化的衰败，以及中医的衰落。

马烈光：封闭就会落后，近代中国屡被列强叩关直入，就源于此，也造成了国人的文化不自信，其影响一直延续至今。这种情况下，中医在现代医学体系中，客观上处于劣势，西医称中医为替代医学，有些中国人竟然以此自喜，认为被西医认可是取得了巨大的成功，这大概就是源于文化不自信了，真是令人痛心啊！

许嘉璐：是的，百年来，西方文化给我们带来好处的同时，所产生的副作用不是短时间能够消除的。就医疗而言，西医更善于借助现代科技发展的成果发展自身，其优点是明显的，但局限性也逐步显现，并已渗透到中医教学、施治和种药制药等所有方面，甚至与其他领域一起，形成范围甚为广泛的西式固定理念。

马烈光：看来要想复兴中医，首先要让中华文化在全世界范围得到普及学习。只有中华文化春意盎然，中医才能迎来春天。

许嘉璐：现在中国已经迎来了国学的春天，但离它真正蓬勃发展至少还需要50年。优秀传统文化要做到可持续发展，有两个条件：一是以喜闻乐见的形式向大众展示文化魅力。中华传统文化的纯学术化是一件极为可怕的事情。只有深入，才能浅出；唯有浅出，才能继续深入。现在人已经习惯了看电视、看卡通、吃快餐，我们能不能用人们喜闻乐见的形式，用现代的方式，把传统文化生动活泼地呈现在男女老少面前？要做到这一点，需要有越来越多的人走进基层，用贴近大众、深入浅出的语言和生动的形式，将传统文化的魅力充分展示出来，取得国人的文化共鸣。

马烈光：那另一个条件呢？

许嘉璐：另一个条件是，文化要跟上时代。自古以来，对本民族经典的阐释，都是阐释者以他所处的时代观念和需求为出发点和归宿的。虽然由于时代的不同，从儒学经典中更不可能找出解决当前社会问题的具体办法，但古今的社会准则和处事原则是相通的。因此文化要创新，不能原封不动照搬。只有解决当前的问题，传统文化才能长青。

　　马烈光：中国发展也需如此，必须要有大批中医人才投身于中医科普事业，让更多的人认识中医、享受中医、学习中医，甚至为中医而着迷。同时，中医自身还要保持时代性，不断完善自己，持续向前发展。而健康是全人类共同关注的热点和焦点，那么中医养生显然就是中医走向世界的突破口。

　　许嘉璐：让中医真正成为医疗体系的主体，让中医治病救人、强身健体的作用被广泛认同，进而为世界做出贡献，还需要多方面的努力。一是从数量和质量上，加强保障中医药的数量和质量。二是需要加强中医药养生队伍的建设，以精干的"先知"队伍培养"后知"，以"后知"普及"无知"。当大众更深入地认识中医，才能更好地享受中医。三是要在中医养生方面开展引导性、公益性的工作，例如编写《中医养生学》《常用中药解读》《家庭中医手册》等普及性读物。四是中医养生要走出去。我们需要让世界人民享用中医，改变世界对中医的偏见。这样一个中医养生之梦，是中国梦的重要内容，希望有一批深刻领悟中华文化、抱着为中华民族，为世界人民谋福利信仰的医者不断努力，促成中医春天的真正到来。可喜的是，今天我们在"天府之国"成都举办第二届中医养生论坛，并有如此多的各界人士从始至终地参与论坛，是"国兴医将兴"的先兆。

　　我相信，在国学大兴的春风吹拂下，国医大兴，必将到来！

环境和人[※]

尊敬的迈克尔·迪克逊先生，
尊敬的科伊尔议员，
女士们，先生们，朋友们：

　　非常感谢查尔斯王子殿下为这次研讨会特意拍摄了视频，我们将从中感受到王子殿下对人类健康和生态文明的深切关注；非常感谢南岸大学和南岸大学的孔子学院为这次研讨会所做的周到准备，让我们盼望已久的这次会议得以按时举行。

　　半个世纪前，美国宾州的雷切尔·卡森小姐出版了她那本不朽的著作《寂静的春天》。她的一声孤独的呐喊，开启了人类对生态环境认识的新纪元；由此，人们对于现代性、对于当代技术迷信的质疑，增添了一个现实的话题。卡森小姐离开这个世界已经 51 年了，她所坚决反对的滴滴涕已经基本绝迹，但是，毒性超过滴滴涕的种种农药和其他化学品的使用却增长了无数倍。这一骇人听闻的事实，在阿尔·戈尔先生为卡森所写的序里已经有足够的揭露，无须我在这里描述，虽然阿尔先生的那篇序写在 20 多年前。

　　女士们，先生们：

　　我之所以一开始就提到《寂静的春天》，是想说，我们人类正在疾步地走向悬崖，在用我们的双手毁坏生育、抚养我们的地球。现在的情况要比半个世纪之前严重多了。虽然生态的恶化只是人类几大危机之一，但是

　　※　此文是作者 2015 年 9 月 5 日在"养生保健与生态文明国际研讨会"（英国伦敦）开幕式上的致辞。

这却是直接关系到所有大州、所有国家、所有男女老少的生命安全，甚至危及我们子子孙孙的巨大危机。

200多年来，工业化，包括近几十年新兴国家的快速工业化所造成的对土地、河流、空气的污染，以及比人类更为古老的地球居民——野生动物的濒临灭绝的情况，越来越触目惊心了。我们是不是应该在为"摩尔定律"鼓掌欢呼的同时也思考一下，我们习以为常的思路有没有什么不对头的地方？

无论是中国医学还是西方医学，都从自己的临床经验和病理研究中得知，人体和环境的关系至为密切。这当然是我们越来越重视生态文明的主要原因；而以下几个问题似乎也是不应该忽略的。这些问题是：

在当前的生态环境下，怎样确保人们的健康和人类的永续？

现代医学的常规药品，不外抗生素和化学合成剂。这类药品的负面影响已经逐渐显现。由此可不可以让我们进一步想到：技术能够消除技术所造成的恶果吗？

通过医疗保健系统（医院、社区、NGO等）怎样唤起人们对生态的关注，并普及有关全人类是生命共同体、人类与大自然也是一个生命共同体的知识？

在思考和研究未来的时候，是不是应该反思我们祖先的智慧，而不是一味觉得我们已经掌握了全部的真理？

还应该想，在提倡生态文明和促进人类健康的问题上，人类如何加强交流与合作？

女士们，先生们：

逐步解决人类未来生存的难题，是社会知识精英（确切地说，应该称为公共知识分子）的天然职责。我赞成查尔斯王子殿下一贯坚持的，把"常规医学"和"补充医学"（也就是人们并不准确地所说的"现代医学"和"传统医学"）结合起来，把东方和西方的智慧结合起来，开辟崭新的天地。我还要强调一点，即专家们应该向社会广泛告知行之有效的解决方案。

我们期待着各国专家在接下来的两天里无保留地贡献出自己的成果和智慧，希望这次会议能够成为中—欧关于生态文明与人类健康对话的新阶段的开始。

谢谢各位！

"常规医学"与"传统医学"的融合※

各位嘉宾，各位专家，

女士们，先生们，朋友们！

开了两天的会，让我做闭幕讲话，这个讲话太难了。因为我们在这里度过了美好的两天——我所说的"美好"是指我们围绕着"养生保健与生态文明"的议题展开了富有活力和成效、紧凑而愉快、轻松而沉重的交流——众多专家讲演精彩，互动热烈，实在难以做带有总结味道的讲话。我刚才用了几个形容词描绘了会议状况，现在我想对其中"轻松而沉重"这一短语做一点解释。轻松是指在专家讲演和互动时会场充满了笑声和在知识欲得到满足之后的愉快；沉重，是因为我们所谈的题目和它的严峻性、紧迫性。对人类永续发展的种种威胁就在我们眼前。寻找人类解脱威胁之路的责任，已经落到了所有从事医学工作——不管从事什么医学，按照查尔斯王子所说，常规医学和补充医学——学者的肩上，乃至像我这样从事人文社会科学和哲学的人，也应主动承担起应有的责任。要解决这些问题的确是任重道远。刚才一位先生提出请台上的专家估计一下中医学被西方社会接受大概需要多长时间，这个问题反映出在场所有人都感觉到了问题的紧迫和肩上责任的沉重。

我想在讲我准备好的稿子之前，接在曹洪欣教授之后，就这个问题补充两句。

在我的想像中，可以说可能没有这一天。因为不同的文化需要交流对

※　此文是作者 2015 年 9 月 6 日在英国伦敦南岸大学举行的"养生保健与生态文明国际研讨会"闭幕式上的结语。

话、需要学习对方，把对方好的东西吸收到自己的文化中来。这样坚持下去，异质文化在有些方面就会逐渐相互靠近。当中国的医学被五大洲所了解、接受、享用的时候，应该已经不是 2015 年 9 月 6 日我们在这里坐而论道时的这个中医学了。换句话说，未来极有可能是"常规医学"和"补充医学"深度融合，并有创新，已经变成一个新面貌的医学，那时候是不是还叫中医学都可以讨论。所以问现在的中医学如何走下去才能被世界"接受"，我说没有那一天。

刚才王喜军院长讲述了他的研究项目，又多次回答了问题，但是到现在我也没有听懂。因为他的研究涉及多个学科，已经超出了"常规医学"和"补充医学"的研究范围。例如，他讲到他开发的专用软件。但是我懂得，这是方向。或许他已经从一个特定的角度给我们展示了未来两种或更多种医学以及其他学科之间融合的前景。

我当然是在给大家描述我脑海中的乌托邦，其实也就是查尔斯王子说的东西方智慧的结合。但是我觉得还需要讲点实际的情况。我要说，这个结合不是那么容易的，在二者之间有一堵文化之墙，这个墙已经伫立了几百年。如果跳出医学，谈到医学背后对人体、对人和环境的关系等方面的认识——我们姑且称之为哲学——东西方之间的这堵墙在基督教推广到爱琴海周围，从希腊和罗马的哲学中吸取营养，形成中世纪宗教哲学开始，就树立起来了。经过这样长的时间，中世纪宗教哲学深深扎根在基督教世界的每个人身体和血液里，成了文化基因，即使后来出现了那么多质疑宗教哲学的杰出哲学家、神学家，也没能从根本上化解它。例如，与中国文化对事物相对性、整体性、系统性、关联性的认识，西方至今还有着巨大的隔膜。

如何越过这堵墙呢？就像崔教授所说的，从 20 世纪 60 年代开始，东西方的思想家开始反思，认为不同的文化应该接触，应该对话。严格地说，这个浪潮的开始应该上推到第一次世界大战的前夕，斯宾格勒先生所写的《西方的没落》这部巨著。他在 100 年前已经告诫人们，西方的工业化已经埋下了文化流失和城市文明（也就是今天令人类尴尬、担忧的"现代化"）崛起的隐患。这种变化使整个西方社会在走向没落。对自己文化的质疑，甚至还可以向前推几十年，甚至追溯到 400 年前，也就是曹洪欣院长所提到的莱布尼茨，乃至笛卡尔这些伟大的哲学家。

思考自己文化的未来，第一个问题就是要不要和别的文化接触、交

未 达 续 集

融，学习其他文化？要不要反思自己有没有可以改进完善的地方？前人在这条路上已经走过了几百年，文化之墙至今都还牢固地立在那里。多么艰难的思想旅程！但是就人类发展的远景看，我是乐观的；就现在要做的工作来说，大家是认真的。我们知道，不能永远停留在会议室里坐而论道，要采取行动。

作为一个中国人，我想把我们享受了几千年的中国医学精华，奉献给世界，请不同的国家、民族选择性地试用、使用、享受。为此，除了像本次这样的研讨会应该继续举行之外，至少要做两件事情。第一件，让中医药和中医养生保健之学，先在十三亿五千万人的中国大放异彩，让中国各民族人民的体质更加健壮，预期寿命延长，世界常见病，例如抑郁症、阿尔茨海默症等大量减少。

从某种意义上说，旧有传染病和新的、不知名的传染病，可能确实与人类破坏生态，把原始森林中封闭了几千年的病毒和细菌释放出来有关。从某种角度看，未来20年里，像SARS这样的对人类的袭击如果再来几次，就可能更加显示出"常规医学"和"补充医学"的差异和可以相互补充之处。世界卫生组织在SARS疫情过去之后的统计显示，SARS平均死亡率为11%。新加坡最高，27%。而中国由于用了中西医结合的方法，死亡率为7%。世界卫生组织把中国治疗SARS的方法定为常规疗法，是有道理的。我并不是诅咒人类，但未来肯定还会不断有新的传染病的挑战，人类对生态、对人体以及二者关系的认识也会在应对挑战中逐步加深，并且学会与不同医学相互学习、补充；中医药学对付种种不知名的、奇怪的"客人"的独到之处，也会不断提高并为更多的人所知。"医者，仁术也。"我们不应该等待疫情一而再、再而三地毁坏那些鲜活的生命后再来进行合作。简言之，我希望中医药学的专家们全心全意地为自己的同胞做好服务，降低死亡率，特别是婴儿的死亡率，再加上关照好老人、关照好患各种疾病的人，这也就是向世界展示了中国医药和养生的威力。这是第一个要做的工作。

第二个工作与第一个工作相关，只不过这些工作落在这次到会的各国教授们身上。世界需要像王喜军教授这样的研究。他并没有以西方医学的观念作为实验的最重要指导思想，而是结合症候，也就是结合人的个性化，从个性化中寻找共性。他用了常规的种种手段和工具，不仅想建成一个理想的中国医学和西方医学的bridge，而且要展示古老的中国医学如何吸收西方医学和其他学科的精华，为我所用。如果他的实验项目成功，就可以证明"常规医学"和"补充医学"，也就是我们所说的西医和包括中医在内的各民族传统医学是可以无缝衔接的。这样，尽管他的国际化实验中心只是全世界医学研究中的一个小岛，而中国则是一个大实验室。通过大实验室和像他一样所建的众多小实验室的研究，可能会加快中国向世界做出贡献的历程。

在这次会议中的每次提问和解答，以及专家的讲演，可能使每位与会者都有不同程度的收获。现在，我想跳出会议所涉及的那些具体内容，谈一谈凌驾其上的问题。

不久前，中国文化院和北京师范大学人文宗教高等研究院组织了第三届海峡两岸大学生文化体验营，主题是"长城文化之旅"。在座的朱小健教授就是带队人之一。他在中国山西省抗日战争著名战场雁门关，带着学生们晚上到山上去看星星。为什么？居住在大陆和台湾的孩子们平时没有时间也没有条件看到灿烂的星辰。后来我在结营式上借着这件事说，希望同学们在埋头于自己的学业和科学研究时，抽出时间来仰望仰望星空。这是一句古希腊哲人说的话。"仰望星空"是指思维超越自身，超越现实，上达苍穹，下瞰大地；望着无穷无尽的宇宙，思考宇宙的和人生的根本问题：我是哪里来的？要走到哪里去？应该怎样活着？人类终极会是什么样子？思考了这些问题再到现实中来，投身于所从事的学习、活动、工作当中，就会感到好像登上了一层楼。

下面，基于这两天的会议，把我仰望星空所想到的一些问题贡献给大家。

现在人们常说，我们生活在一个充满挑战和机遇的时代。不错，每个人在日常生活中的确时时感受到了挑战的严峻。例如，工作紧张、市场无情、技能欠缺、食品安全……而如果我们从更为宏观的视野来看，对人类最具威胁性的可能主要是战争的阴影、信仰的缺失、社会的离散。社会的离散指的是传统的社会结构在被边缘化、被解构，在有的地方已经形同虚设，例如西方的工会、社区以及教堂。中国在这个方面问题也很严重。而在诸多挑战中，虽然生态恶化只是其中的一种，但却是极其重要的一种。这些挑战无疑是对全人类发出的。

机遇与挑战从来是孪生兄弟，机遇的发现和把握则全在人类自身。诚如有的学者所说，从20世纪后半叶起，欧美和东方的学者不断发出珍惜文化多样性、加强不同文化对话，以及重视生态、共同应对环境危机的声音。现代社会的巨大灾难都是人类的活动造成的，而在前工业化时代人类所遇到的最大灾难，例如地震、台风、瘟疫等，都是大自然赋予的。进入工业化时代，过度利用自然、破坏自然，造成了新的，甚至比天灾更为复杂而严重的灾难。交通和通信技术的发达进一步促成了灾难的全球化，在越来越严重的种种危机来袭的时候，没有哪一个地区和角落能够幸免。各国众多学者一起寻根究底，认为这些灾难在主观方面的原因就是人类无限膨胀的贪欲。为了追求利润的最大化和更为舒适、奢华的生活，人类狂妄地自封为宇宙之王，认为可以任意地宰割大自然。但是，人和大自然之间的关系不可能是零和游戏，我们遭到报复了，我们开始吃败仗了，这是大自然为求得与人类活动之间的平衡对我们发出的警告。对这一警告我们不能置若罔闻。如果我们置大自然母亲的警告于不顾，后果将是什么？

挽救当前和未来，最重要的办法是开展不同文化之间的交流、对话，促进对"他者"的理解和彼此的合作。刚才有一位女士提出问题，她纠结的是怎么用中医药学的道理说服英国的患者和朋友。在谈到文化交流的时候，我从不用"说服"这个词。说服意味什么？潜在的意思是，"我是对的、你是不对的"。不！没有一种文化是绝对正确的，也没有一种文化是绝对劣等的。人类在不同地区、不同环境下成长，创造了不同的文化。人类能延绵不绝，这么多古老民族能延续到今，就证明发源不同的文化都有着存在的道理和优势。任何人都不可能占有全部真理。因此，我说"交流"和"对话"，促进对他者的理解和彼此的合作，共同寻找解决人类未来命运的道路。

随着视野的扩大，面对挑战的无奈，以及通过与其他文化的交流，促使我们越来越懂得以下道理：现在的我们未必比祖先更智慧；我们不断发明古人想都不敢想的新奇技术，而古人则有着我们至今也没有完全领会的真理；我们对于物质的了解越来越深入细微，而他们对灵魂的关注和深思却是我们远远不及的。现在的人们开始懂得了真理是无限的，每个时代的真理都是相对的。这种认识促进了大家越来越重视和异质文化的交往。既然挑战和灾难盘旋在所有人的头上，不同传统、不同信仰的人们就应该携起手来，共同应对未来。

不同文化之间的对话可以出现于多个领域、多种层次，并表现为多种形式。我们在这两天里进行的讨论，是医学和环境科学（或称人体健康科学）领域的文化高端对话。诚如查尔斯王子殿下在视频中所说，我们这次会议是两种智慧的结合，目的是让更多的人享受到"'两个世界各自最佳部分'的医疗服务"。由此我想到这样两个问题：第一，两个世界各自最佳的部分并没有做到尽头，不管是"常规医学"还是"补充医学"，都有继续前进的广大空间。实际上，许多学者和医生没有歇气。但是要让社会理解，今天的任何一种医学都不能治愈所有的病人。当然，真理的追求、科学的研究永远没有尽头。相对的知识和绝对的追求，是辩证的关系。第二，在专家们就着医学基本医理、具体病例和科研案例提出许多独到见解的同时，其实已经涉及人们广为关注的一系列社会现象，例如消费与健康、发展与生态的关系这一世界性问题。消费—发展与健康—生态两个方面是密切相关的。在我看来，流行于全世界的"以消费带动发展"这一原则带有极大的误导性。鼓励并吸引人在衣食住行各个方面盲目的、过分的乃至虚荣的消费，不仅对于人体、人心的健康十分有害，而且已经并将继续极大地浪费我们赖以生存的、有限的动物、植物和土地资源，当然，同时也就破坏了本来已经很脆弱的生态环境。

中国自古就有爱人爱己，由人又推及万物的传统，还有勤俭节用的习惯，其核心则是认为人类是宇宙的一个组成部分，也就是人们常说的"天人合一"的哲学理念。但是，社会总是在平衡与不平衡之间寻求再平衡的往返循环过程中前进。在中国几千年的文明史中，奢侈与俭朴、浪费与节省一直在博弈着，而简朴和节省在广大民众中始终是胜者，成为中华民族公认的美德。但是，近几十年来情况有了很大变化，这一美德也受到了巨大冲击；其结果，就是大家都了解的中国河流、土地和空气令人心焦的状况。近十年，中国人已经从自己的生活中越来越看清楚了过度消费的后果，也意识到改变这一状况的难度。因为已经养成的方便、快捷，以及诸多习惯已难以改变。记得前几年，英国曾经有学者建议人们只吃曾祖母吃过的东西。但是要做到这一点，谈何容易！那时的食品没有化肥，没有转基因，没有添加剂，没有色素，也没有电冰箱，更没有像今天这些加工精细、味道诱人的食品。现在的人们，尤其是年轻人接受得了曾祖母那种生活吗？关键依然是对生活、对生态、对未来是不是具备了理性的认识，是不是对我们习惯了的生活有所反思和质疑。不错，我们需要努力在正常消费与经济发展、生态保护之间求得平衡。这是世界性的难题，也是人类必须解决的难题。

　　我们这次研讨会就是在生态日益恶化的环境中进行的，目的是希望能够帮助人们怀着对大自然的关爱尽力维护自身的健康。我们对生态的恶化至今仍然是"无奈"的。亚马逊热带雨林仍然以每年百万平方公里的速度被砍伐，我们也知道北冰洋正在逐渐加快融化。至今我们听到过哪个国家提出了能够解决这些问题的方案了吗？人类仍然要活下去。我们是在暂时无法扭转乾坤的情况下讨论健康的问题，尽力维护现代人的健康、减少病痛、争取长寿。用中国的一句古话说，这是在"挽狂澜于既倒"。在这方面，无论是"常规医学"还是"补充医学"，都是有些经验的。如果二者结合、携手并进，就会给人们带来更多的福音。这是我们应该做的，还应该继续做下去。但是我还是要呼吁，我们有责任告诉人们，现在流行的一些习惯可能需要逐步改变，包括企业界利用净化环境和养生保健获得超常利润的事情，能不能尽量减少一些？就像文树德教授强调的那样，人们在日益恶化的环境中受折磨、患怪病，而有些财团和厂家利用人们的痛苦发财，恐怕不太人道吧？同时，用创新研究来验证和质疑"可重复""可视性""标准化""绝对性"。为此，各国医学家应该和生态学家、宗教学家、社会学家等人文社会科学家联起手来，一起继续卡森小姐所致力的事业，为挽救人类和地球而齐声呐喊，并且采取一切必要的行动。

　　希望我们有机会再次为了人类而相逢，在欧洲，在中国，在任何地方见面、畅谈。

　　最后，请允许我代表所有与会者，对伦敦南岸大学以及为这次会议付出辛劳的所有朋友致以衷心的感谢！

　　谢谢！

"常规医学"与"传统医学"的融合

科学养生　根植哲理[※]

各位专家，各位领导，各位来宾，各位同学：

　　欢迎大家聚集在天府之地，共同举办第二届中医养生论坛，欢迎各位来宾怀着莫大的兴趣和热情参与。这次论坛得到四川省中医药管理局和成华区等领导部门以及成都中医药大学等科研院所的大力支持。我谨代表与会专家和所有来宾对他们表示衷心的感谢。会议由浩福实业有限公司承办，我们也应该感谢他们的远见与慷慨。

　　中国文化院和北京师范大学人文宗教高等研究院之所以连续邀请专家们研讨"中医与养生"这个专题，最根本的期盼是以此展现、深化和弘扬贯穿在中医中药中的中华民族的理念，即对人生、对宇宙、对主客观关系的认识。众所周知，这些是中华文化的核心和根本。当然，我们也期盼着从学术上为中西医更深入广泛的结合增加一点助力。

　　当今社会上，特别是城镇居民，越来越重视养生和健康，养生保健也随之形成了一个巨大产业，这是国家经济和人民生活水平不断提高后的必然现象。但是在以一味追逐利润为目标的市场上，鱼龙混杂、良莠难分、误导消费、真伪难辨的现象触目可见，这不但极大地损害了养生保健事业，还可能让人无病添病、小病变大病。解决这一问题当然主要靠市场的规范化管理，但是引导社会更为科学地对待养生保健问题恐怕是更为根本的。无论是规范化管理还是引导消费者科学养生，都需要以学术研究成果

　　※　此文是作者 2014 年 10 月 18 日在"第二届中医养生论坛"（四川成都）开幕式上的讲话。

为基础。如果我们的养生话题能够持续地讨论下去，影响逐渐增大，学术水平不断提高，那我们就能充分发挥中国传统医学优势，在形成具有原创性的养生保健科学和相关的产业方面尽到一份责任。

中医从来是医疗与养生紧密结合的，这两者甚至可以说是不可分割的整体。在全世界多种医学中，中医具有独特的个性和优势，这种优势的根基就是从它发生之日起就贯穿于其中的中华民族的哲理，即整体论、有机论、二元辩证论、天人合一论，以及与现代西方迥异的人生价值观、伦理观等。在中医看来，无论治疗还是养生，医患双方实际上已经形成了一个整体，需要紧密配合、积极互动。医者关爱，患者信赖；医者精诚，患者乐观——治身与治心统一，于是乎形神和谐，疗效倍增。

在这次论坛上，各位专家将就中医的独特风格、人体与环境、饮食保健和天人相应等综合理念发表宏论。这些内容几乎涵盖了中医养生的全部。我希望我们所坚持弘扬的中医"正知"能够逐渐响亮起来，论坛的成果能够引起社会的关注，对公众正确地养生与保健起到积极作用。

西医在一百多年前进入了积贫积弱、平民百姓缺医少药的中国。因为它慈善行医、雪中送炭、疗效较快，也由于西医和宗教并行，知识精英盲目崇洋，再加上当时在中医界混杂了不少庸医、假医，中医社会声望下降，于是西医迅速成为中国医药领域的主流，中医沦为附属，主要活跃于农村地区。

百余年来，特别是近几十年，西医的快速发展其实不是西方医学的发展，而是声光电技术的快速发展为西医学所利用。但是不管怎么说，这种发展的速度大大超过了中医，更加剧了中医中药的危机。西医的优点是显然的，有的已经被中医所吸收。但是随着经济全球化的迅速发展，西医的局限性逐步显现，并且为越来越多的人了解。毋庸讳言，这些局限性也已经渗透到了中医药的教学、施治和种药制药等所有方面，甚至和其他领域一样，形成了范围甚为广泛的西方式固定理念，在养生保健领域当然也在所难免。

在我看来，中医与其养生保健，如果要在中国医疗事业中的地位逐渐上升，进而为世界做出贡献，就应该像我们的论坛这样以中国的哲理为根基（在这里我特别回避使用"哲学"二字），这是中医之为中医最可贵的地方。如果抛弃了这种理念，甚至从事中医药事业者也不了解、不认同这个理念，不能把这个理念化为自身的灵魂，那么就只是挂着中医的牌子卖洋货。同时，我们要不断地、努力地学习西方医学，从中汲取于我有益的营养，这是中医在 21 世纪能不能成为中华民族特色医疗体系和理念的关键。这一体系和理念的形成，才是真正意义上的中西医结合。

我衷心希望中医养生论坛以其更贴近百姓日常生活的优势，在促进中医更好地发挥和普及方面尽到一点力量。

谢谢大家！

兴国运　迎春天　走出去※

各位专家、各位老师、各位同学:

刚才曹洪欣院长做了一个非常好的总结,我因为身体的原因,没有聆听今天上午的对话,待这次论坛的成果结集出版后我再来拜读。

会议筹办组让我在最后讲一讲,我想超越专家们所讲的学术内容谈三个问题:

第一,国运、医运;

第二,春的消息;

第三,未雨绸缪。

一　国运、医运

国运、医运是什么意思?在我看来,中医,包括养生,就是中华民族精神和中华民族文化的缩影。几千年来的历史证明,中医养生学的兴衰和国家的兴衰几乎是同步的,国强则医强,国弱则医弱,国衰则医衰,国兴则医兴。这里的"兴"指的是衰弱之后的再次崛起。同学们读中医专业的入门书恐怕是《黄帝内经》。关于《黄帝内经》成书年代的说法不一,从语言学的角度看(包括文章风格和用字),我认为最后成书应该是汉代。古今论证其成书年代的种种依据基本上都是旁证、外证,唯独语言和

　　※　此文是作者 2014 年 10 月 19 日在"第二届中医养生论坛"(四川成都)闭幕式上的讲话。

风格是内证。

让我们一起简单地回顾一下历史。周代 800 年，根据历史记载，到公元前 8 世纪中叶已经尾大不掉，逐渐凋落、衰弱。再一个强大的王朝是汉代，西汉、东汉 400 余年，周边其他民族、部落称生活在大汉帝国领域内的人为"汉人"。到有了"民族"这一概念以后，"汉人"就成了"汉族"。唐也是极为强大的朝代，所以后来漂洋过海出去讨生活的中国人被称为"唐人"。在当地，如果中国人形成一个社区，就称为"唐人街"。闯南洋的闽粤人，重大节日或忌日都要举行仪式，面朝着祖国的方向"拜唐山"，也就是拜祖国的山山水水。唐山之命名，是因为现在的唐山市区有一座两平方公里的小山，据说是李世民征辽时驻跸之处，后来人们就称为"唐山"，进而词义扩大，华人华侨用以作为故土的代称。"汉"族、"唐"人，都是因为国力兴盛而出现的词。因此，作为对先秦医学的总结，《黄帝内经》出现于汉代，许多把祖国医学推向新高峰的大医出现于唐代，都是有其特殊的社会背景的。此后祖国命运起起伏伏，但是只要社会稳定、国力增强，医学就随之增强，出现一个兴旺的时代。

再看看近代。辛亥革命后曾经在知识界、政界出现了一波要消灭中医的浪潮，以致民国政府要通过法令宣布废止所谓落后的、不科学的中医，所有医生不得行医，所有中药房要关门。中医界的一些先辈——有的当时年岁都比较大了——奔走呼号，全国也出现了一些小型的群众运动，法令才没有提交议会通过，中医药保留了下来。通过这次折腾，中医中药未绝，但社会已经戴上了曲光镜看待，已经衰弱的中医中药就此更加衰弱。中医中药的再次兴起，是从 20 世纪 50 年代毛主席和周总理提出中西医结合、并重的方针开始的。昨天洪虎主任对中西医结合已经做了精辟的阐述，今天我们能在天府之国举办这个论坛，有这么多同学自始至终听演讲和对话，这是国兴医将兴的征兆，是中西医结合进入新阶段的征兆。

说中医是中华精神、中华文化的缩影，是因为它的品格。中华民族自古至今，从来是开放的、包容的、与时俱进的。过去有些人给自己的祖宗抹黑，说我们是保守的，黄河、长城是保守的象征；西部有昆仑山，东部是大海，北边好容易开阔一点，又筑起了长城，非保守而何？我认为，这不是出于无知，就是因为吃了过量的西方激素形成了偏见。我们在世界五大古代文明中是唯一没有中断过的文明，如果没有这样的品格，1978 年党中央会提不出改革开放，提出了也开放不了，更不可能在 30 年里创造出自有人类以来最惊人的社会经济发展的奇迹。

文化的本质是多元的。多元必有差异，有差异必要接触、冲撞，冲撞之后必然会相互学习、吸纳，这是文化发展的外动力。文化发展的内动力是一个民族文化的各个部分之间的相互冲撞与融合。但是一个民族的文化仅靠内动力而没有外动力，其发展就会渐渐放缓，乃至停滞，因为内动力的刺激力小。从明中叶到清末，中华文化就经历了这种因封闭造成的衰败。试看今日之天下，有的宗教保守派也在拒绝从其他文化中汲取经验，拒绝开放与包容。即使在希伯来—希腊—罗马文化中，即人们习惯说的"西方文化"中，曾经由于吸收他者的精髓而造就了不止一个伟大国家，很不幸，现在正在步我们明中叶以后那段历史的后尘。这些国家表面上无限开放，但这只是海关的开放、人员的开放，在理念上却陷入了备受诟病的"保守主义""孤立主义""狭隘的民族主义"。

刚才曹洪欣院长提到了西医的"二元对立论"，朱小健教授提到了"对抗疗法"，这两句话虽不是西方文化核心的全部，却是戳中了其要害。这个问题我们今天不必进一步谈论，我只想说：西方问题的根本原因和最初起点是宗教信仰和希腊古哲学。西方要摆脱困境，就必须在这两方面开放。希伯来系列宗教指的是犹太教、基督新教、基督教（天主教）、东正教和伊斯兰教。这一系列宗教都是一神论。"一神"就意味着不容许有"二"，意味着排他。怎么"排"呢？从冷兵器时代到核武器时代，要把"他"排掉就要消灭对方，无论是个人还是种族、国家。大家想想今天在中国境外发生的事情，岂不是如此？而我们的品格是开放、包容，是与时俱进，是在所有领域——中医自在其中——体现出儒释道的融合，是对域外经验的吸收。

对华夏之族而言，佛教是外来的，道教南北朝的时候才出现，另外还有很多的民间信仰，而在我们这块土地上竟然没有发生一次宗教战争。何以故？就是因为包容、开放。儒释道在相互冲撞和辩论中丰富了对方、丰富了自己。所以到宋代中叶，中国的哲学达到了全世界的顶峰，远远超过西方。中国的医学，恐怕到宋明也是全世界医学的最高峰。

我在访问比利时、意大利、法国时，看到一些市政广场竖立着一战鼠疫流行纪念碑。那时从圣彼得堡到西欧，"万人空巷"，甚至连埋葬尸体的人都难找了。一战各方都是输家，德国的赔款是一种极具屈辱性的惩罚，这又给二战埋下了复仇的祸根。一战结束的真正原因是鼠疫让两边战壕里的士兵都"病不成军"。那场鼠疫共死了数千万人。

中华民族的农耕时间长、水平高。农业发达，产品必多，粮食多，老鼠必多，和人类接触密切。在我们这块土地上，有记载的瘟疫几百次，其中很多是鼠疫，但是都能很快遏制、消除，从没有出现过欧洲那样的惨状。瘟疫常发，反而催生了中国独有的"温病论"。我们也曾经有过赤地千里的惨象，但都是因为战争和天灾，很少因为瘟疫。我曾对陪同的比利时朋友说，如果这件事情发生在中国，或者把我们的医生请来，你们可能不会死那么多人，也不用竖这个纪念碑了。

《中华道藏》里有一部《内经》，就是《黄帝内经》，道家将它视为自己的经典。其实它是儒释道综合的产物。又如，《本草纲目》中很多矿物药、植物药是南洋、天竺（即印度）、斯里兰卡，乃至东非的，很多是郑和七下西洋带回来的；李时珍以民为师，把许多民间传承的药材纳入了《本草纲目》。西医进入中国，中医并没有抗拒、反对，体现了中医的包容、开放与儒雅大度。

我们还应该从哲理上思考。这两天专家的讲演里时时涉及中医的哲理，我不在这里重复。我只想说，这些哲理中的概念或者理念，天人合一、和而不同、二元辩证或一元论等，其共同特点是什么？是对宇宙间所有事物之间关系的重视，包括整体与个体、个体之间，人与物、身和心、现象和本质……天人合一是天（一切属于自然的事物）与人的关系；和而不同就扩大了，是一切异质事物间的关系。严世芸教授昨天特别强调"中和"，简约地说，"中"就是不走极端，"和"就是不对抗。"中"是一个方位词，有中就有不中，不中的顶点是"极"，例如地球的北极、南极。"极"就是到头了。任何事物的两极都是最小、最少，最大多数非此端也非彼端，由此端到彼端是逐渐过渡的，二者的关系是彼此包容，不该"对抗"。这一基因已深潜于中国人的心底，所以讲"家和万事兴""和气生财"。扩而大之，人和宇宙是什么关系，也就成为历代中国人深深思考、追求不懈的一个伟大课题。西方的"一神论"，认为一切全是唯一的上帝创造的，它不在宇宙之上，也不在宇宙之中，也不是宇宙本身，而是超越一切的、绝对的、先验的造物主。人也是它创造的，所有人都是它的儿子，因而一律平等。出于本有的亲情，父母管孩子到18岁，此后彼此无关。万物是上帝创造出来供人享有的，与人不是一体相关的。

中医诊治开方要斟酌各味药的关系、药和患者年龄、性别、体质，以及地域、季节等的关系。如果需要忌口，医生还会特别嘱咐，因为有些食物与药是相克的关系。西药就没有考虑这些关系。

请同学们有空时多观察身边的事物，从中体会中华文化中蕴含的伟大智慧，这就是特别重视整体与整体、个体与个体、个体与整体、抽象与具体、表象与实质，以及今天与明天的关系。如果从中有所感悟，将来行医和研究时定得其益。中国哲学是中国医学的一个"扣"，或者说是把钥匙。

二　春的消息

经过了起起伏伏、衰而复兴，在经济大潮下我们中医在又受了一些小小刺激后，现在又有了春的消息。

就像刚才曹洪欣院长和专家们所论述的，在人民生活提高到一定水平之后，就会关注自身健康了。这种需求，符合事物发展规律，是非常正当的需求。如果我们仍然像 1949 年前那样，全国人均预期寿命 35 岁，国家怎么强大起来？只有甩掉东亚病夫的帽子，进而增强人民的体质，人口红利才会凸显，农村、城市的家庭才能生活和乐。国强的目的是让人民幸福。如果全国有越来越多的人辗转于病榻，那就不能说人民生活得幸福。

有了春的消息还不是春天真的到来了，只是吹皱了一池春水，乍暖还寒的时节，真正百花灿烂的春天还在等待我们努力。因为中华民族一百多年来，被强灌了或诱服了许多糖衣药丸；味道不错，以后我们就自觉地吞服。吞服的是什么？是西方文化的激素。这种激素给了我们很多好处，但是没有一种激素是没有负面影响的。例如新学的设立、学校的职能、学科的独立和"楚河汉界"，以及课程设置、"教""学"方法，无不含有这种激素。可以说，我们是完全当成正面经验吸收的，忽略了任何事物都有两面性。何时中医不再是附庸，而是我们这块土地上医疗系统的主体，通过吸收西医的长处，丰富、提高中医自身，城乡人民普遍把中医作为就医、养生的首选，中医的春天才算到来。洪虎主任提到管理体制的改革，这也涉及中国医学和西方医学的定位问题。当然，改革需要时日，那就让我们努力，促进中医药与养生地位的提高。

三　未雨绸缪

中医水平的提高，人民群众的认可，关键是中医药队伍的建设。这支队伍应该有千千万万人，其中应该有一大批精干的、社会公认的"先知"来培养"后知"，再由"后知"向"不知"的人群普及。不管知与不知，都会享受中医。"亚健康"，就是"未病"和"欲病"，通过中医治疗与养生，欲病的不病了，未病的更健壮了，这不是享受吗？减少手术、放疗、化疗、插管子，不是享受吗？

振兴中医需要引导性、非营利性的工作。中国文化院、北京师大人文宗教高等研究院和中医信息中心合作办这次论坛，就是想做这样的工作。我作为中医的享受者，希望能在市场上看到几本高质量的这类书籍：《中医养生学》《常用中药解读》《家庭中医手册》等。其中有些可以译为外语，让外国人不但也享受中医，而且从中领悟到中华文化的理念和精华。中国文化院、人文宗教高等研究院都可以在组织、出资、发行上尽一把力。我们之所以提出传播中华文化"一体两翼"的路径，意亦在此。

中医"走出去"的阻力要比汉语走出去大得多，因为它所体现的中国哲理，和西方哲理会发生冲突，也和中医在科学技术如此发达的今天理论创新、话语转换不足有关。中医的许多经验和理论是当下的西方医学和其他技术解释不了的，因而常被认为这些是非科学的，这当然不对，这是以西方科技为标准；而固守中医古籍的语言和论述，缺乏古今的沟通也增加了走出去的困难。

困难是可以克服的，只是现在我们还准备不足。我们需要越来越多善于表述，抱着为中华民族争光、为世界人民谋福利的信仰忘我工作的人。我们在世界上建了6所中医孔子学院，这是中医走出去的现成平台。这一平台还可以增加、扩大，只是目前还派不出拿得起、放得下，来则能战、战则必胜的专家。

现在我给同学们讲一个故事吧。1897年，一位27岁的爱尔兰青年弗雷德里克·奥尼尔，从他祖国的首都漂洋过海，走了半年，来到中国。他是神学院毕业的天主教耶稣会的成员，自愿来东方传道。中国教会把他分配到辽宁省铁岭县法库镇，即现在的法库县。法库在铁岭的西北方，有山有水，是个好地方。1897年的中国是什么样子？贫穷、落后、肮脏、愚昧——网上有时有一些百年前的老照片，看看就可以知道一百多年前的中国是什么样子。奥尼尔到了法库，努力学习汉语，到老百姓当中传道。他创办了小学和医院。他有一个恋人，爱尔兰天主教小康之家的娇女。在法库这样的地方，小家碧玉是无法生活的。从沈阳到铁岭，从铁岭到法库，泥泞的马车道，冬天零下二三十摄氏度，成了冰河，夏天则是泥沟。奥尼尔实在不安，就给恋人写了一封长信，意思是你赶快嫁人吧，不要等我，我准备把我的一生献给主，要和这里的人们一起度过。虽然他这样写了，但是青梅竹马，心里实在放不下。过了一些天，他又急匆匆跑到铁岭发了一封电报，只有几个字："来吧，我们结婚。"在他发出信后几个月，一天他恋人家有人敲门，一看是邮差，说有一封从中国寄来的信。还没等到回房拆开这封信，又有敲门声，原来还是那个邮差，说：对不起，小姐，还有你一封电报。（电报很快就收到了，邮轮从中国到爱尔兰要走数月）姑娘回去先看了他的信，再打开电报。哭了。马上整理行装，跟父母说要去中国找他，父母也支持。

她踏上了去印度的邮船，几个月后来到了冰天雪地的法库小镇，帮助丈夫办学校、办医院，在路上过夜，这对年轻夫妇就和当地人睡路边骡马店的大通铺。他们先后生了5个儿子，由于条件过于恶劣，有两个孩子夭折，奥尼尔把他们埋在他所住的院子里，现在这两个坟墓还在。他目睹了日俄战争后的惨象，经历了义和团运动，又经过了南北军阀混战、日本侵华，直到1942年珍珠港事件后，西方向日本宣战，日本驱逐所有在华的外国人，这对夫妇才带着小儿子（老大、老三已经送回爱尔兰了）离开中国。

记述这件事情的是奥尼尔第五个儿子的儿子。他并不知道祖父的事迹，但冥冥中觉得应该去中国工作。在爱尔兰和英格兰获得博士学位以后，一个偶然的机会，他被路透社录用了，在北京住了几年。20世纪80年代，有一天他在北京三联书店里看到一份资料，里面提到了他祖父的名字，知道了法库这个地方，于是他跑到法库采访，寻找祖父的足迹。法库人对他非常友善，老人们给他介绍了当年的情况。他回到爱尔兰，到耶稣会搜集他祖父和教会往来的信件、公文和教会记录，以及当时的报纸，他祖父的行踪、所做的事情渐渐地清晰了。他来到中国，来到法库，见了铁岭天主教主教，是位女士，四十多岁，她知道奥尼尔的事迹，告诉他，铁岭人民将他看成西方来中国的最好的朋友。奥尼尔的这位孙子叫马克·奥尼尔，现在在香港工作。他决心把未来的年岁全都用来继承祖父的事业，促进中西之间的文化交流与友好往来。这个故事记载在一本书里：《闯关东的爱尔兰人》，大家有兴趣可以看一看。

我介绍这个故事，是想和大家一起想一想，这位老奥尼尔图的是什么？两个儿子不幸夭折，他不走；教会想调他回去，也不走。在异国他乡，在今人难以想象的艰苦环境中生活45年，回到家乡已白发苍苍。他为的是信仰！信仰的力量无穷，有了信仰什么都可以付出，死而无憾。上帝谁见到了？天国在哪里？这种教义能让他虔诚至死，付出一切。中国梦，也就是中国奋斗的目标，切切实实，是千千万万人的梦汇集起来的，这能不能构成我们的信仰？为了实现中国梦，实现中医药梦，实现中医养生学之梦，我们该不该怀着崇高信仰，努力不懈，形成知识渊博、善于表达、为了信仰付出毕生精力的庞大团队？有了这样的团队，不仅能够造福于中国人民，还能让各国人民通过享受中医改变对中国的偏见与无知，这才是一个强国的人民应该承担的责任。

我辈冉冉老矣，寄希望于未来，寄希望于坐在后排的年轻学子们！祝福你们！

谢谢！

一次医学与人文科学的对话※

当王宁利教授提出让我为他的新著写序的时候，我着实吓了一跳：我不过曾是他的一名患者、一个隔行但十分敬佩他的忘年朋友，对医学，对眼病研究则一窍不通，怎么可以为这位蜚声国内外的眼科医学大家写序呢？没过几天，样书送来了，接过来，又吓了一跳：16开，500多页，沉甸甸；翻看目录，在第二篇《课题研究》、第三篇《技术规范》中，竟有10章，49节，我连每节的题目和图片都看不懂！但是，第一篇《绪论》和附录《人文故事》却吸引了我，四五万字，一口气读完了。

王宁利教授在《绪论》里以"我和我的导师们"等三篇文章告诉我们，科学技术的传承靠的是人，靠的是奉献精神、忘我精神、团队精神、勤奋精神和由聪颖、悟性生发出的大胆设想（假说）。读后，我不禁掩卷而叹：这不就是伟大的人文精神么？在他的字里行间，渗透着对四位杰出导师的崇敬和感激，从"医生、团队、平台、使命"一文中喷射出的，是从导师们那里继承来的"大医精诚"之爱，是"任何设备不可代替的"严谨，是对科学发展规律的执着探索。

《绪论》读罢，我情不自禁地进入了书的第二篇。虽然面对繁多的术语、数据和图表如堕五里雾中，但是反复翻阅，似乎忽有所悟：事实——问题——假说——验证——再次面对事实——再次发现问题——再次提出假说，这一思维和实践过程，不仅适用于眼医科学，实际上已经超越了自

　　※　　此文是作者为同仁医院副院长王宁利《临床与科研——临床需求导向的科学研究》一书所作的序。后转载于《中国医学人文》（2015年第4期）等刊物。

然科学。王宁利教授成长的过程，他给学生们所指出的前方之路，实际是人类对自然、对自身不断进行有效思考、成功探索的必由之路。对这一可谓方法论顶层的总结，正是人文社会哲学领域中事。不止此也，充满在其各章节中的，是他对偶然与必然、共性与个性、宏观与微观、发现与创新、已知与未知、有限与无限、黑暗与光明、艰难与成功、个人与群体种种对立而统一关系的亲身体验。天哪！在我所从事的语言学、文化学和跨文化交流领域里，不是也时时刻刻不能离开人类的这些智慧结晶吗？隔行如隔山，但我清晰地听到了山那边响亮而悦耳的琴声——隔山、隔知，但隔不住普世的真理呀！

人类现在生活在战争阴云、环境恶化、社会离散种种危机之中。用德国的乌尔里希·贝克（Ulrich Beck）的话说，我们所身处的，是"世界性风险社会"。撇开战争硝烟背后的阴谋阳谋不说，单看现代工业和科学技术，在极大地提高了人类生活质量的同时，现代化农业、食品加工业和新的生活方式带给人体的直接和潜在的威胁、人类向大自然无限度的攫取，以及"权威机构"公布的对这些危害"可以承受"的标准、"没有异常反应的记录"之类的说辞、提示，几乎都是经过科学家和技术人员之脑、之手而出台的，但其研究、试验、测量的详情社会不得而知。在其背后，有没有最高端的企业家指挥的身影呢？谁说自然科学和人文无关？

对"现代""现代化""现代性"的质疑、批判和反对，已经持续了半个多世纪，这其中也不乏把反对甚至仇恨的矛头直指科学理性和技术应用的声音。虽然现在还没有人在批判有关现代的一系列问题之后提出切实可行的方案，甚至对天天打来打去和含毒素工业产品的增产没有发生丝毫遏制的作用，但是，中华文化反求诸心、推己及人、天人合一、仁义道德等主张，越来越吸引世界的注意。依照中华民族的理念，除了应视自然、宇宙与己为一体，对由于种种自身和环境的原因而出现或造成的疾病，既已发生，就应该尽力予以治疗，同时力求寻其缘由，提高疗效；同时"工欲善其事，必先利其器"，带着对地球前途的关切，对人类（扩而大之，应该涵盖一切生命体）的大爱，研究创新技术工具和应有的规范标准。王宁利教授大作的第二篇第四章不就是"仪器设备研究"吗？但是，是我的思绪没有离开他的这部精彩之作呢，还是他没有和我所从事的行当分家呢？

他在书尾收进的一篇优美的散文：《一步之遥——与最终结论失之交

臂》，给了我答案。"夜幕降临时，一首小提琴曲打破了秋日的宁静，是 Por Una Cabeza 中文译名《一步之遥》。……这首（著名的探戈舞曲）怎么叫'一步之遥'呢？就像暗恋中的人，最终没有表白；相爱的人，最终没有结婚；分手的人，最终没有挽留。"由此他联想到，"在科研工作中，有时虽然只差一步，但这一步却比之前的成百上千步更为困难，更为艰辛；可能你已经来到一个宝藏的门口，却不知道如何打开这扇大门。如果你认为这扇门永远打不开，放弃吧；那么，大门后的精彩，就永远不是你了。"读到此，我蓦然明白：怪不得他取得了如此的成就，原来在他心里，医学和人文是一枚硬币的两面，他游刃其间，由此及彼，由彼反此。他以博大的人文情怀投入到为眼疾患者解除痛苦的事业中，又以他所掌握的前沿技术和精细的观察、诊断、治疗、手术以及不懈的奋斗来报答他的四位恩师和所有的人们，包括走在他身后，将会打开更多宝藏大门的后来者。

他还说过这样的话："科学是'求真'，人文是'求善'；求真、求善是生命的初衷，促使科学与人文永远并存。没有人文的科学是枯燥的，没有生命力的；没有科学的人文是僵化的，也是短命的。"原来，我草草读了他的心血之作，又感于他的成就和为人，于是坐下来写这篇序，实际是我们两人在进行一次医学与人文科学的对话。我希望这样的对话能够继续下去，因为这是时代的需要。

祝愿他的医学生命力永远强大、活跃，继续打开更多的科学宝藏。

2015 年 3 月 3 日夜于

日读一卷书屋

一次医学与人文科学的对话

潜心于元典　蓄力以复兴[※]

——为"中医药古籍保护与利用能力建设工程项目"而作

"中医"之名立，迄今不逾百年，所以冠以"中"字者，以别于"洋"与"西"也。慎思之，明辨之，斯名之出，无奈耳，或亦时人不甘泯没而特标其犹在之举也。

前此，祖传医术（今世方称为"学"）绵延数千载，救民无数；华夏屡遭时疫，皆仰之以度困厄。中华民族之未如印第安遭染殖民者所携疾病而族灭者，中医之功也。

医兴则国兴，国强则医强。百年运衰，岂但国土肢解，五千年文明亦不得全，非遭泯灭，即蒙冤扭曲。西方医学以其捷便速效，始则为传教之利器，继则以"科学"之冕畅行于中华。中医虽为内外所夹击，斥之为蒙昧，为伪医，然四亿同胞衣食不保，得获西医之益者甚寡，中医犹为人民之所赖。虽然，中国医学日益陵替，乃不可免，势使之然也。呜呼！覆巢之下安有完卵？

嗣后，国家新生，中医旋即得以重振，与西医并举，探寻结合之路。今也，中华诸多文化，自民俗、礼仪、工艺、戏曲、历史、文学，以至伦理、信仰，皆渐复起，中国医学之兴乃属必然。

迄今中医犹为国家医疗系统之辅，城市尤甚。何哉？盖一则西医赖声、光、电技术而于20世纪发展极速，中医则难见其进。二则国人惊羡西医之"立竿见影"，遂以为其事事胜于中医。然西医已自觉将入绝境：其若干医法正负效应相若，甚或负远大于正；研究医理者，渐知人乃一整

※　该工程成果正由中国中医药出版社陆续出版。

体，心、身非如中世纪所认定为二对立物，且人体亦非宇宙之中心，仅为其一小单位，与宇宙万象万物息息相关。认识至此，其已向中国医学之理念"靠拢"矣，虽彼未必知中国医学何如也。唯其不知中国医理，纯由其实践而有所悟，益以证中国之认识人体不为伪，亦不为玄虚。然国人知此趋向者，几人？

国医欲再现宋明清高峰，成国中主流医学，则一须继承，一须创新。继承则必深研原典，激清汰浊，复吸纳西医及我藏、蒙、回、苗、彝诸民族医术之精华；创新之道，在于今之科技，既用其器，亦参照其道，反思己之医理，审问之，笃行之，深化之，普及之，于普及中认知人体及环境古今之异，以建成当代国医理论。欲达于斯境，或需百年欤？予恐西医既已醒悟，若加力吸收中医精粹，促中医西医深度结合，形成21世纪之新医学，届时"制高点"将在何方？国人于此转折之机，能不忧虑而奋力乎？

予所谓深研之原典，非指一二习见之书、千古权威之作；就医界整体言之，所传所承自应为医籍之全部。盖后世名医所著，乃其秉诸前人所述，总结终生行医用药经验所得，自当已成今世、后世之要籍。

盛世修典，信然。盖典籍得修，方可言传言承。虽前此五十余载已启医籍整理、出版之役，惜旋即中辍。阅二十载再兴整理、出版之潮，世所罕见之要籍千余部陆续问世，洋洋大观。今复有"中医药古籍保护与利用能力建设"之工程，集九省市专家，历经五载，董理出版自唐迄清医籍，都四百二十一部，凡中医之基础医理、伤寒、温病及各科诊治、医案医话、推拿本草，俱涵盖之。

噫！璐既知此，能不胜其悦乎？汇集刻印医籍，自古有之，然孰与今世之盛且精也！自今而后，中国医家及患者，得览斯典，当于前人益敬而畏之矣。中华民族之屡经灾难而益蕃，乃至未来之永续，端赖之也，自今以往，岂可不后出转精乎？典籍既蜂出矣，余则有望于来者。

谨序。

抚平人类扭曲心理　变革世界前进路径[※]

——普洱对我之所赐

各位来宾、各位学者、各位与会的朋友：

昨天，在欢迎大家到来的集会上，让我宣布第二届两岸四地茶文化高峰论坛暨第十四届中国普洱茶节的开始。我曾经说，我是来表达感谢之情的。我这篇有待大家批评的稿子，也是演绎我的那一句话。普洱给了我所未知、启发了我所未悟，我抱着感恩的心情，在普洱做这个发言。

一片绿叶，千百年来带给中华儿女多少心灵的安抚、快慰和身体的舒适、健康；今天，这一片绿叶又把我们引到了天赐普洱，一起开掘在茶的身躯里和历史沧桑中蕴含着的祖先足迹和精神营养。

普洱，世界茶的发源地。古老的木本木兰逐渐演化为后来先祖称为"茶"的这一植物王国中的骄子，并在全球北回归线上仅存的这块绿洲中繁衍、成长，走向四面八方。普洱茶和我国多省所产的茶之所滋润，早已越出了中华大地，覆盖了全体人类，必然还将延及人类的子子孙孙。

茶，作为一种客观存在的物质，在进入人体之后必然产生某种效应。历史早已证明，正确地饮用在人体中所发生的几乎都是正面的作用，虽然至今我们在这个领域还只是一知半解，这是因为，人类不仅对于茶还需要深化认识，更为重要的是，对于我们的身体以及人身与客观互动的关系，其实仍然所知甚少。但是，中国人千百年来的经验，应该说远胜过所谓"理性思维"和"可重复验证"。这不仅指千千万万国人身体的感受，而

　　※　此文是作者在"第二届两岸四地茶文化高峰论坛暨第十四届中国普洱茶节"（2015年5月24日）上的主旨讲演。后刊载于《普洱》2015年第7期。

且包括了茶给人带来的精神抚慰和营养，实验室和数字不能测出和写出心灵的奥秘。而有关茶的文化内涵，正是说的茶对身和心两个方面的影响，以及附加在茶身上的历史记忆：人类从祖先到今人，如何一步步加深了对茶和茶与人的关系的认识，又如何从茶仅为身、心之所需演变为现在这种纯粹追逐最大利润的工具。这一演变，显然起始于工业化，也就是"现代"社会形成之时。

这既需要我们探究、深思，更应该让越来越多的茶的种植者、营销者和享用者在已知的基础上既得茶之"利"又求其"义"，也就是认识茶的物质与文化两个方面的价值，并且在二者之间寻求恰当的平衡。

中国人是茶文化的创造者、享受者。即以现今生活而言，劳累终日，或好友相会，半间雅室，一壶香茶，慢啜细品，远离尘嚣，或浮想联翩，或谈今论古，即使性急者此时也会体味到心之充实和天地之大。德国著名社会学家，今年1月去世的乌尔里希·贝克说："所有（要）摆脱这种时代、幻想躲进被分隔的世界里的尝试都是荒谬、滑稽的。世界是一幅无法挽回的相互之间自说自话的交流的漫画。"（《什么是全球化?》P. 87）既然任何人都逃脱不了"现代"的"恩赐"，至今还无力遏制人膨胀又膨胀的无限欲望和加速又加速的科技发展、增强再增强的跨国产品的诱惑，以及加厚复加厚的人与人之间隔膜，那么，在急匆匆的脚步中就让茶给予我们以片刻的舒缓、沉静，对坐、谈心，安抚已经扭曲的心态，也许时代强加给我们的浮躁、浅薄和对人生的误解，能够得到些许克服或减弱。但是，在当今滚滚红尘中，能够泡茶慢饮，思考并体会至此的，毕竟只占很小很小的比例。应该唤醒越来越多的人进一步懂得茶，珍重茶，享受茶。这既是商业，更是文化。这样看来，茶文化学者责任大矣，重矣，伟哉！

到哪山唱哪山的歌。现在我就汇报一下自己从普洱这一茶的王国的特定环境中所获得的感悟。

这是我第三次到普洱来。从第一次起，普洱就在我的心里占据了一个挥之不去的地位，这里的一动一静总关我情。几十年来我到过祖国无数地方，何以普洱格外惹我牵挂？说来也许近似老生常谈，但是我的确是在这里获得了"声闻"之教，令我震撼，感受良深。简言之，是这里的人民，是拉祜、布朗、撒尼、傣族、阿佤等少数民族寨子里的虔诚、热情、纯真、悠闲，激活了我从《诗经》《乐府》的字面上所理解的先民生活和感情。他们的歌声、欢笑、舞蹈和茶饮，他们对祖先、对山水、对茶树、对一切有生之物的敬重崇仰，一次次冲击着自己已经习焉不察的思维定式。让我想到，地球已经被欲望的雾霾覆盖得太久了，乃至人类的良知良心已经近乎麻木、泯灭；非此即彼的哲学、零和游戏的规则，二百多年来畅行无阻，对"最小成本、最大利润"的竭力追求，由侵蚀人的心灵开始，进而到毁坏大自然，无以复加。诚如新马克思主义者、耶鲁的伊曼纽尔·沃勒斯坦先生所说："世界体系最终会面临崩溃，并且现在它正在崩溃。"（《现代世界体系》）而我们离这些古老民族的生活和文化却渐行渐远，其实就是在离人类自我毁灭的结局越来越近。面对如此相悖的走向，我们应该怎么办？

普洱的人们直白地告诉我：相对于上海、北京、昆明，这里的经济是落后的，甚至可以说是很落后的，真正属于"不发达地区"；他们在努力发展多种产业、提高收入的同时，一直在欣赏着、享受着与大自然融为一体的、随意自在的、与歌舞香茶相伴的幸福。钱不是坏东西，但是，当它引得人们整日熙熙攘攘、急急忙忙地奔跑、钱财冲击了家庭、寨子以及民族之间的和睦、毁掉了青葱谧静的山林、再也听不到真正动情的情歌的时候，那是幸福吗？

由这里，让我不由得想起许多故事。其中之一是，在景迈山中，埋藏着几十亿吨上好的铁矿石，如果茶山变成了矿山，所污染的就绝不只是景迈山，可能将是那一带目光所及的所有山山水水和茶园。于是他们一次次地拒绝了。在选择产业项目时，一个最重要的门槛或曰红线，就是绝对不能对原有生态有丝毫的侵犯。近于苛刻的环保要求，可能导致发展的速度比较缓慢。但是他们说："虽慢，但是在提高、进步；快了，就可能没有了明天。"他们的确像保护自己的生命一样，在呵护着这里的山山水水。我想，来到这样的人们中间，任何人的心灵都会得到某种程度的净化。

这一切曾经让我沉思，在当今的世界上，何为幸福？何为灾难？何为先进？何为落后？

现在全球都在谈论幸福指数和发达的指标。迄今人们用来衡量本国和他国的指数和指标，都是西方发达国家所定出的，也就是"现代"国家制定的。其实，这些指数和指标也是侵蚀灵魂和他国经济的帮凶或者说是软刀子。作为最大的新兴国家，具有最悠久文化底蕴的古国，我们一定要按照"现代主义"的教导生活吗？如果有一天我们研究和制定自己的幸福指数和发达指标时，普洱，以及与她类似的地区将会成为极其重要的参考。

正如各国许多智者多年来一再指出的，在当今世界的种种危机中，最为严重，最易引发全面动荡和循环性破坏的，一是战争或冲突，二是生态的恶化，三是国家内部不同阶层、不同行业以及国际之间的不平等，这包括经济收入、政治权利、性别歧视等。在战争和冲突、生态、不平等三者之间有着千丝万缕的联系，"牵一发而动全身"这句俗语足以形容当前的态势。进而言之，这些危机早已"国际化"或者可以说已经"全球化"了，而危机爆发的突发性、漫延性、广泛性，已经使得地球上的所有地区或国家都难以幸免。

正如乌尔里希·贝克多次揭示的，人类身处的种种危机"是文明社会对自己的伤害，它不是上帝、众神或大自然的责任，而是人类决策或工业胜利造成的结果，是发展或控制文明社会的需求。"（《风险世界》《什么是全球化》等）的确，在工业化之前的无数年代里，人类所遇到的最大威胁来自大自然：地震、洪水、干旱、飓风……；而自工业化以来，愈演愈烈、最为严重的灾难，几乎都是人类自己造成的。生态恶化，带给人们的对健康和生命的危害，既有显性的，也有隐性的，既有已知的，也有未知的；其后果，既有即时可见的，也有可能要在我们的第三代、第四代人身上才能为人所重视的，到那时，人类的身体素质将会变得怎样？他们还会与幸福相遇吗？

所有这一切的根源只有一个，这就是人类遗忘了、背叛了中外古圣哲们的教诲，把物质享乐、感官刺激、个人利益放到了至高无上的地位，凌辱自然、蔑视精神、无顾他人。

作为中华民族的子孙，我们自然觉得第一种危机暂时离我们还比较远；不平等问题我们不但意识到了，而且正在采取诸多措施加以解决。唯有生态恶化虽然也已经引起高度注意，但是由于这是一个没有国界、没有洲界的恶魔，陆地、海洋、冰川纷纷告急，要想制服它就需要各国通力合作，需要时日。要想到，这个恶魔已经猖狂了200多年，积垢太深；而就在人们惊呼污染已经进入全球所有家庭的现在，科技还在继续超高速地发展着、食品和药品领域由科技所造成的污染和危害正在用科技的术语、指标掩盖着，物质欲望也依然到处在膨胀。这些现实情况的叠加，就使得在某种意义上制服它要比遏制另两个危机更为艰难，也更为让人揪心。

而恰恰在修复生态和处理发展与环境关系这两个问题上，中国无数的茶山，尤其是普洱、普洱人、普洱茶是一本活生生的教材。

说到这里，请允许我还是回到普洱来吧。

我羡慕普洱人。普洱远离经济收入高于他们若干倍，而污染程度则更高于他们上千倍的北京、江苏、浙江、广东等所谓"发达地区"，在这里可以放心地呼吸，随意地饮水、进餐，连睡觉也香甜。

我感谢普洱人。由于他们的坚守，祖国大地上才留下了这片从未被玷污的土地，能够让我想象出中原祖先当年生活的情景，体味在他们尊天敬地、"克己复礼"、顺应自然中所蕴含的深意。

我欣赏普洱人。看不够千年古寨里男女老少情意浓浓的歌舞，那是天籁，是内心的直白，是人类幼年时期童真般的抒发，让我反思、羞愧，因为在我的一生中难免也有过矫饰、勉强和失真。

我嫉妒普洱人。每当劳累至极，我就想到普洱人的从容不迫。何时我们城里人也能放慢脚步？我把普洱茶视作珍品，而他们却从小到老与之为伴，畅饮一生。我喝不够回味无穷的浓香的普洱茶，茶如人生，人生如茶，先苦后甜，叶片离开了茶树之后，生命犹在，年愈久而味愈浓，让我每一品咂，就和大自然贴近了一步。而他们则祖祖辈辈享乐其中，时时感念着天地之赐、先民之恩。

我寄望于普洱人。这里将是"一带一路"的重要驿站。西南大通道的建设将带给普洱发展的机遇。不久，在这里走来走去的，是各国的产品和人民；普洱的民族和谐景象、人们对零和游戏的鄙视、对睦邻的实践和经验，正是中国通往南亚全程中应该带去的。"一带一路"，不仅仅是经济往来之路、人员交流之桥，当然也不是文化单向输出的管道。伴随着人流、物流而行的，将是不同国家和民族的文化之间的相互激荡。"一带一路"，绝不会再沿着西方所谓的"传统"走下去，不会建成类似当年哥伦布、荷兰王国和大英帝国所开辟的通往美洲、亚洲和中国的殖民之路。我相信，就在这一历史关头，普洱将把附着在茶身上的另一类思维和实践介绍给普洱茶所到之地，这附着之物就是和睦和平、和而不同，天人合一、同命同行。亚洲同命、全球同行，指的是人类正在一起承受着"现代""新自由主义"的种种弊端和灾难，危机的乌云就在每个国家的上空盘旋，人类唯有共同探寻21世纪的真理，才能共同走到幸福的彼岸。

从某种意义上说，这一"另类"思维和实践就是重温和发展中华民族祖先的智慧，形成你好我也好（而不是非此即彼）、有事对话协商（而不是我说你听）这样一种真正适合人类未来生存的思维和实践。从施政的角度说，就是孙中山先生 90 年前所说的："民生主义和资本主义根本上不同的地方，就是资本主义以赚钱为目的，民生主义是以养民为目的的。"他又说："民生主义就是社会主义。"（《三民主义》，1924）"一带一路"就是要养民，沿着"一带一路"，人们将自己养活自己，而且越过越好。

历史正在蓬蓬勃勃地向前走着，奔向人类自古想象中的理想之国。"一带一路"建成之日，或许会有更多各国人士站在普洱的山上说："弗朗西斯·福山的'历史的终结'论在此'终结'了！"

在中国和世界迂回、曲折地通向大同的路上，普洱自身的未来不可限量，不可限量；她为世界所做出的贡献必然多多，必然多多。

普洱值得期待！值得期待！

传统文化之当代建设

披沙沥金　以为镜鉴※

多年来有一个问题始终在我脑中盘桓：为什么在 19 世纪末到 20 世纪初，在短短的几十年里，中国的各个学术领域竟涌现了那么多大师级的人物？这是中国近代史上一个极为重要的现象。我认为，如果不能给出令人满意的答案，我们撰写的近代学术史将是不完整的，甚至是缺乏灵魂的。后来我知道，著名人类学家克罗伯曾提出过一个问题：为什么天才成群地来？看来这种现象的出现并非中国所独有，思考其所以然的也大有人在。而在那一次世纪之交中国的情况，似乎应验了"天才成群地来"这个令克氏久久不解的疑问。钱学森先生曾从相反的方向提出了相同的疑问：为什么我们这个时代出现不了杰出人才？后来人们称这个问题为"钱学森之问"。

要回答这些疑问不是件容易的事。与其迅速地囫囵地探寻，不如先多了解那些让中国近代学术（应该包括人文科学和自然科学）史上闪耀着光辉的大师们的作品和自述，从而在脑海里尽量"复原"他们所处的环境和在那种环境下的心理路径，从中或许可以得到一些启示。

有一点是显然的，这就是他们虽然都已远离尘世而去，但是他们独立思考的品性、求知治学的真诚、困厄穷愁中对节操的坚守，恐怕是他们共同的主观因素，一直影响到现在，而且将会永远留存下去。

就思想界、学术界而言，20 世纪上半叶是一个新说和旧说碰撞，中学和西学融会的大时代。那时的学人极为重视言行操守，同时具备现代知

※　此文是作者为《近代名家散佚学术著作丛刊》所作的总序。

识分子的理想信念；他们的学术研究十分纯净，绝少功利因素；他们的视界开阔，以包容的心态和严谨的风格造就了成果的大气与厚重。至于在客观因素一面，他们实际是在用工业化时代的事实解说着太史公所说的名山之作"大抵圣贤发愤之所为作"，困厄苦难使得他们"皆意有所郁结"。这种郁结，几乎和个人的名利毫无牵涉，他们永远不能释怀的，是民族的存亡、国运的兴衰、民众的福祸和文脉的续断。

那个时代也是近代历史上最大规模的中西古今学术调适、创新的时期，学术方法上的交互渗透和融合、创新亦可谓"于斯为盛"。斯时之学人是要在封闭的屋墙上凿出窗子的勇士，是使人能够看看外部世界的第一批导夫先路者；或者可以说，他们是在"意有所郁结"时"彷徨"和"呐喊"的"狂人"。

相对于那时的哲人们，后来者是幸运儿。现在的形势是，近三十年来学界空前繁荣，众多学科有了长足之进，其中很重要的一点是学界有了更新颖、更广阔的国际视野，似乎接续上了百年前的学坛盛事。但细想想，"古"与"今"还是有差别的。其异，主要不在于世界情势、学术进展、工具改善这些客观存在，而在于在广泛吸收各国优长的同时，自身文化的主体性越来越受到重视，换言之，"拿来主义"已经延长了"拿来"的程序，加上了试用、甄别、筛选、吸收、融合、成长。就我孤陋所见，在当今地球上，面向所有异质文明，努力汲取我之所缺，其范围之大和心态之切，似乎无出中国之右者。从这个角度说，我们已经超越了前辈。但是事情还有另外一面，学术，特别是人文学科，其职业化、"沙龙化"和功利性，以及随之而来的浮躁病却严重了。从这个角度说，是不是我们已经后退得够可以的了？而这是不是我们这个时代出不了大师的原因之一呢？

民国学术界的特点之一是极为注重对传统的反省、批判与继承。他们对传统文化尽最大的努力进行整理和研究。一方面，由于战乱频仍，民不聊生，学者们担起了让中华文化薪火相传的历史责任；另一方面，他们要通过对中国传统文化的整理、挖掘来重振民族自信心。这一时期对传统文化进行整理的全面而深入是前所未有的，举凡文字学、语言学、经济学、法学、哲学、政治制度、书法绘画、金石学……规模之宏大，研究之精微，令人叹为观止。

民国学术推动了现代学科体系的建立。在对传统文化整理和研究的基础上，吸收西方的文化思想和理念，推动和建立了中国现代学科体系。例如，在对语言文字和音韵学成果进行整理、研究的基础上开始着手规范之，建立了国语学；深入研究书法、国画，将其融入了现代美术学科；在废除旧有学制后逐步建立起小、中、大学较完整的科目和学科体系。

民国学术也改变了传统学术方式，建立了新的研究范式。以现代科学考古为发端，科研的实践和成果使中国知识界真正认识到在实验、比较基础上的逻辑分析对学术研究的重要，推进了中国学术的一大演变。至于我们常说的打破士大夫传统、走出书斋到田野乡村和市民中进行调查研究、结束了经学时代、以历史眼光检视儒学和诸子等等，都是确立新学术范式的努力。这一转变，也标志着中国学术界脱胎换骨，全面进入了现代，为此后的学术发展奠定了坚实的基础。当然，西方启蒙运动以来，在"现代性"和"现代化"里潜伏着的缺陷和谬误也传到了中国，这些不能不在前哲的著作里留下痕迹。这并不奇怪。类似的情况，古往今来孰能免之？犹如今天的我们，谁敢自称我之所见就是永恒的真理？在这个问题上两个时代所异者，或许就在昔时大家创立新说或译注西学著作，往往是怀着对学术和前哲的敬畏而为之，故而常常误不在我；当今则往往出于对学问和他人的轻蔑，或以所研究的对象为谋己的工具，因而难辞主观之疚吧。翻阅他们的心血之作，这些复杂的状况可以显见，可以视之为我们的一面镜子。

沧海桑田，世事变幻，历史的动荡和时代的遮蔽，使当年许多大师的一些极有价值的学术著作被弃于故纸堆中，不能不令人总有遗珠之憾。为此，山西人民出版社不惜以数年之艰辛，披沙沥金，编辑出版了这套《近代名家散佚学术著作丛刊》，凡120册，计文、史、法、政治、艺术、人文、风俗、哲、宗教、经济共十大学科。所选皆为作者之纯学术著作，无论是其见解、精神，抑或是其时代烙印，都是后辈学人可资借鉴的宝贵财富。他们出版这套丛书，意在让世人不忘来程，知筚路褴褛之不易，为民族文化的传承再增薪木。

出版社的初衷，与我近年来所思所虑近似，故愿略述浅见于书端，以与策划者、编辑者和读者共勉。

2014年7月6日

改定于自韩国安东回京途中

披沙沥金　以为镜鉴

弘扬中华优秀传统文化与当代文化建设※

——北京师范大学人文宗教高等研究院、中国文化院院长、博士生导师，全国人大常委会原副委员长许嘉璐先生访谈录；访谈者为湖南省社会科学界联合会党组书记、《船山学刊》主编周发源研究员。

周发源：《船山学刊》是 1915 年 8 月创刊的，2015 年是创刊 100 周年。我们到国家新闻出版广电总局走访了解到，在中国近现代文化学术史上，出版时间如此之长，始终如一地坚守学术文化的家园，《船山学刊》是较少的硕果之一。近代中国著名学者王闿运、文廷式、赵启霖、陈三立、欧阳中鹄、周逸、杨昌济都曾为该刊撰稿，80 年代复刊以后，当代著名学者蔡尚思、张岱年、肖萐父、方立天、张立文、唐明邦，冯契、陈来、郭齐勇等也多次为《船山学刊》撰文，同时，也吸引了韩、日、美等众多海外汉学家的注意。我们现在对《船山学刊》的定位是"百年老刊，国学津梁"，在此创刊百年到来之际，请您给我们谈一谈当下如何来传承和弘扬中华优秀传统文化，服务当代社会文化建设。

许嘉璐：《船山学刊》是老学刊了，百年风雨长期坚守，很难得，很珍贵。说到"国学"，它是一个关系到"文化失落"与"文化建设"的问题，非常重要。"国学"是什么？我们还没有弄清楚它的内涵和外延，没有给"国学"一个定义。第一，国学不等于汉学，这涉及其他几个概念，挺复杂，如藏学、其他民族学算不算国学？第二，今天我们所说的

※　此文是作者接受《船山学刊》访谈的记录稿，载于该刊 2015 年第 1 期。

"国学"是当年"五四"前后那个时代所说的研究四书五经，研究中国历史的学问，那么研究今天中国的经典算不算不国学？研究今天中国的军事问题、外交问题、和平崛起等问题，算不算国学？其实这些都值得好好探讨。习近平同志提出来，社会主义核心价值观是建立在5000年中华文明基础上的。但是优秀传统文化也好，社会主义核心价值观也好，如何让它更好地发挥作用，落地生根？道理大家都懂，但怎么抓好落实？现在老百姓需要什么？青年学子在想些什么？学者们需要去做什么？这都是需要思考、研究和努力的。

周发源：习近平总书记指出，要提高国家文化软实力，就要努力展示中国文化独特魅力。在5000多年文明发展进程中，中华民族创造了博大精深的灿烂文化，要使中华民族最基本的文化基因与当代文化相适应、与现代社会相协调，以人们喜闻乐见、具有广泛参与性的方式推广开来，把跨越时空、超越国度、富有永恒魅力、具有当代价值的文化精神弘扬起来，把继承传统优秀文化又弘扬时代精神、立足本国又面向世界的当代中国文化创新成果传播出去。您在一次讲话中也曾说到，要让更多知识分子和广大干部、农民、工人等所有中国人形成一种文化自觉，让中华优秀传统文化在大家的脑子里生根，这不仅是当下的需要，也是长远的需要。那么，您认为传承和弘扬中华优秀传统文化应该如何来开展呢？

许嘉璐：我们的文化建设包括中华优秀传统文化的传承与弘扬，要有三个关注：关注当下，关注世界，关注未来。

所谓关注当下，就是学术要走出书斋，走到老百姓当中去，要回答老百姓的关切。我们所研究的优秀传统文化怎么才能深入到十三亿人的心里？怎么能普及到2800多个城市里？怎么能进入到几十万个村庄里？如果我们做不到这一点，仍然仅仅停留在知识分子的圈子里——包括作家、学者、书画家等，也就是仍然仅仅停留在十三亿人中的极少数人里，那么中华文化几千年的积淀，一定要丧失，一定会断种！因为文化应该存在于老百姓的生活中，活生生地存在于人们的心中，大家认同，大家实践。而真正深刻懂得的、自觉实践的，在十三亿人里面恐怕也是极少数。这就是我们文化的困境，我们的尴尬，我们自己的悖论！所以要有学者在实际生活中去解决老百姓当下所遇到的困惑。如果我们仅就孔子谈孔子，就朱熹谈朱熹，就王阳明谈王阳明，那就是谈所谓的"心"是什么，"性"是什么，"知"是什么，"行"是什么。有用吗？有用。但是对老百姓有用的少。当然我们不是心理辅导师，也不是家庭矛盾调解员，可是学者们可以上升到学术的高度来思考、来谈21世纪华夏所遇到的社会问题，家庭问题，个人问题。同时，我认为我们的博导们和著名学者们最好能用社区老头、老婆婆听得懂的话下去宣讲，不要老是在象牙塔里讲"王阳明的心性学说"，"王阳明与朱熹的比较"，这些不是不需要，很需要，有部分人做就行了。当然，要想开掘研究好传统文化，而且要创造性的转化、创新性的发展，那就必须把中国优秀的传统文化提高到理论的高度，甚至提高到形上的高度。中国的形上学在宋代达到高峰，可是我们古代的形上学研究从来不是一个职业，不是一个狭小的专业性的学问，研究了形上，还要回到人间，更深刻地回到人间。孔夫子说"下学而上达"，我领会就是从现象界最后走到形上界认识所学的东西的根本依据、根本规律。我想添造一句，叫"上达而下潜"，也就是从形上要回到人间指导人间的生活。而我们这种"下学而上达"，以及"上达而下潜"，时间长了就形成了中华文化的基因，这种基因应该说潜藏在、隐伏在十三亿人每个人的心里。因此我们的一个任务就是——"上达而下潜"，不带宗教色彩地去唤醒这些基因，培育这些基因。

第二，要关注世界。中华民族的文化作为世界文化一元，只有真正地在世界上让更多的人知道了，让世界人民承认你们是多元文化的一元了，才能形成多元文化的世界。不可否认的是，现在的世界还在朝着文化单元化走。在北京，在我们的大城市，似乎到处洋溢着中华文化。但是就全球来看，西方的文化、美国的文化还在以比我们中华文化快得多的速度向全世界散播。越在这个时候我们越感到自己责任的重大、前路的坎坷，但是无论如何，中华文化必须走出去。但是包括我在内，能用外语到欧美去讲述自己观点的全国几个？我曾在一些场合说，你们欧美的汉学家不要只关注中国，一定要把中国放到一个国际的语境下来剖析。但我们中国的学者自己也要从象牙塔里走出来，要了解在国际上其他学者现在研究他们的文化到了什么程度，用了什么方法，这对我们自己是个重要的参照，有一次，我跟佛教人士聊天，聊基督教天主教、新教和东正教。从20世纪60年代起，他们就开始了大张旗鼓的改革。例如，三个教重新解释了他们心目中的上帝，认为可以不把他看成人格神，而是一种推动世界生存、运动、创造的力。有很多神学家说《圣经》不管旧约还是新约，不管是摩西还是耶稣基督所说的话，不是绝对真理，而是一种隐喻。同时又说，现在科学技术的发明反而证明上帝的存在，为什么？宇宙大爆炸也好，无限星空也好，还是人体结构系统的精细也好，如此精确巧妙，都需要有一种力，这种力就是无限的创造，上帝就是无限的创造。我认为佛教也一样，需要了解现代科技和西方人文、社会学说和哲学、神学的发展，并用科技的成果来解释佛教教义，从西方学术中汲取有益的东西充实佛教自身。当然，道教、儒学也应如此。这些都是推进和改革。对于中国而言，中华文化接下来必须走出去，这既是中国的需要，也是世界的需要。现在也是最好的契机。西方越来越多的人开始承认中国的智慧不但可以解决社会的问题，更根本的是可以解决人心的问题，社会问题是人心问题的反射。而且西方的科学家和思想家举出越来越多的例子证明当今西方科技最新发展获得的成果，常常与中国古老的哲学和理念暗合。

还有关注未来。未来人类应该是什么样子？佛教有佛教的想法，道教有道教的想法，基督教有基督教的想法，儒家有儒家的想法。那么我们一起来研究未来行不行？这是大家共同关切的。基督教提出的拯救、救赎，拯救什么呢？拯救世界，拯救人心。佛教也是。这样，我们可以一起来探讨构建人类共同文明的问题。谁都期望世界是正义的，什么叫正义？不同的信仰、不同性质的政权，对"正义"的理解是不同的，所以不能空谈正义。但是保障人类的和平生活，构建人类共同文明，我相信这是可以达成共识的，也是正义的，是人类未来生活应该成为的样子，这就是关注未来。

周发源：如果我们笼统地给文化下一个定义，那么可以说文化是一种社会现象，同时又是一种历史现象，是社会历史的积淀物，它是凝结在物质之中又游离于物质之外的，能够被传承的国家或民族的历史、地理、风土人情、传统习俗、生活方式、文学艺术、行为规范、思维方式、价值观念等，是人类之间进行交流的普遍认可的一种能够传承的思想和行为。您上次在我们"岳麓书院讲坛"讲什么叫文化，说到文化就是生活，衣、食、住、行里就包含着文化，其实这就是指向文化所包含的一个重要维度，即风土人情以及人们的生活方式、行为规范、思维方式等。那具体在社会生活实践中，弘扬中华优秀传统文化您认为应该如何做？有哪些做得好的经验值得借鉴和推广？

许嘉璐：我一直说，文化在街道上，在家庭里。对此，山东是怎么做的呢？就是儒学到农村去，到社区去，100多个县，9万多个村都普及了，后来还在《光明日报》上办了一个栏目。山东尼山上有一个小建筑，尼山书院，全国文物重点保护单位。尼山书院不大，房子也小，我就建议依托全山东来激活它。我多次呼吁要关注老百姓，今年尼山论坛受益者1.23万人。什么叫受益者？就是来听的，包括干部、大学生等社会受众群体，志愿者除外。现在山东省已经正式下文，依托全省153个县和市，每个县市建一个尼山书院，2015年底全部建成。明湖尼山书院现在已经开讲，挺受欢迎，就一个小院子，200人坐满。现在隔一段时间有学者来讲，有的教授学者还到社区去讲。

这一届的尼山论坛，贵州省委副书记特意去参加，还说要到乡下去看看儒学是怎么进行普及的。事先没跟人说他就去了，正碰上一个教授在村子里给老百姓讲儒学，200多人在听。回来之后他就说"我震撼了"。教授讲的，不是《弟子规》背诵，没人去吆喝，老百姓们自发来听，老头、老婆婆们带着小凳子、小椅子来听，妇女带着孩子来听。从开讲之后，村子面貌改变了，民风变了，婆媳不打架了，不孝的现象也大量减少了。以后镇里还要办学堂。谁来讲？要可持续发展，就要组织讲师团。我说如果这样还不够，可以培训退休的高中老师、初中老师和退休的干部做志愿者。传播者、普及者分几个层次：第一个层次，请国内一流专家学者来讲，说咱老百姓的话，但是学术性强；第二层次，请山东的专家到县市去讲；第三个层次，培训志愿者到镇上、村里去讲。基干队伍是山东省的专家。我们成立了一个山东人文社科研究协作体，已经有3年了。这个协作体以自愿为原则，有100多位专家，用协作体把队伍组织起来，制定出规则和机制，这就是"讲师团"。书院可以讲学，也可以展演，比如讲本地的地方史，演出地方戏，男女老少都会来看。也可以是系统式的讲述，讲讲《弟子规》也无妨。还可以开展群众文化活动，搞"文化庙会""文化大集"。

这样的工作有两个地方做得已经不错了。一个是我专门去考察的贵阳孔学堂，他们也搞文化会，几万人参与，有各式各样的活动；再一个是我去过的河南漯河，他们有个许慎文化园，100多亩地，搞文化庙会，一个星期进去14万人。"庙会"有时候也有讲座，但更多的是大众活动，比如看演出、买文化产品、买书、猜谜语等。

说到湖南，岳麓书院是现在的资源，可不可以办分院，全省办若干分院，把它的功能根据湖南的需要和情况充实起来，成为群众的文化中心和道德学习中心（也可以取别的名字）？湖南传统上曾经办过好多书院，从宋代以来有几十个。

周发源：湖南有 14 个市州，几乎每个市州都有书院。如长沙的岳麓书院和衡阳的石鼓书院就有很长的历史，影响很大。还有湘乡东山书院，毛主席曾在那里求学，此外还有湘潭碧泉书院、永州濂溪书院和蘋洲书院、郴州安陵书院、岳阳金鹗书院、株洲渌江书院、常德沅阳书院和德山书院、怀化恭城书院、娄底双峰书院、张家界渔浦书院、邵阳资东书院、湘西自治州濂溪书院等，所以说，湖南的书院文化资源的确是相当丰富。

许嘉璐：是的，弘扬传统文化和当代文化建设都必须有一个落脚点，书院就可以成为一个很好的平台和抓手。学者的讲稿事后整理，可以作为普及读物出版。即使有些地方不够准确，也不要紧。我老拿于丹打比方，于丹不是儒学家，但是她讲的是正道理，老百姓需要，她让人听得懂，老百姓能受到启发，觉得可以为我所用。

随着时间推移，我们还可以讲讲"创业史"。我们不仅仅要从孔子讲到孙中山，还可以从陈独秀讲到习近平。我们几千万烈士的这个传统，其实就是古代传统的升华。如果没有传统文化基因，当年我们那些工农战士怎么说走就跟着走了，最后死在雪山草地上连名字都没留下？参加革命的还有很多是大家子弟，这是为什么？

我们可以讲讲乡土文化，乡土文明老百姓最清楚。可以讲曾国藩，包括他老家的邻居都可以讲。还可以讲屈原、王先谦、毛泽东、雷锋等，湖南这方面资源非常多。总之就是要讲老百姓需要的，一听就明白的。这项工作需要一部分精英知识分子来做。今天看来，春秋时期孔子学问大不大？朱熹学问大不大？二程学问大不大？王阳明读的书多不多？但是他们说的话通俗易懂。虽然《王阳明全集》里有的地方很难懂。但你看学生给他的问题，有时候很浅，他都不厌其烦地讲。他在白鹿洞讲，在岳麓书院讲，听的人从四面八方来，他讲的话人家都懂。我们今天搞学问是不是既要高、专，又要深入而浅出？

当下的文化建设状况，打个形象的比方是有些"肠梗阻"，没"梗阻"的一个是山东，一个是湖南，还有一个是贵州，还有浙江，是另外一个类型。所以我实在希望各个省委、市委、县委更关注文化建设，在一年无数次的常委会中至少有一次是研究文化建设的。习总书记到北大，说人文社会科学工作者要关注当下，现实地回答老百姓关切的问题，我想就是希望学者也要研究现实问题，到群众中去。所以希望湖南省社科联、湖南的各类学校、宣传文化教育部门、各类媒体能看到这一点，都去做些这方面的工作。我们在山东所做的，实践证明，那是切合老百姓需要的，湖南也可以借鉴。

文化自信　文化创新　文化辉煌※

首先我要说，参加这个论坛，我的收获颇多。鸿忠同志作为一个九省通衢大省的书记，他对文化的理解，他的胸怀和气魄，预示着湖北省的文化就要腾飞。刚才四位讲者和四位评述者，涉及那么丰富的内容，大大增长了我的知识。论坛的丰富和我的知识局限，要我来综述，太困难了。何况几位专家已经有了很好的评述。幸亏会议是让我综述而不是综评，那么我就说说来之前所想的对四省文化论坛的期许和到现在为止的收获。

首先，我认为由湖北省李书记、罗书记倡议的这一论坛是一个创新。区域文化是客观存在，过去我们所说的区域文化往往局限于一省一市，甚至一县一乡，现在超越行政区域，四省联手研究毗邻相连的这一大片山川土地的文化，就我知道的，这在中国是第一次。对区域文化的研究，至少对于学者来说，增加了一个视角，有没有这种综合性的视角，很不一样。刚才黄德宽先生谈到，这一带过去和现在的经济和社会发展依靠的是母亲河长江。无尽的长江，自古以来不停顿地流动，给予人的心灵、思维方式以超越时代和地域的启发和激励。因此对长江文化的观察和理解，不能着眼于某一个地方、某一时段；没有综合性的视角，很难形成或得出更为符合历史实际的结论。长江把几个行政区划的经济连在了一起，自然也就促成了这些地方文化的共同特征。文化，永远以经济为基础。

再联想历史的情况，从屈原开始，一直到陶渊明、李白等文人墨客，

※　此文是作者 2015 年 1 月 5 日在"首届长江文化论坛"（湖北武汉）上的总结发言。

恐怕都应了孔老夫子所说的"仁者爱山，智者爱水"。水给智者以启发，水给他灵性，水让他的思维超越现象界，进入一个一般人领会不了的形而上的高空。

其次，刚才四省的讲述和评议给了我一个巨大震撼，就是我们长江中游人们的文化自信。我非常同意李书记所说，我们要讲道路自信、制度自信、理论自信，还应该有一个文化自信。在前三个自信的背后有一个基础或灵魂，这就是文化自信。因为任何制度和法律、选择的道路、指导行动的理论，无一不是在民族文化的土壤上滋生出来的。

人们之所以没有普遍地把眼前发生的一切跟古代联系起来，是因为人们的生活方式变了，表述方式变了，同时自古以来不断吸收异质文化，以致"原生态"文化的面貌模糊不清了，但是定型后的文化的基因仍然潜伏在人们的心里。今天的几位讲者差不多都提到了禅宗，禅宗就是异质文化，是中土文化第一次大规模地和另外一种品质的文化接触，从中汲取了营养，影响了中土的语言、艺术、思维和风俗习惯。一百年前，我们吸收了很多西方的东西，是第二次大规模吸收外来文化，再一次改变了固有文化的形态。所以人们时常觉得和古代不一样了，误以为我们的传统断了，其实不是。

我们还需要把眼光从长江中游扩大到整个中华大地，还应该站得再高些，看看世界的状况。我们就按照梁漱溟先生在八十年前所提出的世界文化的三支来看：西方文化，也就是希伯来—希腊—罗马文化；印度婆罗门文化；中华文化。把中华文化放到这样的大格局里面比较，才清晰地知道中华文化之可贵，才知道今天我们的政治体制、中国特色社会主义道路，以及我们正在逐步完善的制度和理论不是天上掉下来的，也不是从境外移植过来的，而是五千年文化必然的、逻辑的发展和结果。

因此，不从文化上去理解自己的民族，自己的祖父、曾祖父、列祖列宗，就不会有这种自信。当有未曾尝过的"美味"飘来，就觉得那就是好的，自卑得不行。不错，我们还有很多问题需要克服、完善，要解决这些问题，也要立足于自己的文化，同时吸取他人的优点。而这一切，都要以文化自信为前提。

再次，湖北的各位领导为什么要举办这样的论坛？我想其初衷不仅仅是想给学者们一个讨论的机会，最终的目的是为了长江经济带的当下和未来。长江中游这块宝贵的沃土在整个国家布局中是极其重要的组成部分，这就是说是为了全局的发展。

大家回顾本省的和长江中游的文化特征，是一种集体反思，用儒家惯用的话来说就是"反诸其身"。重视记忆、反思，是中华民族文化的特征之一。仅仅回顾历史是不够的。历史经验、列祖列宗的遗产，对于今天的人来说，不过是营养液。祖宗再辉煌，也不等于今天或明天一定就辉煌，世界史上不乏曾经创造过历史，后来却泯灭的民族。但是通过反思，民族历史却是提高文化自信心的重要动力。中华民族五千年文化没有中断，其中必有内在原因，认识到它，就进入自觉阶段了，也就有信心了：我们的文化一定能创新，有新的突破。这是不是只解决了50%的问题，另50%呢？我们怎么才能迎来辉煌？

中华文化多元一体，各区域、各民族间存在着差异，而核心、主干却始终如一。用宋代理学家的话说就是"理一分殊"。现在我们谈"分殊"还不够充分，而更需要谈的，是那个"一"，也就是要人们看到贯穿在种种亚文化、次亚文化中的那条若隐若现但却异常坚韧的红线。正因为有这条红线，我们才始终是一统的民族和国家。

中国之保持一统，原因很多，一统观念、一统文字、废除权力世袭、设立郡县体制、选贤举能、构筑长城等等。从文化角度看，根本原因还是因为里面有那条红线。秦始皇功劳很大，但是二世而亡，就是因为他偏离了这条红线。

我们之所以说对中华民族"理一"的"一"还应加强研究，另一个原因是至今我们还不能用最简洁的话语告诉中华儿女和全世界，我们现在的文化核心是什么，不能让人一听就懂，一看就记住。只有亿万人民把握了这个"一"，我们才能把历史的财富化为当下的营养，传得久，播得远。中华文化一百多年来屡经冲击，但是在百姓中仍然沉淀着那最深沉的东西，这就是现在常说的文化基因。今天的问题，是应该把鲜活地存在于960万平方公里村村寨寨、街头巷尾的文化基因唤醒，让人们的"行"进而转化为"知"，也就是进入自觉、自信，从而自强。学者属于先知者，我们则需要把"知"化为"行"。中国的学问一贯重视"知"与"行"的统一，而到了宋明理学出，更为强调，并且形成理论体系。继承他们，就应该以我们之所得、所悟，贡献给最基层的老百姓。

在这个过程中，我认为中华文化未来复兴、建设之路，需要三个"支柱"、一个"通道"。"三支柱"就是学校、社区和宗教。任何民族的文明，几乎都是靠这三个系统传、播、承、继。坦率地讲，我很担心新城镇建设打乱了村村镇镇原有的文化格局，而新的村镇又不能在十年八年里形成新的农村社区文化。城市里的小区、街道，居民们彼此了解，往来热络，现在铲车一推，弄堂胡同没了，邻居分别搬进各处的大楼，新社区形成了，但新邻居相见不相识，彼此防范，何时能够形成社区文化？宗教能在促进社会和谐当中发挥很大作用，现在则距离社会需求太远。真正的宗教是解决人的心灵问题、引导人朝着崇高、善良、仁爱不断提升。多数香客进庙烧香，入观卜卦，并不了解宗教教义。宗教怎样把自己的真谛传播给广大信众，有待于宗教的改革和建设。

只有三个支柱把文化传承和建设的重任自觉地承担起来，一起朝着共同方向提升，中华文化才能蓬蓬勃勃，才能再现古代的辉煌。"一个通道"是什么？NGO，特别是与文化相关的民间团体，也包括公益人、慈善家，都应该起到传播优秀传统文化的作用。

世界天天在变，世界的文化已经发生了极其巨大的变化，最重要的变化是从20世纪中期开始形成的反思两百多年来的文化的浪潮，其先行者在这之前已经对"现代文化"提出了质疑和批判，例如罗素在20世纪20年代、斯宾格勒在一战之前，等等。但是这种反思的真正高潮是从20世纪中叶以后。西方学者开始反思他们自己的文化，对文艺复兴以来形成的文化展开了无情的批判，进行解构，认为照西方这个路子走下去，不仅仅西方社会难以为继，整个人类都要毁灭。

可惜那个时候，我们正在搞"文化大革命"，而港台的学者，特别是就这个问题直接发表意见的方东美先生、徐复观先生，都在构建自己的哲学体系。现在过去了半个世纪，再看看西方学者那时写的东西，看看港台学者写的东西，会觉得犹如昨日。他们所看到、所预言的，今天全在一天比一天严重地实现着。例如环境恶化、资源枯竭，社会收入差距拉大、社会断裂，在西方日益严重，在中国则似乎呈现突然爆发之势。在这些现象的背后，根本的推动力是什么？是人无止境的贪欲，是人心。在这种背景下，世界著名的"建设性后现代主义"哲学家小约翰·B.柯布教授，最近写了一篇文章：《为什么我们需要学校》。猛看标题，似乎他是没事找事。其实他是在说，在目前的资本主义社会中，学校只是为了服务于经济而存在，社会还需要有为了其他目的的学校存在，要从全民的角度培养全人，即有道德、有伦理、有审美，精神健全，又有一定知识的人。他还说，根据他的印象，中国目前的学校体系更多的是反映了西方学校的历史而不是中国自己教育的历史。这是指百年冲击，即由光绪皇帝 1905 年发布圣旨取消旧学，1906 年开始建新学起，中国的学校都是为经济而设，学生为经济而学，教授为经济而教，忽视了、摒弃了为人的灵魂而兴办教育，这是信仰混乱、伦理缺失的重要原因。

中国人应该感到骄傲，西方是在文艺复兴二百多年后才开始醒悟的，而我们真正全面实施工业化、进入市场经济只有二十多年，从中央到百姓各行各业都在反思。这期间还有邓小平同志多次提醒要注意精神文明建设。全社会反思，答案可能不同，不要紧，百花齐放，百家争鸣，最终总会基本统一起来。这种反思也体现了中华文化的高贵品格，通过反思更加认识到祖宗的光辉伟大，继承、变革，要中华文化不辉煌也难。

用历史的、世界的眼光看，我们今天研究四省的文化，其意义已经超出了四省自身的需求，具有全国的意义，甚至具有世界的意义。在中国这样大的国家里，不同区域既然"分殊"了，联动起来搞大的经济区大概只有中国有这样大的气度和手笔。四省文化将成为联手建设发展的精神动力，这对世界经济建设、未来走向都会有所启示。中华文化已经让西方的智者、思想家，从英国伟大的历史学家汤恩比，到德国天主教神学家、哲学家孔汉思、柯布等都这样期待着中国。中国人对世界的文化应该有此担当。为此我们还要锻炼自己的胃口，向我们的列祖列宗学习，把东方、西方、非洲、亚洲各个民族和地区文化中有益的东西全都吸收进来。如果这个高潮出现了，那就是中华民族与异质文化第三次的大规模撞击、吸收和融合，而且与以往不同，这一次是在科学理论指导下的自觉行动。这样再过一二百年，中华大地上的文化又不同于今天了，必然更加先进，我们的文化基因将更加完善，我们对世界的贡献也将更加伟大。

谢谢！

勇敢先行的前辈[※]

庞朴先生突然离世，闻之者无不惊恸莫名。

庞朴先生在他60多年学术生涯中，始终孜孜矻矻，实实在在，锲而不舍，一往直前。他的贡献是多方面的：哲学史、思想史、文化史……几乎在每个领域他都有所创造，道前人所未道。凡顺着科学研究规律敬畏前行者，就会不经刻意追求却走在了时代的前面，庞老是其人矣。

我是他那一行的外行，但却是他比较忠实的读者和私淑。我没有想过改学他的那些学科，齿暮鲁钝，何敢涉此？但因时代的呼唤，却在不知不觉中渐渐接近了他，是"思孟学派"、文化哲学、"文化的民族性"、《儒林》、《文史哲》……把我吸到了他的身边。每次拜见，时间都是在笑语、沉思和享受中如转瞬般度过的。

最后一次拜见，是在他家里。他虽已靠轮椅行动，但依然儒雅、沉厚、恬淡、从容；一如既往，小点心、水果，人人有份。我们谈的是儒学高等研究院的科研与教学，是他所主持的《儒学小丛书100种》的编撰、出版，是他要向山东大学捐书，是想再回家乡看看——他始终丢不下的，是学术，是民族文化精华向青少年普及，是尽心尽力再做一些贡献。

庞老是我的乡贤：我们都是淮安人，旧居相距20里，我家在"淮城"（今淮安区），他家在淮阴（今清河区）。家乡人和我一样，颇以淮安走出这样一位学术大家而自豪，几次问我："你们二位什么时候回来？"

※ 此文是作者2015年1月为悼念山东大学教授庞朴先生而作。刊载于《人民政协报》2015年1月19期第10版。

三年前我与他确曾相约着一起回老家,"想回去看看,怎么不想呢?""一起回去,一言为定!"言犹在耳,但接着他就间或染恙,日渐衰弱;在他或可勉强远行的时候,又恰好我在奔忙。及至去年,我竟不敢再回应此事了。庞老去矣,此事为憾,我怎样向家乡交代?

庞老去年所说的把一生省吃俭用积累的书籍全部捐给学校,事已办妥。现在想想,他何以急于交代此事?莫非已有什么预感?我不愿再想下去了,只是又一次领受了一位以仁为己任、为学术为民族鞠躬尽瘁、最后的一点精力和所有也要奉献出来的真正儒者的精神。

庞老生前身后,人们以多种他当之无愧的赞词称呼他,而我宁愿恭恭敬敬地称他为难得的"一代宿儒"!

中华传统文化基因与当代中国[※]

现在，人人都在关注中国的经济形势。我们生活在当下的经济环境中，经济是社会生活极为重要的组成部分。马克思的《资本论》推出的一个极为重要的观念，就是生产力和生产关系是历史前进和开创一个新时代最主要的动力。

作为经济学的一个纯粹外行，我给大家说两个有关经济的故事。2005年，由我和"欧元之父"蒙代尔共同发起"诺贝尔奖获得者北京论坛"，连续举办了几年，每年请诺贝尔奖获得者，受邀者主要是经济学家，也有化学家、生物学家。第二届在北京饭店举行。开幕时六位诺贝尔奖获得者坐在台上，我在致辞时除了表示欢迎和感谢，还说了下面几句话：各位是世界金融学、经济学的大师级人物。我和许多中国人一样，关注着每年颁发诺贝尔奖的情况。我从报道中和一些事后的介绍中，了解获奖者的杰出成就。我的感觉是，似乎没有一位经济学家所提出的理论或建构的模型能够解释中国二十多年来的经济现象。我希望你们或你们的后继者能够写出准确分析中国经济发展腾飞的原因和对它未来做出可以验证的预测，我想那一定会获得新的诺贝尔经济学奖。因为中国已经并继续在为人类的文明做出贡献，可能将为世界的未来提供另类发展模式作为参考。随后，我回过头问那几位经济学家：你们赞成不赞成我的说法？他们纷纷表示完全同意。

通过这个故事我要说明我的一种人文社会科学的感觉：要创造中国式

※　此文是作者 2015 年 2 月 5 日在"中国国际友好联络会"形势报告会上的讲话。

奇迹，就不能完全按照西方社会的经济规律及其方法来。我也曾经跟蒙代尔私下交流过，我说你们经济学家、金融学家只考虑经济数据和模型，没考虑到不同国家、不同民族的文化。而你在主张建立欧洲统一货币的时候，就考虑到欧洲的历史和文化，对中国现象为什么就"不"呢？

第二件事情，2008 年出现了两房危机，我在 2007 年曾经谏言，提出双位数字的增长是非常规的，一位数字的增长是常规的，长期非常规发展会带来非常规的后果。我以快速行驶的车子为例，经济之车在人类发展规律的路上超高速奔跑，后面扬起的灰尘和带来的风险就会增大，甚至要翻车。我建议主动地、有计划地把增长速度放慢，即使"慢"到 6.5，十年可以翻一番，也是世界奇迹。所谓翻车、扬起灰尘，就是出现社会层面的种种危机，包括环境破坏、资源枯竭、收入差距拉大、道德滑坡等。

我不是经济学家，我是怎么形成这一想法的？是从社会变迁、文化发展的角度观察的。在座各位可能也和我一样，没有受过严格的经济学、金融学训练，但是观察社会生活，不见得不能形成自己的想法。当然，这个想法可能不准确，有自己的想法就是有了某种精神储备。

以上两个故事都涉及文化问题。今天让我讲一下中华文化建设和中华文化走出去。这实在不太好讲，跨文化交流是一个深不见底的问题。说说现状吧。从现状也可以窥到"走出去"的一些情况。

我想说说中华优秀传统文化和中国特色社会主义到底是什么关系。这里面也涉及我们现在的经济形势和未来发展，虽然这是两个领域的问题。为什么要说这个问题？因为习近平同志提出四个"讲清楚"，包括把自己的传统文化讲清楚，把中国特色社会主义讲清楚，把这两者的关系讲清楚。不敢说我能够讲清楚，我只把我一点想法说出来和大家做个会内交流。

中国特色社会主义的道路、制度和理论是根植于中华优秀传统文化基础上的。这可以从两个方面理解。

第一，包括少数民族同胞在内，在他们的家庭里，父子关系、夫妻关系等，都有着中华优秀传统文化的基因。换句话说，中华文化基因是 56 个民族同有的，同样是靠习惯、风俗、信仰、家庭传承的，但可能"百姓日用而不知"。这些习俗、伦理和西方有明显的差异。在西方邻居间基本上老死不相往来，而我们则"远亲不如近邻"。大到家国的观念、一统的观念，都是我们独有的文化基因。

正是因为中华民族有这样的基因，所以国难当头就有大量不分阶层的志士仁人拍案而起，挺身而出。想想第一代无产阶级革命家，都受过旧学熏陶，为什么一下子就能接受马克思主义呢？因为在他们心里有着中国不能倒下、要给中国找出路、远景是民族小康和世界大同的基因。一遇到和这基因相通的学术和思想（哪怕只是基本原理），就用来充实、提高原来的思想和认识。这一思想就是马克思主义。当年，凡是红军所经过的地方都有大量工农参军，因为那时的工人农民，从小认定做人要忠、要孝、要义，当外敌把刀架到脖子上的时候，到实在难以活下去的时候，就坚定地跟着红军走。

我四次登上井冈山，我跟当地领导说，我是来朝圣的，来净化心灵的。井冈山地区人口至今也并不多，70多年前，包括周围几个县竟相继牺牲了四万多人，其中一万多人连名字也没有留下。我是来悼念他们的！同时，共产党领导的军队是文明之师，纪律严明，靠的不过是"三大纪律、八项注意"，可是所到之处秋毫无犯，人民拥戴，因为全军知道应该怎样做人，也就是知道人之为人的底线。这是什么？这就是朴素的真诚的信仰。

第二，优秀传统文化是我们今天一系列思想的土壤。这是今天我要讲的重点。

中国特色社会主义吸收了其中很多营养。例如，理念。理念包括未来的目标。又如，胸怀，背后是信仰。中华民族人民的胸怀，简言之也就是我们常说的"先天下之忧而忧，后天下之乐而乐"，不只是看到自己和小家，再如，伦理，也就是道德。中华道德是世界闻名的。

中国人的理念、胸怀、伦理，是孔夫子给定型的。他的思想已覆盖全国31个省市自治区的城乡。当然，历代统治者，为了家族利益也不希望天下乱。为此，他们也利用儒家，历代都在孔子思想上有所附加。但是，传统的根子没有变，它还在支撑着中华民族，支撑着现在的事业。

我们今天提出中国特色社会主义，又提出马克思主义中国化，还提出优秀传统文化与时代精神结合，创造新的文化。这几个理念的背后意味着我们不能照搬古代那一套，意味着社会已经产生了质变，从前是家族统治、帝王统治、贵族统治，今天不是；从前是农耕，现在是工业化、后工业化；今天我们谈到的优秀传统文化，是由科学方法把握的，这个方法是与世界观相应的，就是辩证唯物主义和历史唯物主义。这不是一个空洞的口号，真正客观、严肃的学者无不在践行着。根据历史过程的实际情况分析（虽然我们所看到的历史已经不是原来的样子），这是一种科学。一百多年来，特别是共产党成立 90 多年来，获得的经验和教训都是逐年积累起来的；对中华文化的认识是在否定—肯定—否定—再肯定的循环中不断上升的。我常说，这 100 多年是优秀传统文化自然的延续，今天的现实和未来是中国优秀传统文化包括这 100 多年的近代传统合乎逻辑的发展。客观情势在变，人的思想在变，但是万变不离其宗，中华文化的根基和灵魂始终没有变。

习总书记提出一个"中国梦"的形象概念。梦就是理想，是在现实中还不存在，但是经过努力可以实现的预想。说中国梦就是中国理想，外国人也容易接受，因为"梦"和"理想"两个词的意义在英语和许多语种里相通，跟中国人的理解相近。每个人都有自己的理想，而国泰民安、和谐富裕则是全国人民的最大公约数，这连农村老奶奶都知道。孙中山题字最多的就是"天下为公"，毛泽东同志题词我们悬挂最多的是"为人民服务"，二者相映互补，表达了一种古老而美好的理想，因此最受人们欢迎。

怎么实现这个梦？最近总书记在党校省部级干部学习班上的讲话中谈到了四个"全面"。

一是全面小康。小康这个词是从《礼记·礼运》篇来的。《礼运》开篇就说儒家的最高理想是天下大同，据说周代之前就有过，后来不行了，那就应该实现小康。

古人所梦想的大同世界，首要的是"选贤与（举）能"，这是讲民主；要"讲信修睦"，即双方沟通以达其信，慢慢培育人与人间的和谐；要"天下为公"，也就是天下是天下人的，我为人人人人为我，很类似 19 世纪出现的"社会主义"构想。在这样的环境下，人无私心，世上所有的人各得其所，"矜（鳏）寡孤独废疾者"也都得到照顾。《礼运》后面描绘那个理想境界情景的两句值得提一提："货恶其弃于地也，不必藏于己。力恶其不出于身也，不必为己。"无私、为公、自觉、节俭，通过这两句话表现得很深刻而形象。

小康最重要的特征是在私有盛行的情况下，要讲礼义和睦、"刑仁讲让"（以"仁"为标准、楷模，通过彼此沟通达到互相谦让）。这岂不是和我们所讲的在共产主义实现前的很长时间里先把社会主义建好，在这期间特别要讲究道德是一样的思路吗？在这个阶段要特别重视个人和社会的道德培育和提高，才能抵御因私有的加强和财富的增加所生成的无数诱惑。我们正朝着这个目标前进着、努力着。这些东西的根源在哪里？在历史的经验中，在几千年来民族的追求中。为什么"中国梦"一经提出，全国上下都赞成、都欢迎？因为它和老百姓心里的基因互相呼应着。

二是全面改革。所有行业、领域、体制、机制、管理办法和我们头脑中已经跟不上时代的观念，都要改革，没有空白点。大家都知道，舆论界有人说儒家限制了人的创新，保守性强，甚至说中国弱就弱在儒家了，等等，这就是拿后来附加在孔子身上的东西看孔子了。这也不是从现在开始的。"五四"时期的情况不必说了，就说近几十年的事吧。1972年胡适已经垂老，他还在台湾一个论坛上提出东方文明缺乏灵性。缺乏灵性就是不会改革。他举的例子是中国人纳妾和吸鸦片。他的话在港台地区掀起轩然大波，许多人批判他，他拒不改口。吸鸦片是儒家的属性吗？是中华民族的本根性吗？鸦片什么时候传入中国的？是什么人向中国倾销的？纳妾，这是一个不好的习惯，违背了人性，是男权社会产生的劣品。基督教就提倡一夫一妻，而中国古代法律允许纳妾，这是己不如他的地方。辜鸿铭说中国纳妾挺好，胜过法国贵族普遍的、以有情妇情夫为荣，一旦事情败露双方男人就要决斗，"挽回荣誉"。但是咱们也不能把自己身上的脓疮说成是花朵。吸鸦片、纳妾，不是儒家或者中华传统文化的根本。还有人举出裹小脚来否定传统儒家。裹小脚盛行于明代，开始的时间说法不一。大家看唐代的画，女性很"开放"，也全是大脚丫子。这也不是文化的根本，所以辛亥革命后一声令下，女人的脚很快就解放了。

儒家是不是真的保守呢？《诗经》上有两句非常著名的话，也是中外学者这些年来经常引用的："周虽旧邦，其命维新。"邦就是国，当时特指诸侯；周，原是商的一个诸侯国。诗的意思是，周虽是古老的诸侯，但上天所赋予它的使命是不断革新。这就是说，中国早在3000多年前就懂得了"维新"的重要。我们看看此后的历史。战国时代天下混战、百姓涂炭，成一统国家的是秦。秦靠法家而强大，执法严酷，重奖军功，乃至把垃圾倒到街上都要斩首，根据在战场上斩首数量赏爵、减税免役。严法无理无情，所以二世而亡。说穿了，秦速亡的原因之一就是违背了在这之前已经定型的中华文化。汉坐定江山之后就开始思考这个问题，以后历代帝王、学者都在探索综合各家学说思想而用之。例如汉宣帝训斥他"柔仁好儒"的儿子说,"汉家自有制度,本以霸王道杂之",即王道和霸道混合着用,对良民用王道,对刁民、恶民就用霸道。然后他说,天下恐怕要毁到你手里。在帝制时代下,有良法还需要有"良人"定法、执法,这是荀子明确提出的。

又如,隋文帝、隋炀帝吸取了前代的教训,开始整顿,而集大成的是唐,进行了很多改革。比如选贤举能,怎么选?以前靠贵族、官员推举,难以摆脱个人关系、拉帮结派。隋唐开始实行科举,制度逐渐细密化。这一办法用了1300多年,有效地维护了历代王朝和国家的统一。有两个人的话可供我们参考。一个是孙中山,他在1924年系统讲解"三民主义"时,专就这个问题说了以下的意思:你们这些年轻人(指国民党的青年精英),天天喊平等,你们知道为什么西方强调平等吗?因为他们中世纪太不平等了。我们中国呢?一向是平等的,只要你有条件、够努力,就可以上进,由不知不觉(指百姓)变为后知后觉(指官吏),由后知后觉变为先知先觉(指"革命领袖");如果不努力,就会反向变化。而保障这种平等的就是古代的科举、后代的考试制度。孙中山建考试院,与行政院、立法院等平级,就是出于这一思想。第二个人是英国近代最了不起的历史学家汤恩比。在他的《历史研究》里特别着墨说明为什么中国几千年来在全世界一枝独秀、"超稳定"。固然,我们有南北朝、五代十国、蒙古满族入主、太平天国、抗日战争、国内战争……那是就中国看中国,如果把中华帝国这个板块的变迁放到世界历史中去看,真是超稳定。是不是稳定,是不是"超",是从比较中看出来的。在欧洲,从中世纪开始,因为宗教、利益而发生的战争几乎没有一年停歇过。17世纪欧洲的30年战争,使欧洲几乎变成废墟。在其他大陆,部落、宗教、民族间的战争也是连绵不断。汤恩比是以历史学家的纵横眼光来看中国的。他指出,中国超稳定很重要的一个原因是中国通过科举选拔官员。这些官员来自底层,了解百姓疾苦,了解社会情况,因而历代都出现了一批批的实干家、改革家,保证了历代朝廷的稳定。

19世纪坚炮利舰打破了我们的国门,触发了洋务运动。不管洋务运动对不对、成功不成功,初衷也还是要变革。当然这种变革解救不了中国,因为制度不行,于是就爆发了辛亥革命,推翻帝制,实行共和。但是旧文化还在盘踞着,于是以巴黎和谈为契机发生了1919年的五四运动。在这之前,新文化运动已经开始了,这就是由陈独秀、李大钊、胡适、钱玄同、鲁迅一批新文化先驱领导的变革。他们都是中华传统文化熏陶出来的，可是能率先改革。个中原因值得研究，我认为还是传统的基因起了垫底的作用。新文化运动虽然也有负面影响，但是他们作为西方思想的引进者、宣传者、白话文开创者的功绩不可没。我们继承了五四精神，连把传统文化打倒这方面我们也一并继承了。事情就是这么复杂。

毛主席于1941年就提出"马克思主义中国化"，后来顾虑到第三国际的压力，改成中国的实际情况与马克思主义相结合。新文化运动后来分了两拨，其中一拨是由李大钊等人成立共产主义小组，酝酿出1921年共产党的成立。这是翻天覆地的改革。90年后习近平同志提出全面改革、改革没有终期，显然是对古老的和近代的传统的继承，实际是在继续"中国化"的事业。

三是全面法治。很多学者认为，儒家只讲仁义不讲法，但是从《论语》《礼记》等文献上得不出这样的结论。孔子不过是把道德修养放在前面，同时认为不能完全依靠法，两千年来，有的时候是德教在第一位，有时候法治在第一位，像个钟摆，过程是曲折的。

再追溯一点历史。战国末期的荀子被大家公认是儒家（我则认为是儒法的综合家），他是孟子之后的又一大儒。他主要讲德，也注重法。自汉以后，虽然以法名家者很少（法家思想常常融入儒家之中），但历朝的法律实践却日益丰富和提高。《唐律》和《清律》是历史上最著名的法律，其中即包含着丰富的法学智慧。可见，讲法制并不是西方独有的；但是我们也需要学习西方。

西方所有的法，不管是《罗马法》《拿破仑法典》，还是美国的判例法，不同法系最初都源于《圣经》。《圣经》记述摩西曾经从上帝那里得到口述的十条戒律，刻在石板上，这就是所谓的"摩西十诫"。后来世俗就开始制定法律，以细化上帝对人类的训诫、体现上帝的精神。因此法律在西方具有很高的神圣性。无论是神的启示、训诫，还是世俗法律，都是人的"他律"。中国古代的法律，常常是社会生活需要解决的问题的归纳，不是先圣先祖或者是哪个神告诫的。所以，我们的法治与"理"（道德，自律）、与情（习俗，约束与灵活）有着复杂的关系。建设有中国特色的现代法制社会，是"全面加强法治"中的重要课题，同时要与加强道德建设并肩齐进。历代皇帝享有特权，都不在法律管辖之内，跟"治外法权"似的。现在我们强调所有政府机关、企业事业单位都要遵守法纪，中国共产党在宪法和法律允许的范围内活动，这就大大发展了以儒家传统文化为骨干的中华传统法制观念。这也是全面法治的重要内容。

在中国老百姓的文化基因里，本来就有敬法、畏法的成分。我们淮安人过去骂人的话里最重的一个词是"罪犯"，其含义大约等同于"不是人""畜生"。因此，全面加强法治符合老百姓的心理，是有传统文化的社会基础的，也并不完全是舶来品。

最后，"全面严格治党"。"党"在近代之前是一个不好的词。最初的"党"就指"乡党"，类似现在的村庄、"社区"。后来汉代外戚、宦官乱政，于是有官员、士人串联起来反对他们，招来镇压，这就是有名的"党锢之祸"，"党"字也就成了贬义词，"结党营私"的"党"还保留了古义。近代政党的出现，是为打破贵族特权而萌生的一种政治形式。但是，无论是古代的结"党"，还是现在的政党，都代表着一个阶层/阶级发出特定的声音，表达该阶层/阶级的意愿。但是日子久了也会享用自己所设计的特权。所谓两党制不就是如此吗？1949年以前的国民党，不就是如此吗？

中国自有史以来，唯一的结成党而为人民服务的只有中国共产党。当然，树大了，什么鸟都有，必然出现蛀虫。这不是这个党的本质。很多人"落马"，是因为他之所为不符合这个根本原则，那就不能再骑这匹马。中国的政治经验太丰富了，上下都懂得要想国家稳保江山，要复兴，要繁荣，首要的问题是选贤举能，还要贤能的人结成一个金刚不坏之体，在今天就是共产党。古代治理官吏要三年一考比，孔子时代就开始了。定期考核，奖优黜劣，能上能下，可谓"古之定制"。我想，这也是从严治党的传统文化基础。

全面小康是我们近期的目标，这个近期可能要200年、300年，也许更长。近期先把我们的事情做好，这是全民的目标，是全民的梦。为此，必须全面改革，乱改不行，乱行政也不行，所以要全面法治；这些都要求有一个坚强、纯正的党来领导，所以需要全面严格治党。这四个合起来是什么？就是中国特色社会主义的必由之路。

刚才我说了，老百姓心中蕴含着传统文化的基因，要激活它。这基因显现在哪里？在老百姓的生活里，在社区里，在家庭里。党中央提出要有道路自信、制度自信、理论自信；是不是还有第四个自信，也可能是更重要的自信？这就是"三个自信"背后的支撑、底盘：文化自信。这个问题对当前极为重要，要全民族都有文化自信，其艰难程度不亚于要保持经济的长期稳定增长。现在骂自己祖宗的人或者对自己祖宗持怀疑态度的人，可能不少于要从祖宗那里汲取营养来为今天服务的人。其中绝大多数出于无知，不但对自己的民族文化、历史无知，更对中国之外的事情无知。有关中华文化的知识要普及，要在比较中认识自己的传统，难哪。四个全面、中国特色社会主义既然是在传统文化基础上生出来的，现在怎么把这些反馈到社区，深入到家庭？也很难哪。

总之，中华传统文化和中国特色社会主义的关系就是，前者是基因、是土壤，后者是合乎逻辑的科学的发展，二者是割不断的，不可分的，抓到这个观点，看社会的一切可能就稍微清楚一些。

本来让我讲讲"走出去、请进来"，结果拉拉杂杂说了半天中华文化自身。在上面所讲的基础上，我只讲几句或许就可以完卷了。

走出去，不单是去讲述中国故事，也是吸收人家好的东西所必需的；请进来，也不是只引进人家的好东西，也有让对方了解、理解中国的效果。这中间，应该想得系统一些，然后要化为对方喜欢听、听得懂、记得住的话去讲述中国。这在当前也是个不小的难题，原因复杂，殖民时代留给西方社会对我之偏见与成见、我们自己传统遭到破坏的后果、长期与外隔绝因而话语转换艰难、我们教育体系的弊病等等，都造成我们在相当长时间里难以适应。中国的许多事情不能不让人着急，但是做起来又不能急，性急吃不了热豆腐。但是现在就应该重视起来，着手做起来。限于时间，有关这一方面我就不展开了。

所讲错误之处，敬请各位理事严厉批评。

谢谢！

未
达
续
集

"春节符号" 是人民的需要[※]

"春节符号"征集活动，是客观形势的需要，这种客观形势就是世界在经历全球文化多元化、多样性的发展，就中国来说是优秀的传统文化隐没丢失之后复兴的需要。

这种需要不是哪个政党的需要，也不是政府本身的需要，是人民大众的需要。

春节符号需要注入文化、注入精神

中国过春节过了几千年，从来没有符号，但是在今天这个信息时代，我们很需要一个"春节符号"。比如贴春联就是符号，这是我们的理解，不是古人的理解，也不是学者、老百姓的观点。

当然这个符号，需要多种形式的宣传来渗入民间。

在人类历史上、民俗中，所有的节庆都是集中在几方面来展现的，可以用民俗符号来展现。例如：正月上元节吃元宵、五月端午节吃粽子，八月中秋节吃月饼，到春节吃团圆饭，以上全是吃。

在农耕社会，物质条件不太好，能凑在一起吃点好吃的就是节日最好的符号。有符号就有载体，比如外国圣诞节有圣诞树、圣诞老人，复活节有彩蛋，情人节有玫瑰花、巧克力。他们是重情重吃，我们过分重吃，所以在经济发展、解决温饱之后，我们的节日气氛就淡化了。

※ 此文载于《人民日报》2014 年 8 月 30 日第 7 版。

因此，我们的春节需要有一个符号，需要注入文化，注入精神。

春节符号一定要全民参与

春节符号最好是生成的。

我们的传统节日都是自然形成的，几乎没有一个是人为规定的。但今天时代不一样了，可以有学者、媒体、企业家等的广泛参与。我们提倡，一定要全民参与，不是少数人决定，在今天这个公民社会，少数人参与不行，一千万分之一，比例太小。我们是一个十三亿五千万人口的大国家，所以需要生成。

怎么生成呢？通过征集，在媒体上公布，广泛听取意见，最后，形成统一的意见。生成是人工设计的，催它生成的，这样需要宣传。

春节符号必须是能够进入家庭的

希望我们的艺术作品，包括电视剧、舞台剧，能够给一个文化交流的机会，请外国友人来点评，请孩子们来点评。老人爱看的小孩不一定爱看，我们要学会征求小孩子们的意见、征求外国友人的意见。这样，这个话语体系就是鲜活的，它最终是能够进入家庭的。节庆的东西必须进入家庭，久而久之就会成为老百姓的习俗。如果进入不到家庭，只是在集会的时候，在新闻报道中给予体现，仍然是外在的。

我们这次春节符号最好既是生成的，又是鲜活的，这样，我们文化的复兴，960万平方公里土地上的文化习俗就可以活起来，珍藏在故宫里的文物就可以活起来，古籍、文献也可以活起来，三个活起来，文化复兴的时候，带给我们的才是正能量。

传统的记忆 鲜活的符号[※]

尊敬的各位领导、来宾，

女士们，先生们，朋友们：

大家腊月二十三好！

　　腊月二十三，在我国很多地区称为小年，重要的一项活动是送灶王爷上天，汇报这一家一年来的所作所为。"二十三，糖瓜粘"，是要用麦芽糖把灶王的口粘住，即所谓"上天言好事"，等大年夜再把他请回来，"回宫降吉祥"。我小时候，对这样一个活动是期盼的，因为供了灶王爷之后有糖瓜吃；同时，也是疑惑的，因为灶王爷的"玉照"接下来要在院子里烧掉，意寓灶王爷已上天，汇报这家的所作所为；他的嘴被糖瓜粘住了，确实说不了坏话，但是也说不了好话了，岂不陷入了悖论之中？年纪大了我才明白，对于民俗、对于百姓的美好愿望，不要用"科学"的逻辑横挑鼻子竖挑眼。它是逐步形成的，自成体系的。有一个东西贯穿于所有民俗当中，这就是祈求平安、吉祥，家庭平安、亲友平安、国家平安。既然我们都希望中华传统文化得到继承和弘扬，既然选在二十三公布春节符号，那就请允许我抢在灶王爷上天之前说几句吉祥话：一祝大家小年快乐；二祝大家大年全家团圆；三祝大家羊年

　　※　此文是作者 2015 年 2 月 11 日在"中华'春节符号'全球发布盛典"（人民大会堂）上的讲话。

吉祥，包括身体健康、阖家欢乐、百事顺遂。总之，把一切美好祝福都送给大家！

按照传统习俗，从小年开始，就正式进入"忙年"阶段。刚才主持人说，二十三就开始了购年货，就算真正开始过年了。其实这是当代情况，在过去，一进腊月就开始筹备过年，包括购置年货、给孩子做新衣新鞋、初八泡腊八醋、煮腊八粥，但是真正忙起来是从二十三开始，此后每天都有既定的"内务外政"和礼仪，东北、西北、长江沿岸则另各有一套。所以过去说"过了腊八就是年"。每天都有特定的准备过年。这样看来，春节汇集了许许多多习俗，构成了一个庞大而繁杂的系统。"过年"，曾经带给全国村村寨寨、家家户户多少快乐、企盼和美好的记忆！

随着国家经济的快速发展，人们的物质生活提高了，文化生活丰富了，价值追求多元了，家庭结构变化了，以前过春节的方式已经难以满足不同人群的需要，因而人们对"年"的热情减退了。在不少人的心里，春节不再那么重要，于是，诚如刚才有的朋友所说，"年味儿"越来越淡了。这当然是非常让人遗憾的，特别是年纪较大的人，感触更深。但是，我们记忆中的那个年味儿的"味儿"，是些什么"成分"？为什么会有那种味道？为什么我们喜欢和留恋那种"年味儿"？我觉得，年味儿中最重的，是由家人、朋友、邻居、国人之间的亲情和在这亲情中暗含着的"认同"混合而成的。重亲情，包括对故去者重重的怀念之情，是中国人的性格，甚至可以说是中国人重和睦和谐的"品格"。正因为如此，所以春节已经成为中华文化的符号之一，为全世界所知晓。而借以体现这种浓浓亲情和慎终追远情怀的载体，是拜祖、拜长辈，是邻居、亲友间的相互拜年，当然，还有年夜饭团圆饭。现在，城市生活已经几乎见不到拜祭，吃也不那么重要了，许多家庭改为在餐馆"团圆"，亲友拜年也因为生活节奏和方式的改变而大大减少。以前我就盼大年初二，因为从初二开始亲戚朋友就陆续到家里拜年，我可以得到压岁钱。现在，不知从何时改成了年前拜年，这也是年味儿淡化的原因之一吧。

但是，即使现在生活发生了急剧变化，即使年"味儿"弱化了，人们还是在怀念过去的"年"。因而，如何顺应时代生活状况，既维护包括春节在内的中华节庆的核心精神与感情，又能吸引对传统逐渐陌生的人们，尤其是年轻人，就成了弘扬优秀传统文化、促进新时代文化形成的重要课题。

虽然节庆只是中华文化的一角，但是从这里出发，可以延伸到许多领域和层面。因此，中国对外文化交流协会、中华炎黄文化研究会、中国广播电影电视报刊协会、东方华夏遗产保护中心联合发起主办中华"春节符号"全球征集活动，希望借此凝聚大家的情感，唤起大家对春节的重视和关注，引发人们对优秀传统文化在今天如何生活化的思考。

我相信，这一活动要唤醒的，是隐没在人们心灵深处的文化记忆。这是我们整个国家和民族的需要，也是我们每个人的需要。这种需要超越了物质层面，是精神层面的追求，是对中国人心灵基因亟待迸发出巨大能量的召唤。习近平总书记曾经指出，要使中华民族最基本的文化基因与当代文化相适应、与现代社会相协调，以人们喜闻乐见、具有广泛参与性的方式推广开来。春节，就是最能凝聚力量的载体之一。

我们过大年，过了几千年，从来没有过特定的符号。我们有贴春联、放鞭炮的习俗，但是春联和鞭炮并非春节所独有；至于吃饺子、吃汤圆，虽然是春节所常备，但是也是平时所常见，用来作为春节的独特符号总觉欠缺。春联、鞭炮、饺子、汤圆具有浓厚的人情味，但精神的内涵还嫌不足。我们需要一个注入文化、注入精神的春节符号。

在中华"春节符号"全球征集活动中，我们邀请了各方人士参与。有民俗学者、设计专家、相关行业人士，有教师，有学生，而参与最多的，还是基层大众。需要特别指出的是，许许多多小朋友、老年人和海外华人也积极参加了。我们希望这个春节符号最好是从心灵中生成的，是从民间创造出来的，又是经过提升的结果。因为春节本来就是先民祖祖辈辈在生产生活中自然形成的，作为它的符号也应该来源于生活。我们在广泛征集设计方案和各方意见的基础上，通过专家评审、投票，相对集中地得出一个比较统一的意见、一个能够在最大程度上体现各方感情、爱好趋同的结果。只有这样，这个符号才有社会基础，才是鲜活的，才有生命力，才能走进千家万户。

今天，在这个热气腾腾的会场，我们期盼已久的春节符号即将和世人见面。这是全球各地中华儿女所关注的时刻。在这里，我还要向组委会的朋友们再提一点希望：春节符号发布之后，再努一把力，和媒体的朋友们一起，做好宣传的工作，开掘春节符号背后所蕴含的丰富意义，通过媒体让更多的人知道它，关注它。这样，大家的辛勤付出就能得到丰厚回报了。

感谢各位领导、来宾和朋友们自始至终对中华"春节符号"全球征集活动的支持！

再次祝愿大家羊年吉祥！

谢谢大家！

未达续集

看清当下　唤醒基因　面向大众※

又是一年春风来。刚才张希清副会长向大家汇报了一年的工作，也报告了研究会所主导和策划的 2015 年的工作。不清理不知道，一清理吓一跳，小小的中华炎黄文化研究会 2014 年又做了这么多工作。应该感谢各位副会长、各位理事、各位顾问，各位名誉理事、名誉副会长，这些工作是很多同志克服了个人的很多困难，点点滴滴奉献完成的。看来 2015 年任务又非常重。各位副会长做得比我要多，即使这样，我都有点感到应接不暇，在座各位、各分支机构的劳累更可想而知。

刚才钱逊先生的一番话和伦理文化专业委员会的同志、希亮同志、文光同志所讲的，其实是从不同侧面来说一个问题：表面看是炎黄文化怎么弘扬，研究会怎么办，实际上谈的却是当前中国的文化情况。我就接着钱逊先生的话说说目前世界思想界、包括部分中国学者的研究动向。

现在越来越多的各国公共知识分子的共识是，目前人类面临的，是自有人类以来从没有过的严重危机。在前工业化时代，也就是游牧和农耕时代，人类的巨大灾难最主要是大自然所"赐予"的地震、洪水、干旱、瘟疫等。工业化以后，一次次巨大危机则是人类自己造成的。这种自我毁灭的灾难也是慢慢积累，从量变到质变，最终爆发的，就像大地板块的挤压，力量有个积累过程。人类自己造成的种种危害到了第三个千年，已经积累得即将爆发了。旧石器时代、新石器时代、青铜时代，从畜牧时代到

※　此文是作者 2015 年 3 月 15 日在中华炎黄文化研究会四届五次理事大会暨新春座谈会上的讲话。

农耕时代，灾难往往是局部的，就全人类来说"东方不亮西方亮"，因此我们才能够从老祖宗智人一直进化到现在。但是，现代的危机必将是全球性的，有可能造成人类的灭绝。

新时代的危机呈现在哪些领域呢？世界思想界大体有所共识，最主要是三类：第一是核战争和冲突，单是俄罗斯和美国所储存的核弹就可以毁掉地球多次。当然，有的学者指出这个危机看来暂时不会爆发。但是，它的危险度并没有减弱，爆发的引信还在吱吱地冒着烟。万一恐怖主义、暴力冲突、局部战争没有得到有效控制呢？

第二是生态恶化、环境毁坏。今天中国对环境的感慨、呼吁，主要还是着眼于当下的健康问题。有一点似乎没有得到应有的注意，这就是环境问题有积累效应。目前不过是这儿冒个头，那儿冒个头，污染了水，污染了空气，污染了地。这些污染，从真正的科学意义上说，是永远消除不了的。现在治理河流的药剂可能是 30 年后的危害。雾霾，我不喜欢气象台说马上冷空气来了，明天我们这里就晴朗了；这里的雾霾被吹走了，但它并没有消失，只是跑到了别处。土地污染了，常常是某个村子、某个城镇出现了某种罕见难治的疾病，例如中国男性的生育率近 20 年逐渐降低，不能不让人怀疑和生态有关。环境的情况谁最清楚？科学家最清楚。但是，科学家从来不把他们掌握的数据和对症的方法全部披露出来，即使都公布了，一般非那个专业的人们也看不懂。因此，专家提出的检测标准、标准制定的原则和过程，制定的对症方法可能带来的新问题，也就不必向社会披露。不是他们有意隐瞒，而是他们没这个责任和职权。这个风气是从哪里来的？是西方国家的"现代性"带来的。科学的专业越分越细，"隔行如隔山"的情况越来越严重；虽然科技知识的普及程度空前，但不是那个专业的人对于其他专业多数是"科盲"。例如西药的药品许多说明书，恐怕连航天、核物理、地质等领域的专家也未必看得懂。至于一般大众看了，可能更是一头雾水。即使像某类人"慎用"这样易懂的词语，也是模糊的，慎到什么程度？列了一些不良反应的情况，但某某反应则"未见报告"。说得多好，一定是经反复琢磨过的。药厂没收到发生副作用的报告，并没有完全排除这种反应，万一碰上了呢？算在谁的账上？医药如此，对环境的检测和治理有没有近似的情形？食品的保质期，厂家定的，是否"科学"？依据是什么？谁说得清？但我们却深信不疑了。食品已经工业化，越来越精细，孩子的牙齿越来越退化；添加剂的有害无害也是专家说了算。20年后中国的出生率会降到什么程度？100年、200年后中国人的体质会增强还是悄悄地衰弱？其中有哪些是生态造成的？我们现在是不是在稀里糊涂地吃饭、喝水、住房、呼吸？

对这个领域的问题，中国学者关注得很少，而西方学者研究得已经比较深入了。在经济全球化的时代所有国家都逃不过去。无节制地发展技术，首要目的是创造利润，而所有领域利润的最大份额总是装进了占全球人口最小比例的寡头口袋里。其实这些人自己也"自反性"地受害，因为他也要穿、吃、住，也要进口食品，也要服用化工生产的药品。

第三是人心危机，就是钱逊先生所说的价值混乱。这也是世界性问题。战争、游行、"占领"、"太阳花"，归结起来都是价值问题。现在很多国家已经进入"原子化"／"个体化"时代，权威消失；原有的社会组织形式如工会、政党、协会、社区，实质上都已经消亡，每一个人都是社会的一个原子，都自认为是社会的中心，天下之主，一切自己说了算。但是，心目中也还存在着崇拜对象，不过是临时的，选择条件简单，很重要的是要有"范儿"、要能煽乎。"颜色革命"中的一些临时领袖威信远远超过了该国的总统。

这就是今天的社会价值观离开了人类上万年的经验，经历了崇高之后又跌下来了，过去的一切社会原则全都失效了。而且难办的是，并不是只有三两个"原子"相连，而是原子聚集，法不责众。"原子化"是西方民主、自由走向极端的显现。包括制造这些价值观念的国家本身，也要时刻提防着"原子"爆炸。

在上述的世界思想和学术走向的前提下，中华炎黄文化研究会要做什么呢？就是要唤起中华民族儿女对历史的记忆，对我们的传统文化的自豪感，有自豪才有自信，有了自信才能自强，有了自强才不会让西风吹得找不到北。

现在我们的处境是，上有习总书记和中央的提倡和号召，下有百姓的焦虑和渴望，但是似乎中间一段（包括不少专家）还有待觉醒，也就是说中华民族真正文化自觉的时代还没有到来。

中间的一层至关重要。我们可以把文化（主要是思想和学术）分成三个板块来看：政治的，学术的，生活的。学术是枢纽，沟通政治和生活。要想让老百姓以中华传统文化为自豪，就得把中华文化说清楚。现在的著作、文章、网站、论坛不少，但是有多少能进入百姓心里，引起人们的自豪感呢？我不敢说。文化自豪感来自民族文化的价值，来自民族文化的特色（即己有而他人无）。例如中国人的智慧，包括生活智慧、社会智慧、政治智慧、军事智慧以及艺术智慧里面就有自己的特色。我们这些和书本打了一辈子交道的知识分子说清楚了没有？有些问题还应该进一步研究，例如认为世界上就是中华文化好或曰最好，我们有孔子所提倡的"仁"，这种说法就值得再深入思考。仁者爱人，提倡爱人的不单是中华民族，几乎各个伟大的宗教，甚至"原始宗教"都讲爱人。勤俭持家也不是中华民族特有的，基督新教，也就是中国所说的基督教，在16世纪改革之后在教义解释中最重要一点就是人们要节俭、刻苦地生活。至于现在有人自称是虔诚的教徒而又过着穷奢极欲的生活，那是他背离了传统，就像我们今天也有黄金铺地的，也是背离了传统。哪些是我们独有的，哪些是人类共有的？在共有的之中，我们的特点在哪里？如果类似这些问题有了进一步阐释，就会为增强全民族的文化自豪感提供了有说服力的理论支撑。还要防止民族主义和狭隘的国家主义，认为全世界的文化就我中华民族好，也不对。就是自己的文化适合在这块土地上生活的亿万老百姓，那就是最好的。对于现在十几岁、二十岁的人来说，羊肉串最好吃，对我七十八岁的人来说，羊肉串就不是最好吃的东西，不能说我爱吃的就是最好的。

中国现在遇到的问题，就是原来文化的优良基因随着时代转型和人口结构的变化而日见凋落了。这30年，特别是80年代以后，是不是可以说，学者虽然不断写东西，但没有起到多大的让优秀传统沉浸到老百姓心里、唤起基因共鸣的作用。所以，无论是从人类三大危机、从中国现状，还是从全面建设小康社会的文化需求考虑，现在面临的是如何清理好我们的优秀传统文化，让人（例如中学老师）能用几句话就把中华文化的特点、要义或核心讲出来，孩子们一听就明白，就能记住。这就要靠学者的研究。这是两段过程，一是梳理百家争鸣多种意见，慢慢形成共识；二是如何能用形象的语言和形式，传播到村村寨寨。

我希望中华炎黄文化研究会，2015年起，能就上面这两件事做出一些探索来，也许或者在民间文化团体里带个头。

希清同志已经向大家报告，2月13日开了一次会长会议，是会长们到会最多的一次。会议做了个决定，增设理事长、副理事长。研究会今后的工作当然必须适应时代，其中包括学会经费开源、文化团体能不能和产

未
达
续
集

业链接等新问题。文化建设是要花钱的，但是文化当中的有些形态文化，有些品种可以而且应该赚钱。所以，就整个国家来说在文化上必须有巨额的投入，就一个家庭来说也是，全家一块儿出去旅游不是要花钱吗？你不能旅游一次赚回两万来。咱们去看电影也得花百八十块，你不能到电影院又领钱。作为一个社会团体组织也是要花钱的，这是一个阶段。现在文化产业兴起了，如果有能力的文化团体就应该是文化事业、文化产业一起搞。但是，文化产业要启动，要搞好，需要有三个条件：第一，经济上有实力；第二，不单纯是为了赚钱，而是对文化有认识，想为文化做贡献；第三，有操作能力。经希清同志和其他的副会长反复研究、思考，又跟文光同志反复研究，最后做出这个决定。经济效益、社会效益应该统一起来。作为一个小小的民间社会组织应该走这条路，也只能走这条路。文光同志侠心义胆地接受了分管文化产业的职责。我们也祝愿他自己的产业能够盆满钵满，同时我们研究会也都能够跟他一块儿把文化事业搞好。

我想今后文化产业运作起来之后，我们安下心来多做一点实实在在的事情。做什么呢？基础研究不可少。于宁同志刚才说到伏羲问题，甘肃有伏羲文化研究会，我们会里也有研究伏羲的专家，有史前文化专业委员会。但是对史前文化，炎黄文化研究会不可能投入很多力量，因为史前文化基本上是考古，非我们之所长，我们主要是研究文化的精神。做这些事情都要花钱，尤其是基础研究，包括历史、文学、哲学等领域的研究，都需要花钱。

基础研究很重要。更重要的是，在我们研究的基础上，怎么样提炼、加工，成为炎黄文化研究会的主张，每位成员能够说出中华文化的一二三。任何一个时期，任何一个民族，对于自己文化的总结都是要经过一段历史过程的。比如孔夫子时代，没有归纳出来；孟子提出"仁"之四端，仍然不能算是归纳，没有变成当时的共识，变成人人张口便能说出的简单话语；又经过几百年，大约到汉代才归纳出来"仁义礼智"。时至今日，又需要各个文化团体和学者说出中华文化就是什么什么，再经过一段时间可能成为全民族的共识。"天理良心"是王阳明的话，是他在孔孟的基础上倡导的，简明浅出，于是深入到不识字百姓中了。同时，我们还要把炎黄文化研究会认定的一些地域、形态文化用形象的语言、物化的形态转化成老百姓心里的观念、信念，也需要研究。

除此之外，我还想提出一点，希望会里研究，这就是台湾和香港的文化。中国人民 21 世纪的历史性任务有三件：第一是建成一个富强的国家，第二是完成祖国统一，第三是维护和促进世界的和平与发展。港台的问题涉及中华民族的形象、命运和繁荣。我们能做些什么？怎么做？有待研究。今后文化交流和活动，怎么跟台湾、香港相连相融，这就为祖国统一做了实事。为什么以前不强调、现在强调？是"太阳花运动"和"占中"事件的启示。这两件事刨根问底，是这批年轻人的价值观问题。他们的价值观和大陆很多年轻人根子是一样的。能跟港台沟通，反过来在大陆开展活动也有用。

人类三大危机也在中华民族的头上，我希望我们炎黄文化研究会的老老少少，明大势、担重责、做实事、尽绵薄。既是为了中华民族，也是为了人类。炎黄文化事业要做好，常文光理事长把文化产业也做好；希望明年此时再开理事会时，希清同志的报告、文光同志的报告都能博得不止一次的掌声。

祝炎黄文化研究会老老少少身体健康，万事如意，羊年吉祥！谢谢。

民族文化特征最终表现为价值判断[※]

中华民族一向是重视创新的，所以虽然历代都在强调重本（农业），但是社会、经济、生产一直还按照固有的规律往前走，于是才有了汉唐盛世和发达的文明。只是到了近代，因为一个突然而偶然的事件把我们一下子甩到后面，这个事件就是蒸汽机的发明和工业革命。一个半世纪以来，我们英雄气短，自愧弗如，几乎一切都在仰仗着西方。在这种情况下，民族固有的创新精神有待唤醒、激励和扶持。创新意识应该从娃娃抓起，要珍惜、鼓励和保护孩子们的好奇心和想象力。这又涉及经济、教育的改革，如果从现在起，改弦更张，20年后，中国的创造力一定是世界第一。

适应"新常态"转向创新发展，在我看来就是要适应客观事物的规律，包括经济增长的速度和质量要和社会的建设、人心的养成同步。要静下心来思考如何打破常规，在体制机制和观念上进行创新。而在思考、研究、试验和适应的过程中，总需要有一个立足点，我认为，这个"点"就是我们自己的优秀传统文化。站在这个支点上，眼观六路，耳听八方，把世界上适合我们的东西拿过来为我所用。习近平总书记说，稳中求进，宏观稳，微观活。全面小康、全面改革、全面法治、全面从严治党，这就是中西合璧。

中国正在进入转型升级的关键期，全国经济正在从高速增长转向中高速增长。结构转型，原来隐含的风险已经成为现实的多重严峻挑战。主要

※　此文刊载于《北京日报》2015年3月23日第19版。

靠经济要素投入的时代已经过去了，必须转向创新驱动。这就是习近平总书记所说的适应新常态、保持战略上的平常心，在战术上要高度重视和防范各种风险，早做谋划，未雨绸缪，及时采取措施尽可能减少对后面的影响。当前的主动转型和调整不是权宜之计，而是战略性、长时间的决策，因此我们要彻底打消暂时对付难关、忍一忍的心态。

习近平总书记提出在战术上高度重视方法，防范风险，战略上藐视、战术上重视，这是我们民族的宝贵经验在经济领域里的运用。战略上藐视，由何而来？由自信而来。这种自信又由何而来？由对我们所走的道路和所秉持的理论和所建立的制度的自信而来。在这三个自信背后，最根本的则是对中华文化的自信，因为那三个"自信"，都根植于民族历久弥新文化的基础上，任何一个民族文化的特征，最终都体现于对价值的判断。

任何事物都有多重的价值，至少可以分为经济、社会、审美和伦理等几种价值。这里所说的价值判断主要是指伦理道德的价值。中华文化自古以人为本，把人看成宇宙间种种复杂关系的交集点，把处理好这些关系作为第一要务，处理的原则是"和"，是"中"，不走极端，合作共赢。社会中的个体对他人的态度则应该是仁、义、诚、敬。孟子说，"人之所以异于禽兽者几希"，意思是人与禽兽差别很小，就在于有没有人文。儒家学说400年前传到了欧洲，从那时候到现在，一直受到欧洲学者和传教士的称赞，包括对中国文化颇有偏见的黑格尔也承认孔子关于伦理的教导是有益的。

与之相对立的是以个人为中心的美国。美国建国的思想基础是个人主义，这当然有历史、宗教和文化的根源，其中，很重要的一点是，230多年来，美国从来不是一个真正意义上的统一的国家，至少在内政上是如此，这是和个人主义密切相关的。因此，他们从来没有修身、齐家、治国、平天下的观念，也不会轻易接受这些观念。

20多年前我访美的时候，一位著名的教授对我说："个人主义是我们的立国之本。但是现在已经成为我们的癌症！"当时我对他的话还理解不透，经过二十几年对美国和世界的思考，才觉得他的话一针见血。现在我们所熟知的美国国内的种族歧视、危机转移、贫富悬殊等，以及对外的双重标准、穷兵黩武，无不由个人主义所延伸。针对当前社会的情况有三个选项可以选择：其一是完全靠法，这样法律和程序会越来越繁杂，永无止境，于是国家掉进"法律陷阱"；其二是完全依德，事实证明这也不能制止社会上所有违法的行为；最后一个选项是修德，再以法律为人行为的底线，换言之，依德依法二者综合互补。这样，民族的创造力才能得到充分发挥与提升。

民族文化特征最终表现为价值判断

立足大局　迎难而上[※]

上午我定了 5 点散会，可是现在 5 点 12 分了还没结束，实在对不住大家；但是我作为会议主持人要感谢各位委员。山东省委宣传部、文物局、文化厅也应该感谢大家。整整两天，大家除了昨天下午还出去走了走，其他时间都是坐在这里，辛苦可知。年龄最大的专家已经 86 岁，年轻人感觉不到，老年人这样长时间坐在这儿本身就很累。

前后发言的一共有 18 位委员发表了高见。大家的这些意见都是经过长期思考、通过专业研究而提出的。我大致归纳了一下，大家的发言涵盖了以下方面：正名问题、规划问题（其中包括地质资源的利用问题）、功能定位，以及儒学研究、艺术展现、文化产业；实现的具体途径，例如创品牌、走出国、利用新媒体、资金筹集等，涵盖面非常广。如果把上述问题再进行概括，其实就是张华同志说的三个词：定位、功能和怎么做。大家发言的共性是都认为没有再进行论证的必要，也就是说大家认同有必要把中华文化标志城（也就是文化示范区）的工作向前推进。可行性问题也都包含在大家的谈话之中。只有张华同志谈到国家祭祀孔子不可行，等等，正面谈到了可行性。

我和大家的感觉是一样的，从 2014 年给中央写报告到现在，已经 11 年了。回想 11 年前的环境和气氛，跟今天的有着极大不同。现在中华文化标志城的建设，也可以说是示范区的建设，或者说是山东丰厚的优秀历

※　此文是作者 2015 年 4 月 12 日在"中国文化标志城专家咨询委员会第五次会议"（山东曲阜）闭幕式上的讲话。

史文化的弘扬，等来了春天的讯息，令人振奋。

下面我想谈的几点问题实际上是对各位专家发言的补充，供山东省委、省政府决策时参考。因为时间关系，我就简单说一下纲要。

第一点，要把标志城/示范区的建设，包括策划、设计、一直到实质的推进，放到当今世界的总形势下来考虑；缩小些，就是要考虑到亚洲的形势。一带一路的建设，的确像有的专家所说，在商品流通之后，必然是文化的交流。这话似乎也可以颠倒过来说，没有文化交流的"带"和"路"，只能是短命的，随时可能中断。其次，要把我们这项事业放到目前我们知道的，中央的一些举措当中思考。

当今世界的形势是怎样的？消费主义、享乐主义、个人主义、技术迷信弥漫全世界，没有一个国家和地区幸免。作为这种有计划、有理论、有载体、有步骤地向全世界扩散的主体，现在也在受着享乐主义、物质主义、个人主义等的腐蚀与折磨。这个时候，世界上只能是两个走向。一个走向，沿着既有的这种思路，开展所谓的全球化、所谓"不同文明的对话"。不管是 TPP 还是 WTO，原始的目标都是"零和游戏"。实际上，经济全球化，自 1947 年在捷克首都由 14 个"发达国家"发起世界贸易组织、制定规则，他们的目标就是把剩余的资金、技术、设备，无障碍地转移到前殖民地和半殖民地国家。可是在 40 年当中，它只实现了"半球化"，因为当时的社会主义阵营占据着半壁江山。柏林墙倒掉之后，20 世纪 90 年代开始，才真正实现了全球化，而且是以迅雷不及掩耳的速度扩展。从前的殖民运动多少还受到抗拒，而现在的全球化，一种新型的殖民运动却受到前殖民地、半殖民地高举双手、敲锣打鼓的欢迎。因为"工业化"、"现代化"、提高人民生活水平是前殖民地，或者叫新兴国家所渴望效仿的。于是发达国家剩余的资金等蜂拥而至，我前面所说的种种主义也就几乎无障碍地侵蚀了有着自己优秀文化传统的所有国家和民族。生活提高了，传统丢失了，渐渐引起包括西方发达国家在内的各国智者的反思，这才有了 20 世纪末提倡文化多样性、文明对话的浪潮。

"一带一路"，绝不是按照技术殖民、物质殖民的老路推向亚欧非，而是用一种新的理念实现合作共赢，和谐并进。这也恰逢欧美学者、思想家在思考他们未来之路如何走。他们思考中很重要的一点就是希望从东方，特别是能从中国取得五千年"超稳定"的经验和智慧。四大文明古国只有中国文化是没有断绝过的，这不是偶然的。就在这样的语境中，在山东省，有文化标志城的建设、尼山论坛的举办，又有习总书记来山东就弘扬中华优秀传统文化发表的讲话。于是"曲阜文化建设示范区"这样一种"存在"，就应运而出了。因此，如果我们考虑这个示范区，只着眼于曲阜，当然不行。梅市长说了，要突破曲阜；但是只考虑到曲阜和邹城，也不行；考虑到济宁市、山东省，还不行。必须站到全国未来命运这个高度上来观察，同时洞察世界思想、伦理、舆论的走向，才会感到这件事情的意义非同寻常。当然，如何定位首先在于考虑我们自身，我相信中国男女老少都喜欢的东西，世界也会喜欢。这样，我们干起来劲头就不一样了。

第二点，示范区也好、标志城也好，应该是大手笔。大手笔不一定花很多国库的钱，要立足于现实、观照全世界，要意识到我们需要我们的优秀传统文化，世界也需要中国的优秀传统文化。同时我们不是单纯的"卖家"，我们也需要世界的文化，也将是个大"买家"。当前在中国的思想界，简单化地归纳一下（简单化就可能不科学、不准确），有三种思潮在中华大地上涌动。一个是弘扬传统文化，以为这样就可以解决中国的问题；一个是认为弘扬传统文化就把马克思主义给丢了，这种倾向，我们可以从网上、手机终端上看到直接的、间接的、显性的、隐性的、学术的、民间的，都有；一个是主张全盘西化，这个调子似乎在公开场合已经很少见到了，但是已经披上了各种外衣、化了妆，思潮仍在，在经济领域、金融领域最为明显。其实，结合当今中国现实，用辩证唯物主义、历史唯物主义去其糟粕取其精华，跟时代特点和精神结合、转化、创新，打造适合中国人的、当代的、中国特色社会主义的新文化，就解决了三者之间关系问题。当然，要分辨好与不好、有益无益，吸收拒绝，转化创新，都是非常困难的事，需要长期的实践、深入的研究，还要在实践中检验。判断的关键为伦理、价值和宇宙观是否符合中国国情，是否对中国和世界人民有益。我们应该按照习总书记在孔子研究院座谈会上的讲话精神，处理好这三股潮流之间的关系。站在辩证唯物主义、历史唯物主义这个立脚点上看，三者并不是对立的。中华民族从来是在前进过程中让不同的溪流注入的，包括人种、物质和文化，犹如黄河，从昆仑山的溪流逐步形成在山东看到的浩浩汤汤。不拒绝外来的东西，只要是好的、经过历史检验的、适合我们中国的，我们就要吸收，包括人文社会科学和哲学。从这个角度说，就不单是修一段明故城、讨论怎样激活孔子研究院，或是建一个什么建筑物等那样简单，而要统筹规划。这个规划要让100年后的子孙一想到我们，是肯定，而不是责骂我们这些人。这是我想说的第二点建议。

第三点，我们对规划实施后的艰难性要有充分的估计。我不是说筹资的问题，而是说规划、设计和实施的问题。我还是要先从宏观上说。首先，要研究按照习总书记在一系列讲话中所强调的四个"讲清楚"和三个"活起来"在示范区如何体现？也就是有的专家所说的，要让外国人看得懂、听得懂。但是，说易做难。如何讲清楚，如何活起来，恕我见陋寡闻，至今我在中央的各种媒体上还没看到一篇有分量的文章。这是中华民族在21世纪遇到的一个世纪性难题，不要把这个想得很简单，这里面有基础研究问题，也有通俗化的问题、话语体系转换问题。只有深入才能浅出，只有准确地浅出了才说明深入了。这就又涉及刚才大家谈的人才问题。我们不缺学习儒学、传统文化的学生，我们缺善于讲清楚，以及让物化的东西活起来的博导、教授。今天下午几乎每一位专家都提到了人才培养问题。是啊，要找到一位能够讲清楚、活起来的学者，难啊！

我想提出一个问题：我们的学术界是不是已经验证了西方哲学的奠基人笛卡尔当年说的话？他在《哲学的原理》这部划时代的著作里，说了这样一段话：

> 我们世上的一些不证自明的真理，往往被繁琐的逻辑定义搞得乌烟瘴气，如此简单明了的知识应该从学究的高墙里解放出来，还给它一个自由之身。

中华民族的崛起正需要把"学问"从高墙里解放出来，还它自由之身。过去，老百姓一字不识，但是在教导子孙如何与邻里相处的时候，讲仁论义，做事"凭良心"，这些儒家思想是如何普及的？我们现在传媒这么发达，教授这么多，教师这么多，怎么就不能普及？作为学术界的一员，我有一种说不出的感觉，说不清是不是惭愧和自责。前天我在尼山书院和山东大学儒学高等研究院提出来，我们需要大批学者走出书斋，到民间去，时代需要这个愿望尽快成为现实。

任务之艰难，人才只是其中一端，此外还有很多端。由于任务艰难，又要面对世界，立足现实，因此文化标志城或示范区的任务是沉重的。特别是"示范区"这三个字，是部委提出来的。"示范"是什么意思？是要成为全国学习的标杆，建设示范区肩负着让人们能够从这里受到如何讲清楚、活起来、走向世界的启发。我们的经验和教训都不单是济宁的财富，也不单是山东省的财富。

第四点，争取这个规划进入国家"十三五"规划。作为中国文化标志城建设的参与者，作为促进山东文化发展的成员，应该志在必得。因为建设示范区这样一个任务，单一个山东省承担不起，包括融资和学术、管理的准备。我有个建议。麻烦发言的 18 位专家把录音稿修改出来，没有发言的委员也把他们原准备要讲的意见写出来。这些意见是我们文化标志城建设、山东省文化建设路途上的一站，要作为历史文献留下来，同时分发给有关的局、委、办去研究、落实。便于今后给中央报告时从大家的智慧里吸取精华。

最后我说说关于"示范区"名称的问题。说老实话，我也拿不准。刚才张华同志说，示范区是中央的，山东不宜这样叫。其实，这是部委提出的，山东省当然同意了。但这个名词容易产生歧解，会有人以为是"曲阜的文化"示范区，在这背后又有许多问题需要澄清。我猜想，将来中国不是只有一个文化区，恐怕还会有不少文化区出现。我们是先行先试。打仗先头部队是最艰难的、牺牲最大的，我们就是这个部队。名称问题也属于先头部队探路的内容之一，可以继续思考、争辩、研究，张华同志说得对，最后拍板其实还是在中央。

最后建议，下一次的咨询委员会是不是要等到一年后？既然文化的大形势来了，要有大手笔了，一年后再开会就迟了。建议根据情况（例如，纳入"十三五"规划问题八九不离十了），是不是开一次？再开的时候专家们要出去走一走，到县里、乡里、村里去看看。从去年5月9日文化厅发布建立尼山书院的文件，20 日启动，今年 4 月 9 日开了尼山书院和山东大学儒学高等研究院联系体的工作会议，下个星期为山东普及乡村儒学培养志愿者和教师的培训班第一期开班（连续五期，共350人）。等我们下次开会时去看的时候，可能这些人已经在乡下讲书、讲学、辅导多时了。我们下去看一看，听听农民、村干部怎么说，也听听县里做基层文化工作同志的意见，把这些意见带到专家咨询委员会里来，专家们再对山东如何把儒学文化普及到老百姓中去提出进一步的批评和建议。我的这些建议仅供省委宣传部、文物局、文化厅考虑。

作为主持人，拉拉杂杂说了三十多分钟。现在差 8 分钟 6 点，大家走到餐厅正合适。感谢大家耐心听完我的讲话。

谢谢！

国家拜祭的力量 ※

在这次论坛上，专家、学者以及学术组织就着黄帝文化发表了很多高见。我不想就黄帝文化本身再多谈什么，我不是这方面的专家。我只想谈谈有关拜祭黄帝大典的一些想法。明天就要举行拜祭大典，多年来参加拜祭，促使我不得不想一想，拜祭大典的明天和后天。

我想讲这样几个问题。第一，拜祭这样一种仪式、活动在今天的意义。

拜祭先祖，其来有自。从甲骨文时代就有文字的证明，延绵清末，始终未断。辛亥革命后，仍然保留了其中有些祭典。纵观古今，拜祭的形式随着时间、世情的变化而有所演变。这种演变，很难说是进步还是退步，它是适应不同时代的结果。但是万变不离其宗：拜祭先祖理念的根基，也就是为何拜祭先祖，没有改变。

炎黄文化成型于农耕时代。农耕生产的发展、家庭和家族的繁衍，很重要的是要靠继承。从财产到技能、到知识，都需要承接先人和前辈的成果。重继承，是中华民族文化区别于世界上很多民族文化的特征。"没有他，哪有家；没有家，哪有我"是民族共识。不仅继承宗、祖给自己的知识，还要延续他们的道德观念和价值追求。

正是由于重继承，在继承中发展，所以中国被称为一个文化"早熟"的民族。"早熟"，就我所知，最早由梁漱溟先生于1941年提出。我对此

※　此文是作者2015年4月20日在"黄帝文化国际论坛"（河南新郑）上的主旨讲演。刊载于《光明日报》2015年11月9日第16版。

有些质疑，因为这是以希伯来系列文化为标杆，而且出于历史线性发展观。前工业化时期希伯来文化与希腊罗马文化结合，经过文艺复兴，形成了西方的观念体系，包括西方哲学所说的宇宙观、价值观、伦理观和审美观。而中国早在农耕还比较原始的时候，就已经有了自己的哲学思考的体系，这一体系的定型者就是孔子。如果立足于中华文化，以我们为标杆，也可以说西方的文明是"晚熟"的。我们的文化至少五千年来延绵未绝。定型早，有足够的时间深入到民众心里，渗透在人们衣食住行的每一个习惯里。因此，尽管有外族入侵和内乱，仍然无法使它中断和消灭。如果缺乏了早熟和定型，在外力和内力的双重作用下，结果则会相反。两河流域、埃及、希腊、印度的文明，都灭绝了或中断过。因此，时至今日我们仍然不忘列祖列宗，就意味着要让中华文明不断延续、发展、壮大下去。

中华民族一代一代举行拜祭，反映了人们对于社会发展、进步的思考。我们对于先祖先烈为社会所做的贡献和对今天的影响，有着富于理性的认识。这就是，社会要通过劳动，构成和谐的气氛，加强继承和传播，并且不断地创造。今天无论是拜祭伏羲、黄帝，还是拜祭孔子，没有人想回到那个时代的状况中去生活，先祖的精神是在激励我们不断前进。

人类从开始意识到自己和树木、禽兽、山河不一样时起就开始思考这样的问题了：我是从哪里来的？将要归于何处？至今这还是人类思考的头等问题。这意味着人的自觉。当一个人不知道应该思考这些问题时，可以说他还不是一个完美的人。中华民族长期思考得出的结论是，我们来自大自然与先祖；自己也会沿着这条路走下去；人终有一死，尸骨灭而精神存；时间、空间转变了，此理则依然。例如清明节的家祭，实质和拜祭民族共同祖先相同。用宋朝哲学家的话说，这叫"理一分殊"。一理，就是寻根溯源，想象未来，想到自己如何继承先祖的精神，如何继续创造，而这一切都围绕着如何完善人生的价值；"分殊"，就是拜祭黄帝、伏羲、家祖和父母等，对象、形式各有特色。

但是，当一个社会只有小家庭拜祭祖先，久之，这个社会就呈现出一种离散趋势，凝聚力减弱。想想过去，思考现在，有心人都会认识到，我们今天的生活、学术、社会，都是对古代的继承和发展。未来的发展，也离不开今天的基础。再想想，2015 年我们在这里研讨，再过 100 年，那时的人们想到今天的情景，就会像我们回想到抗日战争时期毛泽东和蒋介石二位先生分别派人拜祭黄帝陵的情形，人们认识到，这就是一脉相承。

既然如此，我们这个时代的人就要想到，应该如何做人，一百年后的后代将如何议论现在的我们。一想到此，我们越发感到一种敬畏，应该感谢列祖列宗，应该给后人留下点什么。

拜祭黄帝有没有特有的意义呢？

我想先说一说我们身处的这个社会的特点。自进入现代社会以来，中国人的"理性"发展了、普及了。"理性"这个词来自西方，是文艺复兴所确立的一个概念，基本上是指依靠思辨、逻辑推理分析世界。文艺复兴形成了西方的思维定式，直至今日依然如此。而中国人的"理性"出自自己的文化背景，与西方很不相同。这种理性普及了，一切先验的、超越的、绝对的、唯一的主宰世界的"实在"（神），以及今天我们生活中时时可见的科学技术领域的假设，都需要中国的经验和理性来确证。于是，像《旧约》里的"摩西五书"，以及婆罗门在《奥义书》里所突出表达的大梵等，都遇到了挑战，那就是无法用人类的经验和科学实验推导出来。如果现在还说人类的历史只有几千年，曾经有过伊甸园和诺亚方舟，宇宙中的一切都是上帝在六天里创造出来的，中国人一般很难相信。如果说这些都是一种隐喻，是先哲用以启示人类的，那么在西方原有意义上的宗教就会日渐凋零。二十年来，德国这个西方哲学的王国，天主教堂关闭、出售了将近三分之一，就反映了这一状况。

中国人崇拜以黄帝为代表的先祖，可能也逃不过这个命运，现代的人们也需要事实的检验或者文献的证明。幸亏我们自古神的位置在社会生活里退居到次要地位，历代共同认知的黄帝与《圣经》和《奥义书》上所说的不同，他是人而非神。

我想用下面四项来说明。一、黄帝的事迹超越了口传历史；二、有具茨山上种种考古发现文物的佐证；三、黄帝的遗迹不限于黄陵县和新郑，河北省多地也有黄帝的遗迹；四、通观历史上对黄帝的记载和叙说，神话少而事实多。

所谓"超越口传历史"，可以从重新阅读司马迁的《五帝本纪》"赞"开始。这是大家熟知的篇章。我就挑出其中的一些关键词做进一步的思考，也许对论证黄帝事迹超越了口传历史有所裨益。

学者多称五帝，尚矣。然《尚书》独载尧以来，而百家言黄帝其文不雅驯，荐绅先生难言之；孔子所传宰予问"五帝德"及"帝系姓",儒者或不传。余尝西至空桐,北过涿鹿,东渐于海,南浮江淮矣,(至)长老皆各往往称黄帝、尧、舜之处,风教固殊焉。总之不离古文者近是。

所谓"称",就是在司马迁所看到的种种历史文献、各家学说当中,有很多称说到五帝。"尚",是说在学者们称说五帝时,都把他们作为崇扬的对象。"《尚书》独载尧以来",即《尚书》中没有提到黄帝。"百家"就是战国时期的诸子百家,"其文不雅驯"说得直白一些相当于今天说的"不正规",可能里面包含了一些鬼神之说。"荐绅先生难言之",一些有地位、有学问、有权势的人很难把黄帝的事情说清楚。所谓"帝系姓"指的是黄帝何所从来,一代代传承的谱系。"儒者或不传",即儒家没有把它讲清楚。这一段说的是司马迁对从文献中所看到的由口传历史变为文献记载所做的分析和判断。然后他说,我曾经迈开双脚去考察,西到甘肃崆峒山,北过涿鹿,东边接近了海边,南到江淮。"至",这里我打了括号,因为对其解释存在争议。他这里特别强调"长老",即年岁大并有一定地位的人。"皆",全称概括,是说遇到的长老都称道黄帝和尧舜所曾经到过的地方,风俗和教化一直跟别处有所不同,也就是古风尚存。总之,他考察到的这些情况以不与"古文"《尚书》所载发生矛盾的为可靠。(司马迁还看到了古文《尚书》,后来亡佚了,到晋代梅赜又假造了古文《尚书》。)这就是说,司马迁超越了口传,根据古代文献和诸子百家的记载做了实地验证。他接着说:

予观《春秋》《国语》,其发明"五帝德"、"帝系姓"章矣,顾弟弗深考,其所表见皆不虚。《书》缺有间矣,其轶乃时时见于他说。非好学深思、心知其意,固难为浅见寡闻道也。余并论次,择其言尤雅者,故著为本纪书首。

"章",意谓《春秋》和《国语》发明"五帝德"和"帝系姓"是很明显的。但是只是作《春秋》《国语》的人,以及后代学者没有深入考察;但是他们所记述的黄帝事迹和风教也不虚妄。"不虚"是拿他亲自考察的结果和前面所说的文献记载进行核对的。《尚书》残断有相当一段时间了,而以《尚书》为代表的古代文献所丢失的东西,在其他地方还时时可以见到。在这样一种纷繁复杂的情况下，唯有笃志于学、深入思考、心领神会，才能真正懂得黄帝，当然这是很难与浅尝辄止、孤陋寡闻的人谈论的。他在结尾处说，他按照时间顺序记叙和论述，选择文献和口传中特别"正规"的内容，作成《五帝本纪》，作为《本纪》的第一篇。

这篇"赞"，说明司马迁已经把他之前的种种口传历史超越了，口传、文献、亲验相结合，落到他的著作中，传到今天。换句话说，司马迁的记述应该是可信的。这就和《创世记》等对于上帝、摩西、大梵的种种描述之不可考察有着质的差别，跟我刚才说的先验、绝对、唯一，绝然不同。

第二，谈一下具茨山。近年来，在各高校和研究机构专家的高度参与和支持下开展了对具茨山的研究。根据已经有的成果，和最近世界岩画联合会的报告，具茨山上的岩画，穴洞、刻画、图标等等，最早的距今4200年。这些岩穴画，跟黄帝是什么关系呢？4200年前的岩穴画，已经成系统、很成熟了。众所周知，殷墟所发现的甲骨文最早的距今3400年，十分系统，不同期、不同坑里发掘的甲骨文相通，占卜和事实表述清晰，这证明甲骨文或其他形式的文字在这之前有着漫长的发明、进步过程，先民在更早期陶器上、岩壁上留下的符号，很可能就是文字的雏形，只不过我们还不能理出一条线。同理，具茨山的岩画如此成熟，包括排列的图形、凿洞的技术，此前一定还有很长时间的酝酿、创作、发展的过程，随着研究的扩展和深入，相信还会有更多的发现。根据现有成果，已经可以预想，公元40个世纪之前的若干世纪，已经有强大的部落和杰出的领袖在这里生活并开拓疆土。很有意思的是，炎黄文化研究会常务副会长赵德润先生，不久前参观国家博物馆时发现了一个甲骨片，上面的标记是若干动物，其排列形式跟具茨山洞穴岩画非常一致。这也有助于推论具茨山人类活动的历史变迁。总之，在司马迁所记载以至通过口传流传至今的黄帝，的确曾经作为一个部落或其首领在具茨山上长期生活。这就把黄帝出生地的传说进一步确定下来了。

黄帝遗迹，除了新郑市和黄陵县之外，在甘肃崆峒、河北迁安、逐鹿等地尚有遗存，迁安可能即"东渐于海"处，该地关于黄帝的传说、史料至今尚在。上述这些地方之间距离很远，不是一般个体可以往来的。黄帝能在那么多地方留下遗痕，说明是整个部落的迁徙或征战。

还有一个现象，无论在河北还是在甘肃，传说中的黄帝的业和德基本上是一致的。这的确也值得学者们深研。传说黄帝那时有车，是什么样的车？有没有辐条？要走到甘肃、迁安，不是"大兵团"是不可能的，在短时间内也是做不到的，可能要经历若干代人的逐渐移动，这样的族群如果没有强大的、有力的领导也是难以想象的。且不管黄帝的业绩有多少是实在的，多少是口传的，至少我们可以相信，黄帝是人，而不是神。这就是刚才我所说的我们的历史传说和其他民族的创世学说根本不同的地方；也是我们应该顶礼拜祭的依据。

第三，提出三个建议。一、拜祭黄帝应该上升到国家级；二、拜祭定点在新郑；三、应该促进拜祭黄帝渐成民俗，甚至扩大到世界上所有华人社区。现在我逐条叙说。

国祭的意义，除了前面所述之外，想再略作补充。首先，黄帝是中华民族有史可考、建立初具国家架构、传说未断、最古老的历史人物，他应该成为中华民族一统文化的标记，成为中华民族文明历史里程碑式的符号。

现在全世界人口比第二次世界大战时翻了一番还多，很多地方的社会正在走向离散化、个体化，也就是缺乏一种共同的精神追求。中国也有这个危险。作为凝聚一个民族的核心价值，要超越自己这一代，一百年、二百年、无数年永远充满活力，单靠经济不行，主要靠文化。说中华文化博大精深，源远流长，太抽象，应该有若干标记或符号。在我想来，在中国历史上只有两个人能当此重任：纵向说，历史更悠久的就是黄帝；从思想定型看，直到今天还在影响我们的，是孔子。因此，我也期望将来拜祭孔子也成为国家大典。这样，国家级拜祭就是三项：黄帝、孔子、千千万万的先烈。拜祭黄帝表示对历史的尊重和敬畏；拜祭孔子表示对中华民族价值观念的继承；拜祭先烈表达子子孙孙要继承、发展民族自强精神。这三祭，就把中国优秀传统文化和时代精神结合起来了。

其次，黄帝的德业，"修德振兵、蓺艺百谷、抚安万民、披山通道、迎日推策、劳心节用，为历世所称颂。"司马迁提到了发展农业、关心百姓、发展交通、初定历法、勤于谋划，生活从俭。这些都是发展农耕的关键，似乎也是为今天所准备的。

再次，黄帝历来为全球华人所认同，"炎黄"已经近乎中华民族的另一个称呼，超越了政治、政党、信仰和意识形态。如果中华民族的哪一个后裔说自己不是炎黄子孙，大家会用一个最大的丑名斥责他：数典忘祖！

又次，实行国家公祭，明共识，立信仰，向全球显示：我们自古崇尚的是这些东西，而不是相反。

在新郑举行国祭，符合国际惯例。在宗教盛行或设有国教的国家，拜祭信仰的对象和仪式分散于各地的教堂和家庭。到了宗教的节日，例如复活节等，以及由宗教节日演变出来的狂欢节，举国参与；遇到国家大事，就在最高层举行，例如伊斯兰国家和美国的总统宣誓，都要手扶各自的圣经，由大阿訇或大主教监誓。这其实是另一形式的拜祭。我们的拜祭不是为自己的救赎，乃是慎终追远，让民德归厚，和合社会，弘扬传统。救赎是为个人；拜祭黄帝，是为了民族和国家。把共同的信仰和对象符号化、标记化，这也是国际惯例。

定点于新郑，有以下缘由。一、新郑地处中原，中华文化汇聚腾飞之地，象征意义更大。二、具茨山的背景和佐证，不会择非其地。三、祀于庙而不祭于陵，是古代常制。祭陵往往降一等，派大夫前往。拜祭古圣出生之地，也是古之常规。四、除国家拜祭，还可以有省祭、私祭，私祭包括学校祭、团体祭以及黄帝后裔之祭。各种拜祭应有规范的礼仪、形式。拜祭黄帝的地方，在史籍中记载很少，不易明确其礼制。历代拜祭先王的制度可供参考。从汉代拜祭基本都在明堂或者南郊（偶尔有四郊），到清，特别建了一个"景德崇圣殿"（故址在北京阜成门内路北），规模宏大，合祀伏羲、神农、黄帝，一直到明太祖，共21位先圣。到康熙晚年，增加到143位。参考古代这些陈迹也许有益。《文献通考》记载，"晋元帝崩后"，始有"诸公""谒陵辞陵"之事。为什么？那些公卿，不是元帝弟兄，就是好朋友，"率情而举也"。到了成帝，就认为这是非礼，于是叫停。《通考》还说，"自汉魏以来，群臣不拜山陵。"《通志》记载，唐显庆五年二月二十四日，唐高宗以每年的"二时"，太常少卿分行二陵。高宗认为此事重大，派去的人级别太低，且"威仪有阙"，于是下诏让三公去拜祭，太常卿、少卿由主祭变成副祭。据《续文献通考》，明代历朝也只派驸马、都尉、勋戚大官在清明、中元、冬至到陵寝行礼。那么，皇帝在哪里祭？在宗庙。足见不祭于"陵"自古皆然。而且据史籍，规定宗室、百姓不得参与，所以特别允许宗室和百姓在城门外拜祭先帝和自己这一支的先祖。中国自古就有"私祭"，有制可循，大概就是从这时开始的。

为此，有以下几件事情需要做好。一、规范拜祭的礼仪，不废古仪又不悖时代精神；二、深入研究黄帝文化，包括具茨山的考古和研究；三、促进立法，法在前，拜祭在后；四、普及黄帝文化，河南带头，普及全国，也许会成为中华传统文化与时代精神结合、新时期文化即将勃然兴起的信号，成为中华民族伟大复兴进入新阶段的标志。

让我们努力，让我们期待！谢谢！

智慧—方略：中国"软实力"※

各位领导，各位同志：

"双休日专题讲座"，把"双休日"冠在讲座称呼的前头，挺好，有中国特色。我们处在这样一个转型期，需要齐心协力按照"四个全面"进行改革创新，把工作推向新的境界。大家用休息日充电，一方面说明双休日专题讲座有质量，受欢迎；另一方面，也反映了我们的干部不断学习、不断思索、不断前进的积极性。这是我们在国外很少看到的。这是一种征象，反映或者预告了上海和整个中国还要继续领航世界经济和社会建设的大潮。

今天讲座的题目，是我自己拟的，和大家讲一讲我的一些思考。

一 关于题目的含义

1. 为什么要讲"智慧—方略"？

我所说的智慧，是中华民族的智慧。作为占世界 1/5 人口的大国，作为按照购买力衡量的世界第一大经济体，中国是怎样用 30 年的时间，从一个濒临经济崩溃的国家，变为按 GDP 衡量的世界第二大经济体的？怎样创造出了这个奇迹？我想，其中很重要的一点，是中国人的智慧，也就

※ 此文是作者 2015 年 5 月 9 日在上海市干部培训中心"公务员双休日专题讲座"上的讲演。

是中国的文化。如今讲文化的人很多，但是我觉得还应该从平常所说的"博大精深""源远流长"的中华文化当中、从分析民族智慧的角度，来了解中华文化。

一个国家，从古到今治国都需要有方略。建设一个国家的各个方面，军事、政治、经济、文化等，都无例外；弘扬优秀传统文化和时代精神相结合，充分发挥中国"软实力"的威力，当然也需要方略。

我这里讲智慧—方略，还可以有另外一个方面的解读：中国人的"智慧"，或曰中国文化，加上"方略"，这样就能形成中国的"软实力"。二者缺一不可。只有古老的智慧，面对今天的现实，没有方略是不行的；同样，即使各个领域拿出可行的方略来，没有智慧也是不行的，"软实力"是形不成的。

2. 如何理解"软实力"?

我在 PPT 上给"软实力"三个字上打了引号，为什么？因为这个词我是不得已而用之的。这个词是美国哈佛大学教授约瑟夫·奈提出的，一经提出，响遍全球。作为一个美国学者，在他的环境下观察世界的动向，观察美国的兴衰，提出美国只靠硬实力是领导不了世界的，还需要"软实力"。"软实力"的原意是不用航空母舰、精确制导导弹，而用宗教、文艺等方式，让人认同你、赞赏你，跟随你。这种力量，就是"软实力"。

"软实力"这个词，原文是"soft power"。"Power"这个词，既是我们平时所说的力，同时也有权力的含义，也是一种对外扩张之力。据我分析，约瑟夫·奈的意思是为美国政府出谋划策。美国要继续领导世界，就要让自己的世界观、伦理观、价值观成为全世界的，"全球化就是美国化。"原子弹改变不了人的信仰，而"软实力"可以。这个词我们借用过来，说的是另外一个含义，是指对我们自己民族的十三亿五千万人以及海外华人、华侨的亲和力、凝聚力、认同力，激励我们不断向前奋进的鼓舞力。这种力是内向的、是我们自身发展成熟需要的，而不是外向的、加于他人身上的，是在客观上而不是主观上起到改变社会秩序的作用，因而也是改变世界走向的力，是一种伟大的力。因为"软实力"这个词是借用的，所以我就加了个引号，以示区别。

二 治国方略要以传统文化为基础

1. 一个时代总会继承上个时代

我们运用自己的智慧，将我们的"软实力"服务于整个民族奋斗的目标，这个目标就是全面小康，就是国泰民安、和谐富裕。现在党中央画出了路线图，做出了战略部署，那么通过什么样的路达到全面小康？那就是全面改革，这是达到目的的条件。如何保证中国这艘大船在改革的航道上一直向前走？这就需要法制保障。包括海外华人、华侨在内，超过 15 亿人这样一个中华民族，浩浩荡荡，我们的一个市长、省长，无论是按人口计算，还是按国土面积计算，都相当于欧洲、非洲几个国家的总统，例如，河南就有 1 亿零 200 万人，山东 9800 万人。怎么领导？怎么步调一致地往前走？一个先决条件，就是要有一个伟大的政治团体来领导，这就是中国共产党的领导。前天王岐山同志会见美国政要时说：你要想了解中国，必须先了解中国共产党，因为中国特色社会主义的特色就在于共产党领导。他说得理直气壮，说得好。但是，我们党在领导人们不断前进的时候，身上也会有些毛病，姑且不说历史上所犯的错误，就是现在也不是一个百分之百健全的机体。因此，还有个全面从严治党的问题，要把身上的毒瘤、毛病去掉。我所说的这一切，其实就是"四个全面"，全面建成小康社会、全面改革、全面法制、全面从严治党。

这四项战略措施，都要建立在一个牢固的基础上，这个基础，也可以说是能够提出这四个全面的根源，就在于中国特色，也就是中华民族传统文化。我在中央党校讲课时曾经说，我认为"四个全面"之外其实还有一个"全面"，将来会提出，这就是"全面建设和发展中国特色社会主义文化"。没有这个"全面"，前"四个全面"都未必能够全面收获、成功。为什么？我们不说大道理，只用一句话概括：任何一个国家和地区，任何一个民族，在向前进的时候都要顺应时代、发生变化，但是任何变化，都离不开原来的基础，自觉不自觉地，做着做着就会发现，眼前跟过去又一脉相承了。因此，我们在批判资本主义的时候，不要以为西方资本主义是从工业革命以后第三等级出现才有的，完全是新的，资本主义的身上带着英国的、法国的深深的游牧、封建的烙印，有很多事情呈现的就是封建主义的。

举一个可能不太恰当的例子。文艺复兴之后，西方提出平等。平等包括什么？包括不包括男女平等？当然应该包括。但是，如果我们从蒸汽机第一次运用到工业生产上那年（1752年）算起，文艺复兴已经成熟了。那时形成的理念，即所谓绝对真理，包括牛顿以及笛卡尔等人所提出的理论，已经成为西方通行的价值观。可是在法国，妇女获得选举权是在20世纪60年代。中国妇女取得选举权是第一届全国人民代表大会，1954年，比法国还早10年。至今日本妇女的薪酬只有男性的60%。为什么？因为在他们的资本主义里还有着封建主义的东西，已经深深地烙在很多公民的心里，没完全去除掉。小戴安娜的出生竟拉动了英国消费，多少老头儿、老太太守在医院外面等这个娃娃出生，比对卡梅伦继续当首相还热情。对这些，中国人不能理解。我们的帝王制度推翻了，在我们身上有没有封建社会的遗留？有也是不可免的。这是人类社会自古到今的规律，每个时代总是要继承上个时代的东西，包括政治层面的东西，并在其基础上创新。

2. 治国方略必须植根于传统文化

传统文化，已经成为我们彼此认同的基因，具有凝聚力。出国时，如果在一个商店里或市政广场上传来了上海话，你那时会产生什么感觉？有时还要过去问一问，你哪来的？什么时候来的？语言，是一种文化的载体，也是一种特殊的民族文化形式，何况其他呢？又例如，年轻男女之间相爱，总要有所认同吧。认同的是什么？对许多人来说，对父母孝顺不孝顺、与兄弟姐妹和睦不和睦、是否体贴人、平日为人如何，都是考虑的重要因素，这就是认同点。当然，帅不帅、美不美也在考虑范围之内。这就是民族特色，就是文化。

中华文化的文化理念来自生活。例如忠、孝、仁、义，提到哲学上就是和而不同。它是符合社会规律的。人类开始在一个原始社会的部落里生活，后来形成家庭，体会到夫妻之间、父母和子女之间以和为贵，慈孝为先，同一代人之间应该是义。形成国家之后，就要对这个国家尽忠。这些的心理根源是什么？是仁爱。这是中华民族经过上万年的生活归纳出来的。实践证明，这一理念非常适合人类的生存和发展，所以有强大的持久力。同时，家庭、社会、国家要和，必须能够包容，因为包容才能不断加进来不同部族、民族的文化，于是我们的文化越来越丰富。中华文化的博大，就是不断吸纳多元文化的结果。

关于中华文化的包容性，举一个生活当中的例子。现在西方的交响乐和歌剧至少已经在我们的大城市站住了脚，钢琴、小提琴进入了家庭。再看我们的民族音乐，在所有乐器中，产生于中原的乐器，只有编钟、立鼓、磬、琴、瑟、箫等少数几样，其他乐器全是吸纳"境"外的，特别是中亚的乐器。例如琵琶、二胡、胡琴（即胡人之琴）；扬琴、竖琴，则是西方的。但是，现在几乎没有人觉得这些是外来的，已经化为我有，化的过程中又进行了改造。这就是文化的延展性、包容性。文化只有如此，才有凝聚力、持久力、吸引力，才能不仅源远，而且流长，成为大街小巷、村村寨寨男女老少心里的基因。我们干什么事，离开这个基因或跟它对着干，是绝对不行的，文化基因不允许，也就是老百姓不接受。

3. 说说"小康"

什么叫小康？这个词来源于战国时期的《礼记·礼运》篇，距今已经24—25个世纪。《礼运》篇，记载了孔子参加一种祭典时说的一番话，表达他的社会理想（这段话是不是孔子说的，我存疑，姑且不论）：

> 大道之行也，与三代之英，丘未之逮也，而有志焉。大道之行也，天下为公。选贤与（举）能，讲信修睦，故人不独亲其亲，不独子其子，使老有所终，壮有所用，幼有所长，矜（鳏）寡孤独废疾者，皆有所养。男有分，女有归。货恶其弃于地也，不必藏于己；力恶其不出于身也，不必为己。是故，谋闭而不兴，盗窃乱贼而不作，故外户而不闭，是谓大同。

我们看一下这段话的大意。"大道"，指的是治理国家最崇高、最美好的"道"。那个"道"最通行时，以及夏商周出现那些杰出人才时，我没有赶上。但是，我心里一直想以他们的执政之"道"作为我的志向。"大道之行"是什么情况呢？天下为公。那个时候，人人都为公而不为私。在政治上，体现为"选贤与（举）能"；在社会上，互讲诚信、相处诚信和睦，所以"人不独亲其亲，不独子其子"。父母与子女有着天然的、本性的亲。孔子提倡"以仁为己任""四海之内皆兄弟也"。但是，在一般情况下仁爱之情是有层次的，最亲的是爸爸妈妈，其次是兄弟姐妹，其次是朋友，其次是全社会，再扩大到国家，再扩大到天下。而孔子所期盼的，是人们胸怀天下、爱及万物，不单亲自己之亲，视所有孩子为自己的孩子，全社会的老人都有人送终、成人各尽其能、年幼者有成长的良好条件，鳏、寡、孤、独、残疾者都有人供养。男性各有自己的职责、义务；"归"，即出嫁，女孩子都能按时成婚。看见有扔在地上的钱财或实物就很厌恶，但不一定要拿来藏到自己家里，也就是路不拾遗。有要出力的事情，没让自己参加，心里极为不快，但这不是为自己，而是为公。因此，社会上耍心眼、玩权术的就起不来，社会上也没有作乱、杀人的事情发生。所以，家家可以不必关门。这就叫做"大同"。

2000 多年前的文献，表达的是中国人的梦想，和我们所熟悉的一个观念十分相近，可以说大同思想是中国人朴素的共产主义思想，也可以说它是共产主义的乌托邦。虽然谁也没看到过那种景象，但是古人归纳出来了，并且一代代渴望着，一代代传下来，想着总有一天能够实现。我觉得，这就是为什么中国能够始终坚持社会主义的群众基础、思想基础、文化基础、传统基础。

"大同"如此美好，但遥不可及。于是，孔子述说了次于大同的社会情景：

> 今大道既隐，天下为家，各亲其亲，各子其子，货力为己；大人世及以为礼，城郭沟池以为固，礼义以为纪；以正君臣，以笃父子，以睦兄弟，以和夫妇，以设制度，以立田里，以贤勇知（智），以功为己。故谋用是作，而兵由此起。禹汤文武成王周公，由此其选也。此六君子者，未有不谨于礼者也。以著其义，以考其信，著有过，刑仁讲让，示民有常。如有不由此者，在埶（势）者去，众以为殃，是谓小康。

这是说：大道隐而不见了。私有化太厉害了，天下都像是自己家的。这个"家"，指的是诸侯大夫的家族。所谓君有国，大夫有家。"各亲其亲，各子其子"，也就是不以他人之亲为亲了。无论是谋取财物还是出力，都是为了自己。"大人"，指的是诸侯和大夫；"世"是指父死子继；"及"是指兄死弟承。这是说领导人出缺后不再"选贤与能"，而是垄断家族世袭。既然完全私有，自然怕他人抢夺，因而，总怕城墙不坚固，护城河的水不深。于是，制定了礼、规定了义作为准绳。用这些东西来摆正君臣的地位和关系，使父子、兄弟之间真诚、厚道、和睦，而非因人之本性形成本应有的关系。要建立种种制度、划定田地界线，以免纷争。以勇敢、智谋为贤，而不是以德为贤，人际关系，就靠勇力、智谋处理了。做什么事也是为了自己。这样，计谋、战争由此而起。禹、汤、文、武、成王、周公，因此而成为当时的杰出人才。由禹开始，王位成为世袭，反映了当时私有制已经形成。禹、汤、周文王、武王、成王，以及成王的叔叔周公，这六位君子，没有一个不在礼上非常虔诚恭谨的。他们彰显"礼"的深义，并用来考察人们是不是诚信，有了过错也让社会共知。使百姓知道刑罚、爱心、对话协商和谦让，是应该遵循的永恒规矩。如果有人不按照这些去做，在位的罢官，百姓把他视为坑害人的妖魔。

这里附带讲一下，在现代社会，我们必须全面实施法治。这既继承了中国的法学传统，同时又学习了西方。但是，如果只靠法律，法律会越定越细，越来越复杂，有点争执就上法院，就可能出现西方学者所说的"法律嗜好""法律陷阱"。美国现在就是如此。中国特色的法治道路，就要依法治国和以德治国相结合。很多事情，用老百姓的伦理道德就可以解决，不必诉诸法律。伦理道德是不能数字化的，里面还有个"情"的问题。所以，社会"道德法庭"、庭外调解就是中国特色。当然，公民的法律权利要保障，所以现在有立案制，要不断推出多项改革。法律不健全是社会进步慢的表现，完全诉诸法律则可能是社会的倒退。事情就是这么辩证。

我们要建成全面小康。何谓全面小康？结合着传统文化（也就是人民的普遍愿望）分解开来，至少有以下含义：

第一，960万平方公里全覆盖。当然，世界上没有万全之事，由于地域的局限、国家边境安全需要、家族疾病遗传等因素，有些地区、有些家庭，可能在相当长的时间很难过上城市一样的生活，但应该从总体上照顾到全国。从世界近代历史看，英国工业革命250年了，但到现在有些地方还在吃"转移支付"。美国有些小地方，市或镇至今也靠联邦政府拨款。补贴本身也应该是小康的一部分。

第二，全面小康应包括物质上的富裕和文化上的丰厚。小康不是单纯的经济概念、物质生活概念。《礼运篇》没有谈生产力，没有谈富裕程度，谈的全是道德与法制。这是在农耕早期社会混乱时代谈论社会理想时必有的特色。道德与法制都属于文化内容。钱多了，人人住在"铁笼子"里，走在路上生怕别人过来靠近自己，晚上走路总要回头看一看，这不能算是小康。中国老百姓期望的最大公约数就是丰衣足食、国泰民安。前一句说的是物质保障，后一句是社会道德，是文化。

第三，全面小康应该是家庭和社会全覆盖，不能只顾眼前，要有远见。国家要积累，家庭也需要积累。这样才能"国泰民安"。这是中国人几千年的梦。

当前，我们要坚信这个目标能够实现，愿意为之奋斗、奉献，乃至牺牲。这就是13亿人的崇高信仰。回想历史上无数志士仁人和民族英雄，他们付出毕生的精力甚至生命，就是为了这个目标。由于我们的包容性，只要有一个最大公约数，那么，不管是什么学说或者是五大宗教信仰，都可以将大家包容其中。所不能包容的，就是违背这个原则、破坏中国人几千年来追求的种种事情。

我认为，要达到这个目标，需要抓住几个问题进行部署。"四个全面"的部署就是由此而来。这四个方面是强国的关键，我们应该深入思考它们之间的关系。关于这一点上面已经谈了，不再重复。"四个全面"的基础是中华文化，文化应该是有中国特色社会主义的新文化，既不是儒学的全面复活，也不是佛教遍布家家户户，更不是西方新自由主义居于领导地位。

4. 化解全面小康的障碍与危机需要优秀传统文化

全面小康面前的障碍，其中最重要的是当今遍布全世界的社会危机：

一是道德危机严重。我们现在面临的是"文革"后遗症加上西方来的各种"主义"，以及人之本性中隐藏着的享乐意识，合起来构成了享乐主义、消费至上。传统隔断了，信仰混乱了。要想达到全面小康，这个问题必须解决。

二是社会在走向离散状态。这是一个世界性的思潮和社会现象，在西方尤其普遍。其根子其实就是私欲加"反叛"（或者叫逆反思想）。离散，可以说是世界权威时代之后的必然。例如奥巴马连任，投票的选民只有30%多，奥巴马获得了其中略微超过半数的票，也就是说，只有百分之十几的选民支持他，这样的总统有权威性吗？且不说埃及、利比亚的情况以及中东战争，就说说近处中国台湾的"太阳花运动"、中国香港的"占中"事件，和美国的占领华尔街，异曲同工。它们之间虽然可能没有组织上的联系，但同样是社会离散化的产物。社会离散的结果，必然是多中心论。多到什么程度呢？每个人都是世界中心，都是绝对权威，自己就是真理。可是，人摆脱不了社会性，总要有个头、有个领路人。这种运动的很多领头人，可能就是一个帅哥，没有经验、没有理论、没有修养，就因为帅，有鼓动力，就有人跟着他走。这就是社会离散的恶果。

我们现在也面临这个危险。我们现在的年轻人也爱国，也孝敬父母，但是强调个人的追求、个性和见解，也快成中心了。社会离散现象在中国还没有发展到影响社会正常运转的程度，是因为有党的坚强领导，越来越多的人分享了改革开放的成果，国家发展的战略和态势得到绝大多数人，包括绝大多数青年人的认可。但是，端起碗吃肉，放下筷子骂娘的现象也是有的。在这样的社会形势下，如果各级领导，包括大学里的领导管理方式方法不变，不看到世界的社会走势，离散化就有可能漫延、深化。社会的离散性有极大的传染性。现在，无所不在的高速信息传输技术，也助长了离散化的传染性。

更为重要的是，现在我们和世界各国同样面临着一些极大的危机。归纳起来有三个最突出的表现：第一，·生态毁坏；第二，贫富差距拉大和由此助长的其他不平等；第三，冲突和由冲突引发的战争，包括国际战争、洲际战争与核大战。

为什么会有这么多危机？最重要的根源在社会层面，人心层面。雾霾是什么原因造成的？新兴国家急于摆脱贫困，以匆匆的脚步走向工业化、现代化，来不及顾及其他。人在奔跑时是想不了问题的，是顾及不到跑步之外的其他事物的。国家也是如此，快速中不能沉静，而沉静是思想的产房。西方文化、现代化诱惑席卷全球，如巨浪狂风，卷起千堆雪，令人晕头转向。这时虽有伟大人物提醒，但在雨浪巨响之中，其声音很难引起高度关注。何况祖先和前辈所构筑的传统文化堤坝已经自毁，说"形势危急"，并非故作惊人之语。

出路何在？重修文化堤坝，强身健体！优秀传统文化（包括古代和近当代的）是堤坝的基础。传统的东西也不能照抄照搬。照抄照搬，连阿公阿婆也难以接受。只有转化或创新，才能帮助人心回归到民族文化的核心上来。

中国特色社会主义和传统文化是什么关系？其实，中国的"特色"就在于传统文化，其次才是地大、人多、物不博，文化、教育、科技水平相对落后。以国有为主体、多种所有制共同发展，也不好说是中国独有的，世界上很多地方都是如此。中国之区别于其他国家的，就是我们的传统文化。传统文化加创新思维，创新路径，才走出了这30年的奇迹。若干年后外国人来到中国，很可能从城市外貌看不出中国特色，但是接触了中国人，就会发现每个中国人身上都有着与他们不同的对世界、对家庭、对人生的态度和感情。久之，也许他就能把日常所见和中国当今与未来的发展联系起来。所以，传统文化必须保存和弘扬，既有扬，也有弃。要通过创新，将优秀传统文化变成今天活生生的东西，在这个基础上建一个真正意义上的社会主义，也就是民富国强、民主法制、和谐和平的社会主义。

三　方略的制定与实施

1. 首先要做好顶层设计

我们所说的传统文化，并不仅仅是儒家文化，而是自古至今所有的精神遗产，包括诸子百家（道家、法家、兵家、阴阳家等），包括55个少数民族的文化，包括吸收了西方优秀成果又经我们消化、已经成为己之所有的文化。面对如此蓬勃深邃的文化，怎样协调、整合、阐释、转化，需要我们静下来思考，来制定战略，或者叫方略。

要制定方略，要积极解决问题，必须分析我们面对着什么形势。首先，第一位的是做好顶层设计。顶层设计涉及对文化的认识，文化发展的宗旨、方向和政策，文化体制、管理机制、文化安全等宏观问题。这些要用文件、法律法规确定下来。顶层设计所涉及的东西，有些需要学术支撑，包括宏观的与微观的、有特点的与普遍的、产业与事业、创造与传播、"快餐"与"大餐"、传统手段与新媒体、走出去和引进来等，都需要研究。

关于文化走出去引进来，我想多说两句。中华文化如此宝贵，我们应该奉献给世界，让全人类共享。有人说中华文化走出去是"价值观输出"，在我看来这是个用来吓人的伪命题。不同文化之间需要交流、对话，你说我也说。"你说"是交流，"我说"就是价值观输出，天下有这样的道理吗？任何文化里都蕴含着民族的价值观，拿着"价值观"的帽子乱扣，实际是在阻碍不同文化往来。我们也相应地要引进异质文化，吸收外来文化中的好东西、适合于我的东西。这体现的是民族文化的自信。通过引进来，让中国人民自己比较，会有越来越多的人发现还是中华文化好，这会增强自信，到这个时候也就文化自觉了，自觉了才会自强。

总之，需要解决的问题这样多，只有进行顶层设计、有了"龙头"才能带动，才能有条而不紊。

2. 制定方略要解决的问题

文化方略应该并且可以解决以下几个难点：

第一，"三条腿"问题。文化，通常主要是通过学校系统、社区和宗教传播到千家万户的。可是，现在我们的学校没有起到这个作用。学校不能只着眼于知识技能的传授，也不能只着眼于"德育"而轻视其他，应该给孩子更多的文化熏陶，加强孩子对自己民族文化的认同。社区，比如弄堂，邻居相处几十年，常来常往，互相照应，无意中已经形成了这个社区的文化。现在都搬到新区了，都住进了鸽子笼，社会的治安、诚信又不好，彼此"防"字当先。因此，新社区的文化如何构建，让街坊邻居成为亲密的朋友，应该得到更多关注。社区是人们没有职业、级别、行业局限的"本真"生活和交流场所，文化环境的意义重大。还有一个宗教问题，这应该成为一个专题，今天不多说了，概言之，就是要推进和改进对宗教的管理，促进宗教在社会主义和谐当中发挥他们的能量。

第二，"三根柱子"问题。在中华民族文化中，儒学、佛学和道学是三根主要的柱子。对此，要分三步走，即普及、继承、创新。这三步不是截然划分的，第一步里就有第二步，第二步之后还要再前进一步，前后互相渗透。我要特别强调普及问题。其实，我前面说的学校、社区和宗教，也就是文化的普及。文化在哪里？其主体不在高等学校的图书馆里，不在社科院的研究所里，而在街道上、在屋檐下、在人心里，这才是我前面所说的文化。人们通常是在街道上看一个国家的民族素质、文化素养的。

任何文化，包括学术、宗教、思想，大体都有三个板块：政治的、学术的、生活的。在顶层设计的时候，"政治的"要吸收"学术的"成果，作为参考，审时度势，从大局出发。向民间普及也靠学术。现在我们的问题是，中间这一层有点上不着天下不着地，停留在高等学校和研究院所里。虽然有些人在努力写普及课本、办书院，甚至把娃娃领回家自己教、不上学了。但是，比起我们3亿多学生来说，这才能解决多少问题啊？

第三，"三个板块"问题。这三个板块一是优秀传统文化，一是马克思主义，一是西方自由主义。这三个板块的核心学术队伍都带有一定的排他性。比如，研究传统文化的，忽略了马克思主义的立场、观点、方法，忽略了辩证唯物主义和历史唯物主义，当然就更忽略了马克思主义的中国化问题。有些马列主义研究者却认为现在老祖宗马克思不起作用了，就剩下孔子。有这种思想的人不算少。其实这些专家对传统文化了解并不足。一批主张全盘西化的人所说的西方如何如何，已经不是亚当·斯密或韦伯那个时代的西方，而是当前还在盛行的新自由主义。他们是想把北美的百合花掐下来插在上海的土地上，能成活吗？至于这中间一些其他政治背景，暂且不说，单说这种认识，就已经抛弃了中华传统文化。实际上，按照马克思主义中国化的思想，按照中华传统文化的包容性来说，这三个板块是可以融合的。九十多年来我们走的就是马克思主义中国化的道路，中华人民共和国就是马克思主义中国化的结果，什么时候走偏了就会犯错误。对于西方的一些东西，既不能全盘移栽，也不能一概拒绝。三十多年的发展很重要的一点就是学习了西方好的东西。当然，打开窗户苍蝇也进来了，但苍蝇是苍蝇，黄莺是黄莺。我们必须在顶层设计中提倡三者相互融合。按照我的估计，未来的中华文化是在传统的基础上，以马克思主义的立场、观点、方法作指导，充分吸收世界上一切好的东西所构成的具有中国特色的社会主义文化。

第四，"走出去"问题。文化走出去，比较典型的就是孔子学院。截至2014年12月7日，126个国家建了475所孔子学院和851个孔子课堂，合起来1300多个"店铺"。应该说，这是新中国成立以来最成功的"外宣"。即使这样，也是星星点点，不是线，更不是面。现在提出了"一带一路"，而国内外围绕着"一带一路"所谈的，是经济、是基础设施、是物流。但是，如果仅仅靠基础设施、集装箱，这条路是不可持续的；如果我们对沿途各国和多种民族的风俗、习惯、心理、禁忌不太了解，就难免生出事端来，就可能造成巨大的负面影响。政治互信是一条纽带，但政治是随着国际形势和各国执政者的更替而变化的；只有文化的纽带，才是牢不可破的。因此，"一带一路"以经济开路，后面跟随的应该是中华文化和沿路不同民族文化之间广泛的、真诚的、从浅到深的心和心的交流。除了这"一带一路"，还有一个"廊"，即中巴友谊之廊；还有一架"桥"，就是通过云南走向东南亚之桥。参与实施这一战略的地方都必须考虑到，如何借这个机会让中华文化和其他文化接触。中华民族的大同理想、建设小康社会的努力，以及为人、为事，修身、齐家、治国、平天下的理念，通过"一带一路"很自然地走出去，这实际上就是在改变200多年来的世界秩序。

现在的世界秩序，是按西方国家的理念形成的。二战之后借着"现代化"之名，以帮助新兴国家发展为外衣，用极其巧妙、狡猾，又极其丑恶的手段，盘剥新兴国家的几十亿人。习总书记在几次讲话里反复强调合作共赢，与之相对的就是西方的"零和游戏""丛林法则"。如果我们不想到"一带一路"的文化问题，实施起来就可能和党中央的预想不合拍，就可能又走到西方国家主导的老路上去。

我们走出去有不少困难。第一是语言问题。中国封闭了那么多年，改革开放后逐渐形成了全国学外语的氛围，花了不知道多少银子，效果如何？在国外，学者、企业家、官员掌握两种、三种，乃至四种外语，而且能够把握目的语深层表达的并不稀奇。第二个困难是西方传统所造成的对我们的误解。西方的传统不过200多年，新自由主义是在自由主义基础上产生的，是在信息化时代出现的，但是已经成了西方文化的基因。欧洲中心论、美国中心论就是其毫不掩饰的体现。居高临下看人，对中国的成见与偏见很普遍，要化解，很难。第三个困难是我们自身的惯性思维，认为走出去就是宣传中国。文化交流首先要学会倾听，学会平等待人，要有学习他人的意识和诚意，这样，我们自己也将受益，新的文化营养和挑战不断出现，中华文化将更具活力。走出去需要学术支撑。学术研究一定要贯彻"百花齐放、百家争鸣"方针，要协同创新。我们受西方学术的影响很大，例如大学里的学科越分越细，学生越学越窄，几乎就是围着学位论文转，博士不博、硕士不硕。协同创新，培养复合型人才开始了，未来会越来越好。

对中国的事情，包括中国的过去、现在和未来，要努力讲清楚。可惜，现在我还没有看到关于如何讲清楚的有说服力的文章。沟通内外，无论什么时候都要心中有个主心骨，不然就失去了交流的立足点。生活中有个例子：孩子多大出去留学为好？我个人不赞成出去读中学，中外两校互派研修还可以。因为孩子还小，还没有自己的主见，最后很可能成为"香蕉人"，或三明治当中夹着的牛排，对其个人的发展不利，可能造成孩子两方面的弱势：融不进对方社会，当地不把他视为本国人；回国后汉话说不好，汉字也忘了，国人不把他当同胞。读了大学本科或硕士以后再去读博士，可能更好。观察力有了，选择权、吸收力更强。两个弱项就转变成两个强项。我用这个例子说明对外交流要有个主心骨，个人是这样，民族也是这样，失去了根本就失去了方向。

3. 民族自豪源于中华智慧

文化自信中包含着自豪。自豪什么？自豪中华民族的智慧。我不全面展开了，就举英国20世纪最著名的哲学家罗素的一段话，他说，"中国人可以从我们这里学到必不可少的实用的效率（因为他来的时候中国的效率极低），而我们则可以从他们那里学到一些深思熟虑的智慧。这种智慧使在其他古国都已灭亡之时，唯独中国生存下来。"罗素的这本书是1922年写的。他1920年到1921年在中国将近一年，第一站就是上海，由上海到杭州，由杭州到北京，回去就写了这本书，立即成为欧洲的畅销书。罗素还说，"中国人是世界上唯一真正笃信智慧比红宝石更宝贵的人民。这就是为什么西方人认为他们不开化的原因。"罗素的话很深刻。当时欧洲中心论认为中国不开化，虽然清朝已经结束了，但是街上还有很多人留着辫子，不仅仅是八旗子弟，洋车夫也有。很多妇女小脚已经缠成了，走路一扭一扭的。当时的中国确实有很多落后的地方。但是，罗素透过现象看到了本质。哲学真是个不得了的东西。

所谓智慧，包括我们的生活智慧、社会智慧。法国前总统德斯坦，曾经多次来过中国。他在2011年3月写过一篇文章：《中国傲慢了》。他说，"如果法国人民的骄傲在世界范围内享有盛名，那么，中国人民就是再谦逊不过了。谦逊是中国人的历史传统，这种谦逊是由内心发出来的，不是做作出来的。"这就是中国人民的生活智慧。

中国人的政治智慧，罗素也说过："中华民族是全世界最富忍耐力的，当其他民族在估计数十年近忧之时，中国则已想到几个世纪之后的远虑。中华民族坚不可摧，经得起等待。"党中央设计的"四个全面""一带一路"等，这些都不仅仅着眼于目前，想到的是未来、想到的是世界，因为这个世界再让西方的秩序、丛林法则和华盛顿共识统治下去，只有毁灭。德斯坦还说过，中国人总是在警惕地面对未来，防患于未然。一个民族时刻有忧患意识，是这个民族成熟、自强、自信的表现，相信自己能解决问题，能把未来的"患"在它出现之前杜绝、消除。

中国人的审美智慧也值得注意。今天只想说一点，审美是民族素养中非常重要的一个方面。我同意西方有些哲学家概括的，观察一个人的文化教养、一个民族的文化水平，主要看三样：一是本民族语文的水平，能不能有越来越多的人运用民族语言写出优美的诗歌、散文和其他文学作品。二是艺术，艺术反映的是内心的高尚或卑微，心的历程是大道还是小道。当然，有了主体的文化之后，还要包容。这样，文化才有外动力，促进进步。三是哲学，即一个民族创造没创造出自己的哲学，并且得到普及。中国古代是有的，这就是孔子等思想家。所以，德国的神学家也是哲学家雅斯贝尔斯上个世纪提出，公元前8世纪到公元前2世纪是世界的轴心时代，东方出现了一批文化巨人，柏拉图，亚伯拉罕、孔子、释迦牟尼。两千六七百年以来，世界一直都围绕这些巨人所提出的问题和理念进行思考和行动。他期盼着新轴心时代的到来。

人类正站在命运的十字路口，这个时代的伟大思想，指导人类光明未来的理论能不能在某个国家，能不能在中国出现？能不能不再拿古人的牙慧炒来炒去、引来引去？未来，如果中国能对世界哲学有所奉献，在审美上能形成自己独特的风格，同时出现很多优美的用汉语表达的文献和作品，那就标志着中华文化有了长足长进了。

军事智慧也是一个民族重要的素养。这个题目你们可以专门请人来讲一次。我只说这样一点：在还有阶级和国家存在的时代，军事，军事智慧还是十分重要的。为了和平，也需要这些智慧。同时，万事一理，军事智慧实际就是处理客观挑战的智慧，它所关系到的远远超过战争需要。

在这些民族智慧之中，有一条线贯通，那就是推己及人、视天下为一体。例如，表现出中华民族军事智慧的，最古老的不是《孙子兵法》，而是老子最著名的一些话，例如"兵者，不祥之器，非君子之器，不得已而用之。"这个智慧很厉害。我跟外国议员在交谈的时候，我就多次引用了这句话。我说，你们老觉得我们威胁你们，其实我们是在不得已的情况下才动用武力的，这是我们的民族基因；"人不犯我，我不犯人"是我们的传统。对方觉得我说得很有道理。

4. 推进中华传统文化的更生

中华传统文化中的哲理是中国特色之所在，是贯穿在各种形态文化中的一条红线，它已经深深根植于中国人民的精神深处，或者说已经成为潜藏在我们每个人心中的基因，从餐桌到舞台，从寺庙到家庭，从社区到机关，从节庆到剧场。如果没有了这条红线，必将天下大乱，我们也几乎无法生活。现在所需要的是唤醒或者激活这一基因，这就要靠舆论、靠学术、靠种种文化形态，要讲清楚、让固化的也就是物化的文化资源活起来。一旦这一基因在多数社会精英和执政者、参政者当中苏醒过来，中华民族就达到文化自觉了，就必将迸发出无穷的力量，世界第一的力量。九十三年前罗素预见到了中国和世界的今天，那时正是列强分割中国的时候，中华民族新的复兴精神就是当时我们的一些新青年提出来的。当时的新青年弘扬的复兴精神，经过近百年的奋斗，已经发展出一种与世界上其他文化并肩而立的文化。如果我们的先驱们采纳了西方人的人生观、世界观，那么我们也会走上帝国主义道路。可是，我们选择了另外一条路。世界列强如果仍然好勇好斗，那么，随着时间的推移和科学的进步，破坏的程度会越来越大，最终将自取灭亡。这是罗素先生九十三年前说的经典的话语。他还说，"如果中国的改革者在国力足以自卫的时候放弃征服异族，用全部精力投入到科学和艺术（请大家注意他谈到了艺术!），开创一个比现代更好的经济制度（我们已经开创了），那么中国对世界可谓尽了最恰当的义务。"实际上，我们也正是这么做的，并且在这样一个令人失望的时代里，我们给了人类一个全新的希望。罗素先生也是因为对自己的祖国和西方失望了，才寄希望于东方的古国。

他的这个希望是能够实现的。中国人应该受到所有热爱人类的人们的高度崇敬。人们的梦想，世界的需要，所有的希望系于一身，这"一身"，就是我们古老的中华民族文化。我们都是这"一身"中的细胞。希望大家努力，我也参与其中!

寄望于天台山文化的弘扬[※]

    "天台山文化当代价值研讨会暨天台山中华文化论坛预筹会议"召开，我本定附骥受益，但因有些活动早已承诺，只好抱歉告假，谨代表会议主办方之一"中华文化发展促进会"和"中国文化院"，向会议的召开致以热烈的祝贺！向出席会议的各级政府官员、全国各地以及台州本地的专家、学者、各方嘉宾，表示衷心的敬意！

    "天台山"是中华文化的一块沃土，数次登临，天台的山山水水及其厚重的文化底蕴每每让我流连忘返。在这里，不仅诞生了中国第一个佛教宗派——天台宗，并逐渐传播至港台以及日本、韩国、东南亚；还诞生了体现三教合一思想的中国道教南宗，对中国道教发展影响至巨。高僧济公活佛、被封为"和合"的寒山与拾得二圣，都出自天台山。南宋大儒朱熹也两次主事于桐柏，儒家文化在此也根深叶茂。天台山还是《徐霞客游记》的开篇。古之天台，名声远播。

    天台山文化最大的特色是儒释道三教互融共生、传承不绝，绵绵千载。自有文献记载以来，世界不同信仰、不同宗教、不同教派之间的战争连绵不断，唯有中国从未出现过因信仰而兵戎相见、生灵涂炭，这是人类文明史上的奇迹。而天台山正是这一世界罕见现象的缩影。单从这一点上说，作为中华文化中的亚文化，更确切地说天台山的地域文化，就具有相当重要的研究价值；开掘、阐释天台山文化的内涵，探究其中的所以然，

※ 此文是作者致 2015 年 5 月 26 日"天台山文化当代价值研讨会暨天台山中华文化论坛预筹会议"的贺词。

对当今世风待振的中国和危机四伏的世界，都有着巨大的启示意义。今天，诸位时贤欢会于此，岂不可敬、可羡、可贺！

天台文化，发轫于六朝，鼎盛于隋唐，见证了中华民族屹立于世界民族之巅的辉煌，但也伴随着国势的式微而日衰，终于被沉重的历史尘埃所掩盖。历史上天台山文化的兴衰，始终与国家民族命运紧密相连。在当下，研究天台山文化也要与国家战略同频共振，发掘当代价值，梳理文化治国的历史传承。从天台山文化的历史价值可以并应该思考其当代价值，在实现中华民族伟大复兴的关键时刻，天台山文化理应被"唤醒"并使之服务于这个伟大时代。习总书记屡次提到弘扬传统文化的重要性，他指出："提高国家文化软实力，要努力展示中华文化独特魅力。""要使中华民族最基本的文化基因与当代文化相适应、与现代社会相协调，""要系统梳理传统文化资源，让收藏在禁宫里的文物、陈列在广阔大地上的遗产、书写在古籍里的文字都活起来。"这些讲话中蕴含着国家实现"中国梦"的文化战略思考。最近，国家提出了"一带一路"的发展战略。"一带一路"尽管必然将以经济当先，但是要连接数十个国家和地区，要与沿途众多民族结成天长日久的友谊，人类历史告诉我们，只有经济的沟通往来是很难牢靠的。只有文化的无障碍交往，心与心相连，才能互尊相容、合作共赢。唯有如此，一带一路战略也才能顺利实施，成为亚非众多国家兴起之路。

以天台山文化为样板的和合圆融的中华精神，正是与以"现代化"和"发展"为名，控制、盘剥、欺骗、讹诈新兴国家和待发展国家的"新自由主义"截然不同的"新"思维、"新"文化。一带一路的成功，也将是和合文化、仁爱文化改变世界秩序，建立新型国家关系的成功。如此说来，天台山文化伟矣，壮哉！

思考至此，我想，如果天台在国内外学术名家的支持下设立一个"天台山中华文化论坛"，作为研究中华优秀传统文化并与世界学界沟通的国际平台，那将对推动中华文化的继承与弘扬，探讨传统文化的当代性，为中华民族实现"中国梦"探路，尽到文化名山的一份责任。可否？敬请天台的领导和与会专家审定。

预祝会议取得圆满成功！

许嘉璐

二〇一五年五月十五日

寄望于天台山文化的弘扬

对神农炎帝精神文化之浅见[※]

尊敬的各位领导，各位来自四面八方的专家、学者：

今天这个简短的发言，我虚拟了一个题目来向大家请教，这个题目是："对神农炎帝精神文化之浅见"。在去年及以前的研讨会上，有很多专家就着炎帝精神文化的开掘和阐发，发表了很多高明的见解。今天我的简短发言，想从另外一个角度来观察炎帝精神文化。

非常高兴再次参加拜祭神农炎帝大典和海峡两岸炎帝神农文化高端论坛。拜祭大典气势恢宏，庄严肃穆，身处其中，让我又一次体验到拜祖之仪有着强大的感染、激励之力，我沉浸在对先民筚路褴褛、顽强奋发的精神之中，也领会到中国自古以礼乐施行社会教化的深意。

每次置身于烈山之麓，总会感触良多。在诸多思绪中，有一点是我一直在思考的，这就是"炎""黄"并称，乃至这两个字已经成为中华民族的代称；这一传统为什么能够延续千年？我想，这是因为神农炎帝和轩辕黄帝在中国人的心目中，德高业伟，后世社会的进步、国家屹立于世界、亿万子孙绵绵，都离不开他们所创造的德业基础。

反思神农、轩辕二帝的功与德，还是应该从重温大家所熟知的著名古文献开始。

《周易·系辞下》以伏羲、神农、黄帝、尧、舜为次第，而于神农独称他"斫木为耜，揉木为耒，耒耨之利，以教天下"，"日中为市，致天

※　此文是作者 2015 年 6 月 12 日在"海峡两岸炎帝神农文化高端论坛"（湖北随州）上的主旨讲演。

下之民，聚天下之货，交易而退，各得其所"。而《史记·五帝本纪》说："轩辕之时，神农氏世衰。诸侯相侵伐，暴虐百姓，而神农氏弗能征。于是轩辕乃习用干戈，以征不享（一作亭，直也），诸侯咸来宾从。"《周易》直接叙述神农对于农耕生产以及适应当时社会产品流通的开创之功；《五帝本纪》用"弗能征"三字缀在神农炎帝之下，也许就透露了神农氏由于居于山清水秀、风调雨顺、男耕女织、社会和谐的自然与社会环境中，所以未免不尚武事，难以抵御入侵或外出征伐。而黄帝则在"治五气、艺五种、抚万民、度四方"的同时"设官分职、封禅制历"，"征师诸侯"，"天下有不顺者，从而征之，平者去之"，于是"诸侯咸尊轩辕为天子，代神农氏，是为黄帝。"黄帝又"置左右大监，监于万国"，而黄帝自己则"披山通道，未尝宁居。东至于海，……西至于空桐……南至于江，……北逐荤粥……迁徙往来无常处，以师兵为营卫"。

综合《周易》和《五帝本纪》的记述，可能足以显示神农与黄帝的主要不同之处：在神农那个时代，农耕生产所应当有的工具、技术，以及剩余产品有无相济的机制，都已经具备了，因而神农是农耕生产总结性的领袖、是农耕文明标志性的英雄。而轩辕则是一统天下、早期国家形态的创建者。

如果上述的理解能够成立的话，或许可以帮助我们解释以下的现象。

自古至今，炎帝和黄帝时时并称，而且多以先神农、后黄帝为序。后世拜祭炎帝与黄帝，时有时辍，或者拜祀于郊野或圆丘，或者拜祀于泰山的支山，而唐玄宗则在京师立三皇五帝庙。宋代开始更为重视对神农炎帝的拜祀，到了金、元两朝，这两个北方少数民族的政权，在各州、郡建神农和轩辕帝庙，按时拜祭。到了明代，郡、县通祀三皇、五帝、三王以及汉以下创业的英王、守成的贤君 34 人，后来又建帝王庙，同时派遣道士到各郡、县致祭炎黄。

这一粗线条的拜祭炎帝和黄帝的沿革和变动，是不是能够看出帝王们越来越重视拜祭炎、黄背后存在着这样的文化和政治考虑：以神农为农耕大帝。（这就已经不同于在周时拜祭他们的先祖后稷的情况了，因为周拜后稷仍然是一个单独民族的拜祭，后代拜祭炎帝就是整个国家的拜祭了。）同时，他们的这种举措是重视农耕时代之"本"的表现，这个"本"就是农耕，相对于"本"的"末"就是商业和手工业；北方少数民族政权，就是刚才说到的金与元，拜祭炎黄则标志着他们已经从以游牧为主转向并逐步同化于农耕文化了；同时，他们也有要说明自己也是中原古帝王之后，并且以此来团结原住于中原的民族的意图。从魏和晋起，对黄帝的重视逐代渐渐上升，那可能是出于强调天下一统、当朝天子为全天下之主的意图。

由这一点，我就想到，在当今时代（也就是我们现在身处的这个时代有人称为"尚未走完的现代"、有人称为"后现代""建设性后现代"或"反思性现代化"，不管叫什么，我们就把它说成"今天"吧）中华儿女拜祭炎帝以及我们的子孙要把这一隆重之礼传承下去有着哪些特殊意义呢？

第一，世界上，中国农耕成熟最早，在发生工业革命之前，是世界技术最为高超的国度，我们的经济总量居于全球首位长达几千年；中华文化之丰富多彩、传承最久、博深无比。这些都应该感谢无数代农民和像神农炎帝这样的英雄。

第二，农耕时代人与人、人与自然关系比之它之前的采集狩猎和游牧时代，以及它之后的工业化、后工业化时代，是最为密切和亲和的，人对自己与自然关系的观察、体验最为细腻而全面。因此，由农耕文化就产生了"天人合一"、"和睦和谐"、仁义礼智，以及推己及人、爱人及物等品质。

第三，由这样一个农耕文化孕育的核心理念和道德标准，最符合人类的生存、繁衍、发展与彼此交流的需要。中华文化之所以从未中断，之所以如此不断增强生命力，其成长、成熟的土壤都是在农耕时代。

因此可以说，以神农炎帝为代表的中华古初农耕文化，其功伟矣，其德厚矣，中华民族享受它的赐福，远矣，大矣！

当今世界已经陷入到种种危机之中，人类正在快速地朝着自我灭亡的终点狂奔。究其祸根，就在于"现代"的世界文化以"利"为人生追逐的最终目标，以"欲"为左右人类行为的最大动力，以竞争、零和为人类共处的准则、以非此即彼的逻辑为处事的思维定式，这无疑彻底违背了人类经历了上万年的农耕时代所获得的大自然、人类社会和二者关系的规律。

作为中华民族的子孙是幸福的。虽然近百年来资本主义思潮几次冲击并席卷中华大地，直至现在还在经受着"现代化""现代性""现代主义"和由它们身上所衍生出的种种"主义"的侵蚀与折磨，但是因为炎黄二帝恩赐的传统深厚，不但和谐、仁爱、厚德以及对生态的珍惜呵护等观念呼之即出，而且他们所确立的修德以和他者、振兵以备不测、维护天下统一等的民族追求，也深深地铭刻在全中国人民的心里。这就是一个民族对自己文化的自信、自觉和自豪。

在振兴中华的伟大进程中，14 亿人所秉持的（我之说"14 亿"是根据最近的人口统计，大陆是十三亿四千九百五十万人，加上台湾同胞、香港和澳门同胞，恰好是 14 亿），就是今天拜祭大典上所体现的精神，就是在炎、黄传统激励下的创造与自强。

这就是我对拜祭神农炎帝在今天仍有着巨大现实意义的理解。不当之处，请大家批评指正。谢谢！

2015 年 6 月 10 日夜于

日读一卷书屋

对神农炎帝精神文化之浅见

重塑形象　提振信心　文化先行[※]

　　刚到山西，儒林书记、小鹏省长就给我一道"题"，让我就推进山西文化建设提一些意见、建议。几天来，我考察了山西的6座寺庙，与政文、小春、仁和等负责同志以及一些寺庙的主持进行了交流，做了一些思考，现在把我的一些认识和体会跟大家再交流一下。

　　我对山西有一种说不清的情结，一直惦记着山西，特别是看到山西现在正面临着一些困难，心情很沉重。山西省委提出"重塑山西形象"，切合时宜。"重塑"这个词带有一种悲情而有志的色彩。俗话说"哀兵必胜"，山西一定能够摆脱当前困境，再创一片艳阳天。

　　重塑山西形象、振兴山西经济，借力于产业转型、增长方式转型，把基本依赖煤炭转化为多元发展和科技创新，这当然是很重要、很基本的，而文化建设在重塑山西形象、提振民心、增加人民收入等方面更是不可或缺的。山西文化积存非常丰富，历史为山西留下的是一笔无价遗产，在中国特色社会主义文化建设中，山西可以做出更大的贡献。

旗帜鲜明地把旅游作为山西支柱产业

　　山西人口3600万，只要把丰富的文化资源充分开发利用起来，在重视形式的同时，开掘内涵，山西就能成为一个旅游强省，养活一半人不成问题。

　　※　此文是作者2015年8月8日与山西省人大常委会负责同志座谈时的讲话。

我考察过法国、比利时、意大利等国的一些旅游景点，很多城市只有十几、二十万人，没有任何工业、购物中心，凭着几个古迹、传说，人均收入就能达到 25000 美元。我算了一笔账，到 2020 年，假定山西城乡人均收入要达到 20000 元至 25000 元，旅游产业只要实现 2000 亿至 3000 亿元的收入，贡献率就接近了 40%—50%。旅游业是直接富民的产业。在现在的统计数字中，少数高收入掩盖了大多数的低收入；旅游可以缓解这一现象。旅游业更具群众性，必须有"草根"参加，既能增加基层群众收入，又会提高社会的文化素养。

我们再算一笔账，法国有近 7000 万人口，是山西的两倍，国土面积是山西的三倍。法国是欧洲文化积存最多的国家之一，现在其旅游业收入每年约 800 亿欧元，即全国人均 1000 多欧元，合人民币 8000 多元。为什么去法国旅游成为许多游客的首选？因为它的文化积存有深度，基本上以文艺复兴时期的文化为主。文艺复兴在欧洲历史和世界历史上的贡献和地位是法国文化积存深度的来源。而山西文化更为丰富而深厚；因为经济和社会发展相对滞后，非物质文化遗产相对许多省份也更为丰厚。山西发展旅游业条件优越，一定要充满信心。

振兴经济需从文化旅游做起

中国旅游业发展还不能尽如人意。世界旅游业已经从观光旅游、休闲旅游发展到了文化旅游阶段。例如，来中国旅游的欧美人士，其主要目的是了解神秘的中华文化，期待的是一场文化之旅。而我国现在出国的 1 亿多人仍然处在观光游、购物游阶段。

这几天我发现，山西旅游景点很少看到外国友人。山西就像一块宝玉，"藏在深闺人未识"。山西旅游亟待开发，山西文化亟待开掘。

沉静深思，迎头赶上！切忌盲目随大溜，跟着别人脚步走，只盯着观光旅游、休闲旅游。观光不是山西的长项：休闲旅游配套设施投入巨大，还容易对自然和文物造成破坏。山西能不能以文化旅游逆势而起？

现在发展人文旅游、环保旅游的呼声很高。山西随着近些年下大力气对环境进行治理，生境得到明显改善。以文化旅游为引领，结合生态旅游，山西可以叫响。

文化是历史赋予山西最宝贵的财富

地上文物遗存，山西占到全国的70%。这些遗存记载着中华民族从远古走到今天的足迹，蕴含着中华民族的精神和许多可歌可泣的故事。这次我看的几个寺庙，非常典型。在我看，历史留给山西的这些文化财富，比中央给几万亿资金还要管用，效力更为长久，因为文化是持续、永恒的。

我去过山西很多县，看到各县都有丰富的文化遗存。这里我重点说说非物质文化遗产。像农村妇女做的面食、针线活，各路梆子、民歌民谣、木雕剪纸、神话传说等，通过现代表现形式完全可以转化成文化旅游内容。开掘这些东西，符合世界潮流，符合山西重塑形象和山西走向全国、走向世界的需求。现在人们想看的，往往是自己不熟悉、不了解甚至没见过的东西。我们认为土得掉渣的东西，在别人看来可能就是宝贝，因为"土"意味着"前现代"朴素的信仰、追求和生活方式还没有完全被消灭，这种"落后"可能更为真诚而"先进"。前年陕西渭南一个农民演出队在联合国教科文组织总部演出，演员是村里的男女老中青，乐器有喇叭、唢呐、木板儿、老胡琴，家里的长板凳，一件洋乐器也没有。演出时，1500多名外交官看得津津有味，没有一个走动的。

现在世界形成了这样一股思潮：寻求回归，寻找古初的思想、生活和文化，想听一听、看一看500年前、1000年前的东西。因为农村消失了，文化就没了。城市里只有工业文明，没有人类真正的智慧，因而人类危机四伏，从环境到人心，莫不需要重整山河。从这个角度看，山西现代化建设脚步较慢，反而保留了很多传统的东西，能够并值得向全国、全世界展示。

一位朋友今年在两个月里去了三次普洱。他被普洱迷住了。在那里，人们生活简单、舒适而幸福，对大自然充满敬畏，一切都那样宁静、和谐、自然，让人感觉仿佛回到了2000多年前的中原。英国人提倡只吃曾祖母吃过的东西，因为那些东西最健康；欧洲人到东方来旅游，我们城市里的人要跑到乡下去度假，都是想看看那些还没有被物欲完全污染的灵魂。这就是回归。历史不能回头，人类不可能回到洞穴中去，但心灵应该保持一份古朴、简约、真诚和直白。在这样一个浪潮中，我们山西可以向国人提供什么？能够给世界贡献什么？

山西的文物遗存和非物质文化遗产，都是警醒迷茫者、激励前进者的良师，也是文化旅游的重要内容。目前，山西很多文化遗产还没有很好地调查、研究、选择、开掘。开掘，是指认识文化现象里面的深层含义。例如，"中国结"红遍全世界，其特点、内涵是什么？我觉得，它体现了中国人的宇宙观：宇宙（自然）无始无终（"中国结"找不到头、尾），没有直角，回绕的地方全是圆的，圆就是不缺，蕴含圆美、和谐之意。又如，虎头帽子、面食造型、梆子腔调等都有深意，可以发人深思。正如习近平总书记所讲，传统文化已经成为中国人的基因。基因是身体感觉不到的。对一些文化形态，艺人们知道如何表演、制作，但说不出其所以然。学者的任务就是把道理说出来，这需要一大批人来完成。

山西发展文化旅游的软硬件

山西是中国文化的宝库，这一事实需要宣传。

我去河南考察非物质文化遗产时，当地领导说："河南总得走向世界。现在外国人只知道洛阳，不知道河南，因为洛阳有龙门石窟。"

孔子学院总部把世界大学生汉语比赛的决赛定点在长沙。当初是湖南同志提出来的：世界应该知道、了解"Hunan"。连续八届的汉语桥决赛，使湖南在世界上的知名度大大提高了。"走出去"不见得要人跑到外面宣传，从国内把名声传出去也很重要。"文化旅游"就是持久的很好的宣传。

发展文化旅游会对提升经济有利，对改善民生有利，对提升山西文化形象有利，对提高城乡居民素质有利，还可能带来新的项目、资金，这是一个良性循环。

外国人出国旅游，对当地民风兴趣很高，好事坏事都要写出来。我从2004年开始助推山东文化建设，我提出，导游词需要修改，对曲阜的民风要重视。看完"三孔"在曲阜街上走一走，如果遇到的人、事都显露出东方文明的魅力，那将是什么样的景象？

空讲大道理老百姓不爱听，而通过文化旅游的发展，通过村、镇、县文化素养的提高，潜移默化，老百姓的心胸、眼光就会发生变化，最终呈现给游客的就是"山西是文明之乡、文明之省"。这时，何愁没有回头客?

我在想，能不能让五台山周围宾馆的服务员都学点佛学，至少能说出山上建筑的大概年代、五台山的宝贝是什么、信众是为什么来的、我为什么为您服务，让五台山的佛教文化体现在每一个细节之处。比如服务员能和旅客说："您来是拜佛的？人总得有信仰。您来五台真好。给您沏点绿茶还是红茶？"这时对方会有什么感觉？大概他下次来还会住这儿。

提高城乡居民的素质，这是软条件。硬条件（不是"硬件"，是刚性举措）是什么呢？是省委、省政府拿出一个顶层设计，也就是战略思考。首先是把文化旅游当作山西经济和社会发展的重要支柱之一。山西经济社会要发展，当然要抓经济，抓项目，但是我感觉无论发展什么产业，后起者都是跟在别人后面追。个别项目引进一流是能做到的，想整个行业达到一流恐怕极难。唯有"文化旅游"凭借的是在全国处于最前列的文化遗存，如果山西在 31 省、区、市中第一个把"文化旅游"作为全省支柱产业之一，那就是创新，就是新的增长点，就可能走在许多省份的前面。

顶层设计要理清以下几种关系。

其一，文化事业、文化产业和文化人三者之间的关系。文化事业是指应该由政府承担的具有公益性的东西；文化产业则是有关文化的市场行为；文化人包括高校、研究院所、出版社等。三者有一个明确的共同目标，系统地搞、相互配合地搞、细水长流地搞。最好成立山西文化发展建设领导小组，协调党和政府有关部门和文化事业单位，三者形成山西文化建设的合力。

其二，优秀传统文化、马克思主义、西方文化三者之间的关系。弘扬传统文化的同时绝不能淡化马克思主义，不能认为马克思主义过时了，更不能一味地追求西方文化。其实，如果站在马克思主义为人民服务、解放全人类的立场，运用"二唯"的方法分析，三者并不是对立的。在这个问题上的纠结在山西还不严重，但也要研究清楚，在这个方面糊涂，将一事无成。

其三，"三个板块"的关系。任何国家和时代的文化，主要有三大板块，这三者之间是互相交叉、兼容和补充的。在帝制时代是宫廷文化、士大夫文化（知识精英文化）、平民文化。三者有一条红线贯穿，那就是中华民族的核心理念，也就是中国人的文化基因。例如汉朝除了高祖刘邦，每个皇帝的谥号都有一个"孝"字，意在以孝治国。而士大夫、平民也都讲"孝","孝"就是那条红线。在现代社会，三大板块则是"政治文化"（党和政府提倡什么、反对什么），党有党的规矩，政府有政府规矩，这都属于文化，这套规矩一般不能搬到家庭里去；"学术文化"，孔夫子提倡"下学而上达"，我看可以补上个"上达而下潜"，即学术界的成果和想法要上达党委、政府，同时要深入浅出地融入到老百姓生活中；"生活文化"，就是老百姓的生活方式、为人处世的方法。这三大板块之间的关系处理好了，文化就顺利地发展，反之，社会就会不稳，甚至出乱子。

目前，山西最急迫、最重要的是提升人文社会科学学术研究的层次和水平。为此，必要时选好题目，举办一些有国内外知名学者参加的学术活动；想尽一切办法培养人才、引进人才，打造一批在全国和世界上叫得响的学术团队。佛教文化是山西文化的重要组成部分，要树立五台文化在中国和世界佛教界的地位。佛教教义的研究至关重要。当务之急是僧才的培养。成立佛学院，要给出家人上文化课，弥补五台山人才缺失的短板。北大、清华之所以在全世界排名靠前，其中一个重要方面就是教授在世界上的影响力、知名度。这对于一个省同样重要。

学术支撑中有一个重要的具体问题：山西文化在整个中华传统文化的大版图中如何定位？从地域上看，从大同到永济、从吕梁到太行；从时间上看，从尧、舜到东西周，经秦汉到唐，直至抗战，历史遗存太丰富了。换句话说，中华民族的全部历史进程都在山西留下了痕迹；山西算哪一站？也就是山西文化中最突出、在中华文化流淌的长河中处在哪一段？在我看来，上古时期甘、陕主要贡献是孕育了中华文化的根苗，中原地区（以山西、河南为主）是中华文化汇集、成长、转折之地，而山东则是中华文化定型地。

山西如果是中华文化汇集、成长、定型地，就需要细化地分析山西文化和全民族文化的关系，为此全省文化可否划分为几个"板块"？历史如此长，地域如此广，形态如此丰富，只有大略地进行分类了，才能进一步显示各个方面的特色，也便于指导和实施。像山东，笼统地说山东文化或齐鲁文化，不明晰，难抓挠，如果提出孔孟文化、稷下文化、泰山文化、临沂（红色）文化、海岱文化几个板块或几条线思路就容易清晰了。山西能不能大略分为尧都文化（囊括整个上古文化）、宗教文化（主体是五台文化）、春秋文化（下及战国）、晋商文化、抗战文化？在这些板块中自然包含着晋北、晋南、晋西北、晋东南的地域文化和种种非物质文化。这件事要请教专家反复论证，最后归纳确定。

地理维度、时间维度、板块维度、物质非物质维度，在做顶层设计时一定要心中有数。有了这些思考，各方面学者、宗教界人士、文艺工作者，特别是文化创意和产业界，就会广泛而深入地开掘山西文化宝库中可以转化的主题和素材。长期以来，山西的故事能够走向全国和世界的，太少了。《赵氏孤儿》的故事，甚至被卢梭译成法文上演。而这类跟晋国（包括后来的韩、赵、魏）有关的故事，"海了去了"，里面包含着许多中国人的智慧、经验，至今我们还在身受其益，转化为梆子、话剧、影视、动漫、玩具，可受性会很强。

山西有了一个初步的顶层设计、战略规划、实施路径，就可以去争取中央项目、资金、指导等方面的支持。比如，争取世界佛教大会在山西召开。我认为现在是时候了。如果上千的外国和尚、道士、学者来山西，他们都将是山西的义务宣传员，通过大会成果和各国来宾把山西文化推向全世界。在其他领域也可以有类似的举措。

学术的支撑，单靠山西自己还不够。以五台文化为例，我这次转了一圈，发现一些寺庙住持的佛理水平还有待提高。五台佛教在中国和世界上的稳固地位，既要看关怀信众、行慈善事的情况，更要看研究佛教教义的水准，包括结合当前文化、政治、科学、技术的现状给出超越前人的诠释。因此，僧才培养是发展五台佛教文化的当务之急。听说五台要办男众佛学院，我很赞成。要紧紧依靠中央，立足全国，邀请高僧到五台来讲学，科学合理地制定佛学院教学大纲和工作计划，这也需要佛教协会、宗教局和学术单位的支持。现在国内很多寺庙已经出现没有大学文凭莫进佛门的现象，山西应该跟上去。要"走出去"，包括鼓励僧人到国外留学，吸收世界研究佛学的成果。随着高等教育的普及，年轻人的理性越来越强。如果寺庙经不起信众的连续追问，就要逐渐被边缘化，无法起到促进社会和谐的作用。这次两岸大学生文化体验营的营员们非常满意，原因之一是有扎实的学术成果在后面支撑，由著名长城文化专家详细介绍长城文化的方方面面。今后，无论什么思想、学说、信仰，都需要有扎实的理论分析和说明，否则就难以让社会的中坚成员接受。宗教是如此，文化的所有方面也都是如此。

拉拉杂杂说了这么多，仅供参考。"穷则思变"，山西只是遇到些困难，远没有到"穷"（走到无解之处）的地步，但是这些困难也正应该引发我们思考如何变革。从只注意物质生产到同时注意精神生产，就是重要的变革。山西正在变，山西大有希望。

深化山东省"图书馆+书院"模式　争当全国文化建设的领头雁[※]

近一年来，山东省图书馆和尼山书院的工作都在扎实地向前推进，如同水之泾流所形成的辐射状况。文化最终的检验效果在基层，标准是群众是否从中受益，因为文化扎根于人们的日常生活中。文化的主体归根结底是在街道上、在房檐下、在人心里，当然也在图书馆和专家的书斋里。如果我们的文化只停留在书斋和专家群里，学者群体对文化的认识可能会逐步深化，但这与文化是一种生活方式、是区别于人和动物的根本标志这一本质相背离了。当下中华文化建设和发展进程中的现实情况是历代贤人智者、当代时贤的研究成果没有与百姓的生活紧密结合，这也应成为中华文化建设所要解决的核心问题之一。山东省图书馆和尼山书院的建设就是在探索如何让中华文化落实到群众生活中去。下面谈一下我对山东省图书馆和尼山书院建设的想法和期望。

一　山东省应争当全国文化建设的领头雁

在可见的未来，如"十三五""十四五"期间，山东省应该站在中华民族新时代文化建设发展的高度，将弘扬时代精神与弘扬优秀传统文化相结合，成为全国31个省、市、自治区中创造新时期辉煌文化的领头雁。这一点是符合习近平同志到济宁视察时在孔子研究院的讲话要求及两次在回访组报告上的批示精神的。习近平同志到一个地方视察，临时决定看一

※　此文是作者2015年10月14日在山东尼山书院工作会议上的讲话。

个地方，而且是专就文化去看；中央回访组两次跟踪，做全面调研，向中央汇报，几位常委，包括习近平同志在内，做出批示，这在全国是唯一的，其中的深意也值得我们推敲。

我期望山东做领头雁，不单是图书馆这一项工作，还包括山东省的所有文化建设工作。除了山东省文化厅儒学人才高地建设、"图书馆＋书院"模式推进、省图书馆"大师引进工程"等之外，也包括一些基础设施建设（如孔子博物馆、孔子学院总部曲阜孔子文化体验基地等）和学术研究工作。10 月 13 日我在山大儒学高等研究院的工作会议上也提出过这个问题。山大儒学高等研究院以儒学来命名，并由包括二三十位教授在内的六十五位在编教学科研人员，三百多名本科、硕士、博士、博士后学生组成。这么多人力、物力的投入在国内外是少有的。所以山东在儒学研究领域也应当占领学术高地，要培养出大师，引领儒学的发展。习主席之所以如此关心山东，正是因为他看到了齐鲁文化在中华传统文化大河中的特殊地位和现存的极其丰厚的资源。因此，山东省一定要不负齐鲁文化和融进中华文明血脉中的其他远古文化资源的独特区位优势，不负中央的厚望，争做全国文化建设的领头雁。希望山东省的图书馆事业、尼山书院、人才高地的打造，乡村儒学的发展、民风的改变，都朝着这一目标努力。

二 对山东省深化"图书馆＋书院"模式建设的三点思考

1. 开拓"图书馆＋书院＋互联网"模式

北师大人文宗教高等研究院和中国文化院从去年初就开始筹办并组织全国的书院联盟。这是杜维明先生的建议。书院联盟现在已经制定了倡议书和章程，组织了 100 多家发起单位，并已锁定了第一届秘书长的人选及秘书处的办公地点。但令人遗憾的是，这项工作至今尚未继续推动下去。山东省尼山书院已建成 153 家，基本完成了预定的建设目标，是对"书院联盟"的有力推动。

山东省"图书馆＋书院"工作进展的这么快，的确给了我巨大鼓舞。在这种情况下，我想在"图书馆＋书院"的后面，可以再加一个"＋"号，即"图书馆＋书院＋互联网"模式，希望能够加快网上图书馆的建设。虽然我们也开始用微信平台向手机推送尼山书院的讲座消息，但离我所说的"＋互联网"还有很大距离。如果"图书馆＋书院＋互联网"的新模式运营成功的话，把十七地市的尼山书院的活动通过互联网发送出去，老百姓就可以把自己感兴趣的内容和活动下载，即使本人不在活动现场也可以通过网络学习、体会活动的精神内容。有了互联网，在实现资源共享的同时，也可以激励没有启动尼山书院的县加紧行动并加入进来。此外，还可以和图书馆数字化、山大儒学高等研究院等的电子平台联起来，打造世界上最大的儒学网络和儒学经典数据库。

2. 图书馆功能的拓展和发展

国内外图书馆的功能在新时期都在不断发展和拓展，发展是指功能的增加和延伸，拓展是服务面的扩大。无论何种形式的发展与拓展，都是根据不同国家不同地区文化的需要而出现的。在这里我想说说非物质文化遗产。时下山东省的图书馆，基本上没有关注非物质文化遗产。这些非物质文化遗产根植于老百姓的生活，并由过去的生活延续到现在，特别是农村的受众，在观看后都会觉得亲切，从这些载体中感受到了回忆的幸福、时代的进步。从皮影戏到老虎鞋上的刺绣，无论何种类型的非物质文化遗产，都是各个民族从远古发展至今留下的足迹。如今城市里的孩子已经对祖辈日常生活非常陌生，这些遗产如果渐渐消失，孩子们就无法知晓社会发展到今天所行经的轨迹。国内外对非物质文化遗产都给予较高的关注，例如成立了联合国教科文组织保护非物质文化遗产政府间委员会；我国政府在文化部专门成立了非遗司，在中国艺术研究院成立了非遗研究中心、亚太非物质文化遗产国际培训中心。我们是否可以把雕版木刻之类的传统工艺请进图书馆，进行展示与传习？时至今日，至少是国家级和省级的图书馆中，还没有一个非物质文化遗产展示地点，如果这个实验成功了就可以在全国图书馆系统推广。

此外，也可以举办儿童儒学艺术展。我对小朋友在省图书馆里创作的绘画和书法作品非常感兴趣，同时也相信很多小朋友对自己和同伴的作品也是流连忘返。如果向小朋友展示孔子形象及儒学故事，就可以催生他们对传统文化的兴趣并以此作为绘画、书写的题材；如果把他们关于儒学的绘画、书法作品在图书馆里展示，将会更加激发他们对儒学和艺术的兴趣。

值得注意的是，我还未在全国范围内发现企业进入公办书院建设的案例，山东省可以不可以开这个先河？有些书院建立后，政府可以允许各县民营企业、国有企业参与书院建设，实现图书馆与企业之间的合作。通过这种途径，一方面保证了书院建设的资源，另一方面也为企业做了宣传，双赢格局下实现图书馆功能的拓展与延伸。

3. 重视专业人才队伍的建设

人才是各个行业领域中最关键的发展要素。从文化的传承到图书馆的发展，归根结底都需要各种人才的参与。让我高兴的是，山东省图书馆在文化建设、图书馆建设、尼山书院的建设中，采取多项措施，搭建平台，充分重视人才的培养和引进。在此基础上，结合现阶段我国的教育模式和国情，在人才的培养方面更需注重本科阶段的人才教育问题。洋务运动之前的中国学术发展史中"家学"十分重要，例如清朝，无论是乾嘉学派，还是东吴学派、扬州学派，家学传统都贯穿其中。其实，人才培养应该把着眼点再往前提，提到本科阶段。书院和"家学"作为中国的两大优秀文化传承与传统，应当得到相应的重视。关于书院的建设，虽然现在书院的形制跟过去不太一样，但我们现在已经开始重视并恢复了；而家学的复兴，在现有的教育体制下是非常困难的。因此，在培育人才时可以从本科开始，发现好学生就鼓励他接着读研、读博，这样的话能培养出人才。

另外，关心现有在职人员并支持其开展工作。我们省各级尼山书院讲堂的讲师团以及管理骨干共计 700 余人，已经初具规模。但鉴于讲师团队的流动性以及我省接近 1 亿的人口规模（特别是农村人口近 50% 的比例），这个数字距离我所期望的 1500 人还是有差距的。因此，讲师团队的培养工作任重道远。首先，要重视村民的反馈意见。村民都是质朴纯良的，讲师团队给村民带去新的观点，村民都会赠以最质朴、最热情的招待方式。其次，筹办以各地区尼山书院讲稿为主要内容的刊物，切实反映基层文化建设问题。充分重视演讲内容质量较高且受众反映好的讲座，并将其讲稿编辑集结成刊，高校及科研院所的相关人员也可参与，在各级书院之间分发，这既是对讲师个体的肯定、对讲师团其他成员的激励，也是书院建设的成果之一。与此同时，对于类似"国学公开课"的讲座活动，尼山书院可以深入农村，深入基层，给村民讲解基层文化的基本问题，讲不同村庄的榜样，这是老百姓最容易接受的方式。

尼山书院是山东省文化厅在全省创新推进"图书馆＋书院"的公共文化服务模式，现已在全省范围内纵向铺开，这是在继承传统、建设新文化方面的一个创新举措。我们在继续推动这项工作的同时，也需要及时总结我们的成绩，形成一个综合性汇报材料，在向中央有关部门汇报的同时也起到了宣传山东省文化建设经验的作用。

三　对山东省图书馆近期工作的几点具体建议

第一，办好明年的中华文化与伊斯兰文化对话活动。国家宗教局已同意这一活动的申办方案，正等待中央最后批示。如果这一方案最终得以顺利通过的话，建议图书馆将馆藏最早（约是清朝）的伊斯兰文献、关于研究伊斯兰史及其传教记载的文献以及伊斯兰文物拿出来，办一个小型的山东省图书馆伊斯兰图书文献展览，并免费对公众开放。这需要馆藏部提前部署、搜集并整理，同时向其他文化机构暂借相关成果也是可以的。这一举措对于展现山东自古以来的友好形象是非常重要的。

第二，山东省担负着中韩儒学交流方面的重担。今年12月，尼山论坛组委会将在曲阜与韩国合办中韩之间的对话活动。以此为契机，并在与韩国21世纪精神文化财团友好合作的基础上，拟定一个促进中韩两国在图书馆方面的交流与合作项目，双方图书馆工作人员可以互访。

第三，关注山东省的非物质文化遗产。我们今天珍惜并保护过去的非遗，大家通过遗产看到了自己的过去并且更加珍惜当下生活。如此循环，人类的文化传承便可形成一条永续的线。

第四，重视美国国会图书馆馆藏的关于山东地方志的中国古籍再出版问题。美国国会图书馆馆藏的中国古籍中，一批以山东地方志为主的文献资料非常引人注目，其中有些副本在国内已经绝版。这些都是研究山东历史的珍贵资料。我争取做好协调工作，让这些古籍回归故里。

第五，以项目作为培养基吸引多方科研力量，增强图书馆科研实力。图书馆科研人员可研究的范围是非常广泛的，而且老年、中年、青年多元化的科研力量都可以参与其中。我提供以下四个课题内容，供各位参考。首先，新时期图书馆的功能研究。这个题目国图和首图都可以研究，关键在于谁是制高点。山东省图书馆如果提出这么一组论述的话，就会走在全国前列，同时也结合了山东省的实际情况，包括一些经验、模式和前瞻性探索等。再如，国外图书馆概览。这是搜集资料的问题，其实也是图书馆力所能及的。如果前人已有相关研究成果，我们也可以在此基础上再上一层楼。山东省与南澳、韩国的合作交流活动，成为了我们走出去的桥梁，将来通过网上调研以及留学生的获取，掌握美国国会图书馆、伯克利大学图书馆、哈佛大学图书馆以及日本宫内厅图书馆，有图片又有说明，这对中国图书馆事业的发展很有借鉴价值。一个省级图书馆去研究国际图书馆，也是制高点，而且不需要多么深厚的儒学功底。又如，山东省图书馆馆史研究。山东省图书馆是中国最早的现代图书馆之一，立足于山东省图书馆，从社会学的视角，运用调查统计分析的方法，通过对读者群的分析研究可以看出人们对于传统文化、对于现实等的看法，同时这些数据、观点也对图书馆文化及工作功能的演变、发展、改革提供了启示。最后，关于图书馆本体，就是图书馆馆藏图书的研究，也是一个值得研究的课题。这一课题涉及了小学、版本学等问题，年轻人可以多多尝试这方面的研究。

第六，以搭建交流平台为桥梁，促进人才培养建设。山东省对图书馆人才培养方面真正做到了体制、机制、经费的全方位保障，这在全国并不多见。我建议以山东图书馆的名义发起全国图书馆青年馆员论坛，通过不同省市青年馆员之间的交流，可以把全国图书馆的情况尽收眼底。与此同时，通过外省市青年馆员的信息反馈，山东省委省政府对于图书馆的政策及重视程度也得到了宣传。青年人富有智慧和创造力，他们可以提出很多关于图书馆发展的狂想。有些想法是不现实的，但有些是启迪人思维的。当我们图书馆的工作进一步提高和完善的时候，甚至可以考虑发起一个全国省市图书馆发展研讨会，讨论新时期图书馆应该怎么建设，它的功能应该怎么样，怎样让图书馆与基层相联系。

最后是关于海外尼山书屋的建设问题。尼山书屋的藏书种类以及建设位置都是非常重要的环节。目前，国外的尼山书屋已建成了 10 个，其实尼山书屋可以建在孔子学院里面，既有房也有人，也有读者。研究型的孔子学院在全世界接近五百所学院里所占比例并不高，因此，书屋中的书籍需要符合不同的阅读口味和接受程度，不一定要把《论语》《孟子》送出去，只要书籍的内容是关于儒学方面的即可，甚至可以是视频、漫画的形式。截至今年年底，全球已建成五百所孔子学院，比预订计划（2020 年）提早了 5 年。

未
达
续
集

结　语

　　在中国文化建设需要顶层设计的大背景之下，党中央需要在广泛调研的基础上掌握全国文化建设的典型材料，进而对顶层规划进行建设时间的估算。山东省是被中央调研的首个省份，山东省多年来所做的工作则是党中央领导的典型材料。因此，山东省需要尽快组织相关力量撰写经验汇报材料，以尼山书院和乡村儒学为案例内容，进而彰显山东省通过利用齐鲁文化资源让广大城乡居民受益的文化工作成就。就此看来，山东省的文化工作包括图书馆工作、儒学工作是具有全国意义的。

构建顶层设计　精心评出好书※

非常荣幸获邀参加这次复评。

不过，我觉得自己担任评委荣誉主任并不称职。我原来和出版界、新闻出版署过往甚密，自从 2008 年从岗位上退下来之后，全力投入到中华文化及其国际推广工作上，关系便疏远了。本次会议恰好我在北京，作为一个不称职的人，想借此弥补一下。还有另一个不称职的地方。这次评奖完全遵照中国出版集团评审委员会所定的标准和规则。也就是说，按照出版的学术的规律，选出若干项来，不能掺杂个人色彩。这么多年，我虽然还达不到"书虫"的水平，可也是须臾离不开书。我看了复评的入选作品，这里有些书就和我有关系，有些是我参与领导组织编写的，有些用了我的稿子。我就不说书名了，说书名不就是拉选票了嘛。另外，像大百科、三联、中华几家出版社，我和他们的关系也比较密切。这样，我参加这个会议是不是具备资格？幸好我是名誉主任，没有投票权，不然带着个人色彩就不客观了。于是，我这个不称职的人就大胆地来了。不过，来参加这次会议根本的原因是作为一个读书人对图书刊物的情怀、振兴文化和学术的使命、中国出版集团组织的评选活动和所列奖项意义很大。一般来说，评选的都是已经发生过的事情，书出版了才能评么，而书的意义则在当下和未来。评奖是一种文化导向。因此，我希望全国各个出版集团评奖奖项更多一些，各自评各自的，形成百家争鸣的局面也无妨，靠着我们所

　　※　此文是作者 2015 年 10 月 28 日在"中国出版集团第七届出版奖"复评会议上的讲话。

评的书的各方面，从内容到装帧、设计等，贴近民众、接上地气。这种评选不是各个平台之间的利益竞争，而是水平的竞赛。也许到了"十三五""十四五"时期，全国专业、非专业的读者就会认定中国的图书奖中有几个奖项是全面的、可信赖的、标志中国出版物水平、具有全球影响的。

还有一个想法，是需要靠我们建言来实现的，这就是设立国家奖（不是现在的"国家图书奖"，而是中央政府评定并颁发的奖）。在国家奖以下的奖项，就可以由社会组织评定。国家奖应以人名或者"国家"命名，例如可以称作国家主席奖、毛泽东奖、邓小平奖等。前年，我从美国请来了一位社会学家，Robert N. Bellah，当时已经 85 岁。为什么请他？因为他写了一部大书，这本书还没翻译成汉语，据说哈佛大学要把它翻译成多种文字，但是还没看到成书，书名为《人类社会和宗教的起源》，获得了美国总统奖。那次颁奖会就在白宫，总统亲自颁发。Bellah 先生问我讲什么，我说，希望他把他的近百万字的著作浓缩成一个演讲。大家知道，这其实是很难的，几乎非大家不能办。开始老先生说，我身体不好，只能讲 20 分钟，再和听众互动 20 分钟。这说明他在这方面的自信。等他开讲以后，看到台底下坐的中国学生、老师如此专注，他很高兴，一下讲了一个小时，之后还进行了 40 分钟互动。通过他讲的内容，我们知道了为什么他会得总统奖。他着眼于全人类的历史，揭示人类的起源、发展和宗教发生、嬗变的关系，以及宗教在人类文明史上的地位。像这种宏观的著作，如果能够道前人所未道，贡献出著者自己的理解、自己所构建的理论体系，提出一种方法论，促进人类对当下和未来的思考、对学术界有所启发的著作，就可以获得国家奖。因为它具有引导性，对学术界、出版界的现在和未来会产生巨大影响。

中国出版集团组织的这次评选，在 2015 年这个时间，意义尤其重大。现在整个中国的文化建设与发展势头良好。刚才李岩同志说我忙，我说我是"瞎忙"。忙的什么？几乎全与文化建设有关。但是为什么说是"瞎忙"？因为在到各地参加文化活动时发现，活动内容、风格、规格、水平都很高，但却是无"章"的，是在没有对本地文化的发展建设、对优秀传统的弘扬进行整体的、系统的设计情况下开展的，几次活动之间缺乏逻辑联系。开始时，各省市根据本地的文化底蕴、特点举办一些活动，这是可以理解的，也是好事。不幸的是接着就出现了各地的同质化。还有个有意思的情况，常常在一个高规格的活动中见到某位先生，以后在另外一些地方又一再碰到他。我是个"无业游民"，但是这些先生都有自己专攻的领域，这样跑来跑去参加这个活动、那个活动，何时能闭门静思写作？再一个现象是，类似的活动听来听去就是一个意思的不同版本。产生这种现象不是专家的问题。专家们都很忙、很累，他们是被动者，不能每次都让他们拿出新的论著。这也助长了同质化，因此我说它是无"章"的。

什么原因呢？现在中央的精神，尤其是习近平同志亲自在国内外各种场合的讲话，起到了一个"交底"和"引路"的作用。一个民族的文化发展和建设，必须尊重文化（包括学术）发展成长的规律。在这当中有一条，就是要维护、创造有利的氛围和条件，给作者、研究者提供更多的方便。这样就需要文化建设与发展的顶层设计，而现在中国缺的就是这个。顶层设计不是去指挥各地做什么、不做什么，学者写什么、不写什么，而是提供总的思路、定位和目标，当然，有关的方针、政策、措施也是不可少的。我随便举个例子吧。现在强调弘扬优秀的文化传统，而中华民族有五千多年的文明史，各地都在抢五千多年的"头牌"，争说当地是什么什么文化，在中华文化史上处于什么什么地位。其实，这应该是学术界反复研究讨论的问题。在厘清了中华文化发展脉络之后，各省自然各有一个定位：在中华传统文化大河中，我处在哪一段，这里的先民曾经给中华民族的文化增添了些什么，包括智慧方面和物质方面的。但是，各地对此并没有深入思考、论证。我推想，国家有关部门也没有思考。其实，从我们老一辈所写的历史、哲学等方面的著作中可知，大家已有了基本共识。顶层设计中可能还会有一些具体内容，例如关于综合管理（或服务）机构、国家直属各单位的文化实体、经费的筹措等。现在的情况是各地各行其是，分而未合，也合不起来。另外，管文化的部门很多，没有形成应有的、自觉的、有机的合力。像原来的新闻出版、广电，改成了十二个字的大部门，现在简化了，但在人们眼里还是两个单位。新闻办、文化部、中宣部、文物局、影视新闻出版，至少有这么多机构，可是谁管文化总体呢？我曾经跟一位领导开玩笑说，文化部只是一个"小文化部"，可以改名叫文艺图博部。中宣部作为党主管意识形态的机构，代表党中央的精神，如果政府有了总管文化的部门，我们强调了多年的党政分开也就容易推进了。出版单位和文艺单位改制的问题，方针应该是由党来定，具体操作呢？这就涉及意识形态问题。演出公司的总经理，该不该管？这是一个技术操作问题，不是说应不应该的问题。其实可以组成一个大部，把分管文化的各个部门合而为一。这里面困难肯定很多，但是大概都是技术层面的问题。用组建新的架构来宣示方向，把几代中央领导人和学者形成和总结出来的对传统文化的科学态度、方法和成果变成政府行为、社会行为，这就是指导性。

可能现在的教授们从事研究不需要什么人指导，但我们的学生、学生的学生，还需要。事业、企业单位要讲两个效益，要跟市场结合起来；税收问题可以定个原则，例如所有出版单位税收一律不上交，应纳的税用于积累和扩大业务。英国二百年来一直就是这样。撒切尔夫人改革唯一没有达到既定目标的，就是出版社的税收，她提出后被反掉了，直到现在英国的出版单位还是不用上税，盈利完全用以扶植学术出版。牛津出版社之所以能这样著名，能出版高水平著作、组织相对稳定的编纂辞典的专家队伍，恐怕免税是原因之一。

刚才我说了，方针、政策等，凡属于宏观层面的，都应该由党和国家管理，纳入顶层设计中去。这是不是要再建一个新单位？我想，不妨仿照前几个改革领导小组的办法，增加一个办公室足矣。各省可以照此办理，都要有自己的顶层设计，没有顶层设计就不知道路在何方。各地的诸项工作几乎都有人检查或督察，似乎只是文化工作没有人进行。每个省的省委常委一年里开过几次研究文化工作的会？恐怕几乎没有。现在文化主要是靠出版人、艺术家、学者在努力，这是不能持久的。

文化传统的传承是一个民族的命脉。传承靠什么？不外乎两个最主要的东西，一个是书，一个是人。至于出土文物，也只有在有书、有人的情况下才能被鉴别，才能开掘出它的意义来。设想，如果没有《史记》中的《秦本纪》和其他篇章以及散见在众多文献中有关秦始皇的记载，我们发现了兵马俑能够知道它是什么东西、认识到这一发现的意义吗？有书无人也不行。苏美尔泥板文献发现了，6000 年后经欧洲专家破译，才为世界所知；但当时的社会生活状况、风俗习惯、人文心理至今人们也不了然。由于王朝的兴衰和外部侵略，人种都换了，它的民族精神后人无从知道。同样的，巴比伦的精神后人也不知道。何况，文化有些东西是不能只靠言（即文字）传的，老师所讲的，有许多是文字之外的。我们从 1905 年废除旧学、兴起新学以后，按洋学堂的办法进行教学，管理的体制也随之改变，师傅带徒弟、老子带儿子（"家学"）的传统慢慢消失。古代的传统，包括书院传统、口耳相传的传统都根绝了。这不能不说是在变革中随着脏水泼出的孩子。古代的书院，是不大系统授课的，有聚会，主要是辩论，或者老师作一场报告，讲他近来的思考，并不是定论，学生们可以去体会、论争。所以，每个著名的书院都能培育出不同学派，有了"派"和争论，学术才能进步。书院传承的是道德和文章。人的传承，完全按照洋学堂的办法是很难办到的，至少是打了不少折扣的。中华民族在靠人和书传承文化上有自己独到的经验，但是我们扔了，至少是扔了一部分。我认为进行图书评选要想到这一层。各位在座专家肩上的担子很重，一定要把好的作品从林林总总的书海里遴选出来，让它脱颖而出，让更多的读者能享受到它的光彩，让文献和人一起传承；这也是在社会上提倡精心编撰、精心出版，形成一股风气，也就是说让过去的故事通过我们的评选变成现在和未来。我想重复一遍：评选优秀图书这件事在今天这个时代，意义重大。

关于中华文化走出去的问题。中华文化走出去是一种当有的、美好的愿望，应该用人家熟悉的语言和形式进行传播，这也是中国梦的一部分。自古以来，在中国边界之外的"民族国家"，对中国一概不了解。近二百年来，对中国文化的误解、扭曲太严重了。现在中国经济一枝独秀，社会风景这边独好，这是传统的延续；虽然我们还有很多问题，但是贵在我们已经意识到了，只能一项一项解决。五千年的历史，十三亿五千万人，有着多少可歌可泣、引人深思的故事，包含着中国人多么丰富而崇高的精神和必然和平振兴的根源。这个时候需要让人家了解中国，这也就是总书记一再说的，"讲清楚"我们的故事。只有让各国更多的人了解了、理解了中国，中国建设发展的良好国际环境才会扎实。现在国际环境还不扎实，原因很多、很复杂，其中一个因素是我们还没拿出有世界影响力的出版物，包括学术著作。这个问题也很复杂。难道我们"翻译工程"介绍进来的每本书都有世界影响吗？不见得。怎么能要求我们学者的论著都有世界影响呢？关键是能把它比较准确地翻译出去、卖出去，就有影响了。这当然有选题、水平、翻译等一系列问题。我想提一个建议：中国出版集团的评奖，将来能不能设一个"中译外"的金奖？这将有力地助推为走出去而形成的双向翻译的高潮。

我们这么多的老学者、中青年学者近二十年来取得了惊人的进步。就传统文化的研究而言，大约到20世纪70年代，旗杆和旗帜在台湾。像钱穆先生、牟宗三先生、唐君毅先生等都健在，活跃于港、台和海外。80

未
达
续
集

年代，我只能偶尔星星点点地看到他们的一点论著。曾几何时，经过 80
年代学者们的"苦行"，到 90 年代，大陆一大批中青年学者成长起来了。
这时台湾那几位被尊为大师的老师相继地走了，凋零了。台湾的教育体制
和大陆基本一样，也没有"本师""及门"的空间。大陆起，台湾落，靠
的都是人才之有无。大陆的许多学者无愧于我们这个时代，但是写的东西
还是出不去，因为我们的多数学者还不能像徐复观先生那样用日语、英语
写作。我们要激励中青年学者走出去。

面临着"一带一路"的战略这样一个机遇。我曾斗胆地说过，"一带
一路"也是文化交流之路、友谊之路，而不仅仅是我们的产能、设备和
货物之路。如果没有前者，只有后者，"一带一路"可能就建不成，或者
建到一半停滞下来，或者建成之后很快断掉。我的观点是，我们在文化
上，包括观念、知识、著作、语言，还没有准备好。出版界应该做好相应
的准备。这当然需要中国出版集团跟各出版单位研究。从组稿、审稿、出
版到评选，能不能跟外国出版人合作？人家知道需求、热点和读者阅读习
惯，还可以在翻译中提供帮助，不知道可行不可行。我觉得中国出版集团
有很好的机制和条件，团结了大批优秀学者。担心经济效益无可厚非，但
是这件事情早晚是要做的，晚做不如早做。同时，销售成绩跟宣传有密切
关系，要做好对外宣传工作。

另外，不可回避的是传统的平面印刷和电子出版，此消彼长，这在走
出去过程中也要及早绸缪。我不知道出版集团的版权交易有没有把电子出
版物列进去。是不是和如何面对这一潮流？能不能列进"走出去"的规
划里？通过专家评审，对中选的适当投入，组织翻译。

基于以上几点看法，我才在开始时说荣获邀请参加评选会议，虽然自
知不称职但还是来了。既然来了，就要说话，于是把我对中国文化形势的
思考、我的期望和对评奖意义的认识及设想，无保留地跟大家说说，请大
家批评指正。

谢谢！

重温许慎　全面继承　期待大师[※]

各位专家，各位来宾，各位领导：

　　时隔四年，我们又相聚于美丽的漯河，再次继续对许慎和《说文解字》进行研讨。在这里与老朋友们重逢，又结识许多新朋友，实在是治学路上的一件乐事。

　　曾经参加过前两届许慎文化国际研讨会的朋友可能已经发现，漯河又变了，河南又变了；漯河与河南的变化和全国的进步同步，三年一小变，五年一大变，真可以用"日新月异"来形容。我在这里所说的"变"，一指城市和农村的社会经济建设、人民的生活质量；二指全市的文化素养和氛围，特别是在弘扬许慎精神和汉字文化方面，成效显著。"许慎文化园"已经成为漯河市的文化中心、市民所喜爱的文化乐园，就是一个鲜明的例证。今年，漯河市又给予这次研讨会大力支持，则是一个眼前的事例。

　　许慎是漯河的骄傲，至今还在教诲着、影响着漯河市城乡的男女老少。漯河人民把许慎看作是自己城市的名片。名片者，实之表；实，就是继承了许慎对传统文化的珍惜和弘扬，尤其是对汉字的热爱和学习。

　　每次参加有关许慎或《说文解字》的研讨会，我都会有新的感悟。的确，许慎、许慎精神是一个近乎永恒的话题，因为古往今来的所有人，都是民族文化的传递手，其中优秀者以其创造精神与成果为无数代人在许

　　※　此文是作者 2015 年 11 月 1 日在"第三届许慎文化国际研讨会"（河南漯河）上的讲话。

多世纪中形成的传统增添新的成分。这样的人，历史会记住他。任何文化只能在不断创造中前行。没有了源源不断的新成分，文化就会失去生命力，也将如大江大河和灌木丛林，没有了来水，就会枯竭，就会消亡。许慎，就是在中华文化传承中一个关键时期涌现出的一个巨大的波涛，一颗耀眼的星。

据范晔说，许慎"少博学经籍，马融常推敬之，时人为之语曰：'五经无双许叔重'"，他又说："初，慎以五经传说臧否不同，于是撰为《五经异义》，又作《说文解字》十四篇，皆传于世。"《许慎传》虽不足百字，却为我们勾勒了许慎的主要成就。与范书略有不同的是，许冲谓其父"本从（贾）逵受古学"，"恐巧说邪辞使学者疑"，遂"博问通人，考之于逵，作《说文解字》"。综合二文，我们可以约略知道，许慎乃道、器兼治者。这里所谓的"道"，即指五经所体现的天地人之道、治世为人之道；所谓"器"，则是为了认识、掌握、通达"道"所需要的工具和途径。二者相较，许慎更重视对"道"的阐释，用力也最勤；"时人"也是这样评价他的。但是，后世许慎却仅以《说文解字》名。这是什么缘故？我认为，这应该由当时的社会状况和文化变迁两个角度审视。

一个人、一部书、一个事件，其价值无论正负，往往是多方面、多层次的。在人、书、事出现的时代，人们就已经从多个侧面感受到其不同方面和层次的价值，而观察分析者又各有所重；待到后世，则更加上了时间、地点的转换、迁移的因素而有了不同于以往的认知与采择。

一方面，许慎所处的时代，虽然"百家"开始恢复了些生气，但儒学依然独尊，而且已经揉进了原始儒家所没有的，包括曾经拒斥过的学说和思想；另一方面，经西汉的今古文经学之争，此时今文经学依然居于统治地位。这一背景映射到许慎身上，至少显示出相互关联的两点特质。一、他把深究五经的经义视为首要；二、为解经而追寻文字和语言的真义。前一点，由他治学的次第、范晔对他的称赞以及"时人"的评价可以得到确证，虽然郑玄已经引用《说文解字》，但许慎被称道的首位还是他在五经方面的造诣；后一点，则充分而直接地体现在《说文解字》的《叙》中。

附带说一句，后世历经数朝以至有清，学界一直把包括"字学"在内的"小学"列为经学的附庸。从历史的角度看，这是延续了"经学"初现时的定位，而非后代"不重视"或"没有认识到语言文字的重要"

所致。甚或我们可以说，对小学的这种定位，正符合中华文化对语言文字的认识。而自19世纪末叶起，因为受到西学学科分类法和西方依附于哲学与民族志的语言学的影响而产生的中国语言文字学（当时只有汉语言文字有此荣幸），已经基本离开了中国的传统，缺少了对文本的全面研究。这一路向或维度和许慎有着巨大的差异。

时逾千载，逐渐地，世人对许慎关注的重点转移到了《说文解字》上，连他所作过的《淮南鸿烈解诂》也只是在介绍其生平事迹时提到而已。在我看来，其《五经异义》和《淮南鸿烈解诂》之消亡，并不是后世注意力转移之因，而是其果。这就是不同时代对许慎价值的不同认知和采择。我们对范晔所记的时人的赞语最好不要因《五经异义》的亡佚而轻易放过，从许慎经学"命运"的这一起伏中，也许能得到一些额外的启发。

时间是最好的检验师。以今天人们回顾历史的眼光看来，许慎一生所做的贡献中价值最为长久的、可能也是他最为中意的，还是《说文解字》。（依许冲上安帝书，《说文解字》虽"文字未定"，但"慎已病"，可能是他担心不及竟事而殁，多年心血泯没无闻，所以特"遣"冲"赍诣阙"，足见其珍视。）

后世之人对历史上的人和事，都应该把它们放到整个历史长河中，放到有关人、事、物所处的环境中去认识和研究，虽然这是十分困难的，有时甚至是不可能的，但是我们还是应该尽量避免把它们当成历史的横向切片。本此以观察许慎对五经和文字的研究，我们似乎可以说，他完全是从现实的需要出发的，他的兴趣也是因现实的需求而激发，而升华的；而且他把这两个领域之间的关联性很透彻、明朗地揭示了。我们可以说，他是怀着历史的使命感从事研究的。历代的经学无不与时代的政治和社会紧密相关，对五经的理解和利用也就随着时代而异。这就是历代解释五经的人、书、事层出不穷的缘故。今文经学的成果早已零落，即使是古文经学毛、郑诸大家"实事求是"的训诂，乃至保存在先秦文献中的词语解释，固然仍是后世重新阐释文献的最重要资粮，但往往也是后来者质疑的对象。汉代经学著作，包括许慎著作的留存与删汰，确乎如俗语所说，"世事无常"。而《说文解字》，除了因说解文字时形音义一体互参，言有所据、承前启后，历千年检验而益显其可贵，集先进的工具性和可以验证的科学性于一体之外，许慎在书中还揭示了文字和语言的许多规律，或许更具有垂后的价值。

人们常说，语言文字是人类交流最重要的工具，体现着各个民族的特性。当然，对工具也应该或必须加以不断深化的研究。子曰："工欲善其事，必先利其器。"利其器的目的，则在于更好地交流——"己"与"他"的交流、古与今的交流——在于利用最好的工具作更为准确的思考，以及在这基础上推进人类智慧和社会的发展。换言之，语言文字既是人们研究的"对象"，但又不应该成为纯粹的研究"对象"。说"是研究的'对象'"，是因为研究者必须保持尽可能的客观性，尽量减少主观因素的干扰，例如误知、不知，偏好、执着等。说"不应该是纯粹的'对象'"，则是因为语言文字并不是纯客观事物，它是人类的创造物，却直接地承载着主观的观念和感情，因而是介乎主观与客观的中间物，有时需要研究者的主观"感觉"（包括"语感"），必要时要有"人工干预"，例如对词语感情色彩的斟酌、对有些概念界定的推敲、对语法"规范"的论述、对研究的价值的判断等。同时，研究者也不应该本着"价值中立"的思路，为了研究而研究。这两方面的情况在许慎对语言文字的论述和对9353文的解释中，几乎都得到了充分体现。他对文字的说解，既不全盘照抄前人经典注释的成说，又包含着或呼应着传承下来的成果；他有时依序列出数说，而又把以为正解者列为第一；至于他在释义时的"主观介入"，例子就更多了。应该引起我们特别关注的，是我们已经谈到的，他作《说文解字》既从经典中来，又为解读经典服务——他始终把语言文字作为传承中华文化的工具对待。许慎在两千年前，以其对语言文字朴素的哲理认知和剖析，给了我们深刻的启迪。

美国历史学家杜兰特夫妇在1968年说过："一个人，无论他是如何光彩夺目或者见识广博，在他的有生之年，也不可能无所不知，总是能对他所在社会的习惯和风俗做出明智的判断与取舍。因为这些习惯和风俗，是无数代人在许多世纪的历史长河中形成的智慧与经验的结晶。"（《历史的教训》）他们所说的智慧与经验，其实就是文化的传统。中华文化的传统犹如长江、黄河，两汉文化是其中水面宽阔、波涛汹涌的一段，汉代的经学是这段大河的中流，而许慎则是在这中流中涌起的巨涛。他对儒家经典及其精神"明智的判断与取舍"化为独特的见解和对经典用字的扶正祛邪，实际上是增添到中华文化大河里的，如杜兰特夫妇所说的"智慧与经验的结晶"。

从上述的分析和叙说中，我们可以引发出什么结论呢？我觉得不妨抚膺反思：作为中华传统文化的继承者，许慎学术和精神的弘扬者，我们对许慎所关注的，是他的全部吗？许慎留给我们的，除了《说文解字》和后世只能窥其一斑的《五经异义》《淮南鸿烈解诂》这些显见的文字，还有什么应该开掘的？

环顾宇内，比汉字出现更早的文字非只一二，古代文献流传至今者，中国也并非为最古；但是时隔数千年，今人仍可较少障碍地阅读古代文献的，唯有中国。这是为什么？除了汉字的特质、华夏之族因重继承而珍惜历史文献等因素之外，不能不承认许慎搭建了"古""今"文字的桥梁起了很大的作用。许慎之功伟矣。试想，如果天不生许慎，任由其时之人或后继者"诡更正文，向壁虚造"，"变乱常行"，则前人何以垂后，后人何以识古？也许华夏大地早已因文字、语言的分化和混乱而分崩离析，百国林立，战争不断了。试看欧洲，因为各个民族都视自己的语言或方言有着无可比拟的尊贵，"神圣不可侵犯"，又没有杰出的作家和作品能够成为共同语的楷模，于是在中世纪之后纷纷建立了民族国家，几乎无一岁没有残酷的战争。虽然自18世纪以来出现过不止一个枭雄想以武力统一欧洲，但是除了造成社会的停滞、给后人留下惨痛教训外，一无所获。当代建成的欧盟，其愿景仍是想构成统一的欧洲，几十年来的效果我们已经看到了。和欧洲可以略成对照的是，公元7世纪以前，阿拉伯半岛一直处于无数部落方言并存、多种原始信仰不共戴天的混乱争战之中，是伊斯兰的先知穆罕穆德，以文字典雅优美的《古兰经》，在创建一神教的同时也统一了半岛，形成了阿拉伯民族的共同语，半岛迅速成为"世界的中心"。虽然自19世纪以来一股"民族主义"之风已把阿拉伯世界搅得周天寒彻，但是民族认同感和力图恢复半岛和平统一，仍然是阿拉伯多数人的期望。

在今天我们研讨许慎精神的这一场合却说到几千里之外、近十个世纪以来的事情，似乎离题了；其实我是想说，以世界历史的和当今环球的视野观之，两千年前的许慎，因当时经典文字的混乱、天下可能因此更不太平（具体的情形我们也不可得而知了）而痛心疾首，锲而不舍地道器兼治，其所虑深矣哉，远矣哉！

任何文化都是一个完整的、动态的体系，我们也可以把它比喻为人的身体，各个部分之间都有着显性的和隐性的、极其复杂的关系。对文化内部所存在的那些关系，至今人类所知甚少。历史所记叙的不过是在过去的时空中发生的事件的几根筋骨罢了。即以许慎而论，由于后人对他所处时代的细节、气氛难以想见，对他问学、治学，例如如何"考之于逵"的情况，以及他生活、写作的场景、他对社会的感受和看法等，更是一无所知。而这些都可能对他辟官不就、围绕着五经耕耘不止有着重要的影响。因此，我们对许慎的研究与想象也只能取其荦荦大者。

话说到此，似乎可以把我要表达的意思归纳一下了。

1. 一部《说文解字》，不仅给了当时和后代一把打开古代文化的钥匙，而且在人生的价值、对学术意义的追求、治学应有的精神和治学方法等多方面都有着它留给我们的财富。

2. 《说文解字》作为解经的工具、经学的附庸，无意中与人类文化发展和其他民族的字典辞书走了一条相同的道路。这条路线就是，由解释经典（在西方则是宗教经典）开始；在对字词的诠释中包含着具有民族鲜明特色的哲理；其后逐渐拓展为全方位解释民族词语，几乎囊括了民族的全部知识；到这时，解释词语的工作遂由为保持与传承民族的核心内容，转变为记录和传承民族文化的利器。也就是从这时起，西方词典学输入中国，中国的词语解释逐渐离开自己的传统，并且影响了对古代文献的诠释。

3. 既然《说文解字》的历史功能如此，各个文明社会词语解释工作发展的大体情况如此，因此就向从事这一工作的人们提出了这样一个要求：不忘传统，全面把握民族经典的内容和哲思，尽可能地把握经典酝酿、产生、发展和演变的历程；现代字典辞书的编纂者，则应努力成为百科全书式的学者。

4. 治"说文之学"，最好能有相当比例的学者做到义理与"小学"兼顾。诚如许慎给我们启示的那样，二者非但不是绝缘的，更不是对立的，而是彼此关联、互补互足的。许慎是我们的榜样，在他之前的孔、孟、荀以及先秦诸子，以至近世的戴震、阮元诸公，也都是我们的表率。

5. 全面继承许慎，就需要"专"而且"通"，二者相辅相成。学者各有所好，业有专攻。欲专，难矣；而欲通，或更不易。视有清徽派诸老，确可称为通家者，似唯戴东原一人而已。段氏懋堂虽谨遵师训，一生治学勤苦，但至晚年犹以未达其师之境为憾。迨及百年以来，学者、学术一律按西方制度分类，于是专家多，通家少。钱学森先生之问，虽一时难以全面解答，但我想，专而不通、彼此隔膜已成常态，恐怕是重要原因之一。我真诚希望，在文字、训诂、音韵、版本、校勘学界的年轻朋友中，既多多涌现杰出专门家，也出现一些通家，这样，庶几若干年后，在中华民族特有的"小学"领域甚至经学、史学等领域或许能够诞生作为一个时代标记的大师。让我们期待着。

以上所述容有不当，敬请各位专家批评指正。

"天时人事日相催，冬至阳生春又来"[※]

尊敬的各位专家，各位领导，各位乡亲：

我今天发言的题目是，"天时人事日相催，冬至阳生春又来"。冬至刚过，从寒风和雾霾之地来到全球北回归线上罕有的绿洲，却是一片盎然的春意。民族团结论坛把我和众多的朋友吸引前来，除了享受寒日里的阳光，更沉浸在民族团结暖暖的春风中。感谢会议对我的邀请！

我之所以用杜甫一首小诗里的这两句作为我发言的题目，是想用来表达对这次会议的赞许。"天时"，在当前就是全国热气腾腾地进行改革，按照"十三五"规划乘势而进的大好机遇；云南不是正在按照习主席的要求，以成为"全国民族团结进步示范区、生态文明建设排头兵和面向南亚东南亚辐射的中心"为目标而迅速起步吗？杜甫诗里所说的"人事"，可以用来比况云南各民族齐心协力、奋力拼搏、奔向全面小康之事。"日相催"，日日相催，形势逼人哪。人民的期望，改革的步伐，国际的形势，岂容得我们稍有懈怠？"冬至"，意思是冬日已到尽头，白昼自此渐渐加长，阳气慢慢上升，我们在一年之际最关键的季节来到宁洱，在一派盎然的春意中，为普洱、为宁洱的发展建设添上一把柴。

普洱民族团结誓词碑，是人类民族史上唯一的丰碑，她标志着在这块多民族聚居的土地上，结束了人类自古以来不同民族因为争夺领地、物质资源、妇女儿童，以及世亲血仇而争战不休的铁律，向世界昭示：不同民

※ 此文是作者 2015 年 12 月 27 日在"普洱民族团结论坛"（云南宁洱）上的主旨讲演。

族应该并且可以这样和谐共生，齐心合力创造幸福生活。今天我们仰望着民族团结誓词碑，不由得回顾起 65 年前共和国创建伊始时的艰辛与光荣，甚至会让我们想到 80 多年前刘伯承元帅和小叶丹歃血为盟的往事。感谢共和国第一代领导人，他们以宏大的胸怀、伟大的眼光、无边的大爱，制定了迄今最真诚、最科学、最实在、最有效的民族政策，促进了全国、云南、普洱各个少数民族之间、少数民族与汉族之间的团结和谐，这才有了我们今天所看到的祥和幸福的景象。

我们应该把 65 年前那件永留史册的事件，放到当时的历史环境中、联系中国之外的种种历史的和现实的现象来认识和思考，更应该在展望未来时经常回忆它。

新中国成立之初，恢复生产、活跃城乡、熟悉城市、西南剿匪、国防建设、国际压力……的确是众业未兴，百废待举；但是民族间的团结、少数民族地区的生产生活却排在了中央的紧迫日程上。附带说一句，众所周知，是在树立民族团结誓词碑之后四五年，中华大地上的少数民族才得到了最后的辨别、确认和命名。也就是说，当全国人民，包括中央领导并不清楚在中国境内有多少民族，不清楚这个山头、那个寨子是什么族什么支的情况下，就已经确定了对住在这些地方的少数族裔，应该促进团结，共同建设幸福的生活。至于说我是什么族，你是什么族，这是家里的事情，容我们慢慢地鉴定。1950 年民族团结誓词碑这一动人的传奇式的故事就是在这样的情况下出现的。

共和国在过往的 66 年里，经历过艰难的探索，也有过曲折和灾难，甚至还发生了自卫战争，终于在 30 年后找到了一条适合中华民族生存、发展的道路。这条道路的牢固基础，就包括了 56 个民族的大团结。在这个过程中，一系列支持民族地区建设和发展的政策陆续出台，凭着各个少数民族乡亲的智慧和汗水，所有少数民族地区都得到了巨大进步。就像歌曲里所唱的那样，"56 个民族 56 朵花"，每朵花都为祖国大花园增添了色彩和芬芳。

当我们自由自在地徜徉在民族和谐大地上的时候，应该知道，在世界许多地方则是另外一种景象。姑且先把所谓的"蒙昧"时期各大洲土地上曾经遍布的氏族、部落间的相互攻杀放下不提，也不必去描述已经进入"文明"时代在许多地方仍然存在的世亲血仇；即以现代而论，从第一次世界大战前的欧洲，到两次世界大战，里面挟裹着的民族间的冲突、战争和屠杀，一共爆发了多少次，中外学术界的精英哪一位能说出确切的数字？第二次世界大战结束后的这70年又怎么样呢？试看现在的中东，人们不是时时看到打着"民主"或宗教招牌的硝烟么？

语言、信仰和风俗是民族的重要特征。的确，一个族群一代一代生活在一个相对固定的环境中，往往和"异己"者难以相处，文化的差异容易成为爆发冲突的引信。其实古代的氏族、部落或民族间的矛盾主要还是在今人无法想象的艰苦环境中，为获得维持生存和繁衍所需的资源而战。进入文明时代，特别是工业化之后，物质生产足以满足全人类的需要了，为什么战争和荼毒依然不断，而且其残酷野蛮的程度相比于古代有过之而无不及？为什么冲突都是由"发达国家"发动和引发的？人们已经得出了结论，这就是利欲熏心，挥舞大棒，自我封王，同时却又使用最古老的"以夷制夷"战术，这些新瓶子装着的其实还是旧酒。这是一切本不该有的涂炭生灵的原动力。在这样的世界观、价值观指挥下，世界能安宁吗？能够对他者尊重、包容、支持并且和他者进行合作吗？

其实，不同民族和宗教的伦理、教义有着许多相通之处，不同的民族和宗教所追求的几乎都是和平与幸福。一旦各方都知道大家所追求的是一致的，不同民族间就会渐渐由相互了解进步到相互理解，再由相互尊重进步发展到相互欣赏，何愁不能消除彼此间的隔膜与仇恨？中国各个民族间就是这样结成一体的，中华大地就是这样成为"风景这边独好"的。"中华民族"不是一个种族的概念，而是一个文化实体。中华民族之所以能形成，全靠着各个民族的彼此信赖、保持各自文化的特色又不断吸收其他民族的优点，当然，有着一个真正为少数民族着想的领导集体是至关重要的。中国具备了这些条件，而这样一种和谐安宁、蕴藏着无穷潜力的民族关系，来之又何其不易呀。

民族间的团结这样难得、宝贵，不仅需要全心全意地精心呵护，而且需要越来越多的人们从理性上把握其中的道理和规律。这就需要学者们从历史学、社会学、人类学、民族志、哲学等角度进行研究；需要既总结我们民族团结的历史、经验和困惑，又把研究的成果用通俗的话语和形式反馈给各族民众，还要关注外部环境对民族团结的冲击与侵蚀。

普洱就和全国一样，是一个复杂的社会，虽然地处西南一隅，却与更为广大的世界并不绝缘。我们不能不关心看似远离、无关的外部世界。多年来，地球上的强势文化以种种美丽的外衣，诉诸人的感官，刺激人的非分欲望，在信息传输空前发达的今天，没有什么地方的人民接触不到那些无孔不入、针对青少年、正在毁坏各个民族的宗教、信仰、伦理的文化。对于没有经历过寒苦生活的磨炼、不能领会"民族团结誓词碑"历史和现实意义的普洱年轻人，在普洱日益开放、融入世界的未来，抵御种种欲望诱惑的能力有多大？阿爸阿妈、阿公阿婆对大自然的敬畏、对本民族历史传说的崇敬与自豪，能不能持续并永远传承下去？怎样做到在经济、科技与全国接轨，不断提高各族人民生活水平的同时，依然坚守优秀的民族传统？居安思危，未雨绸缪，总比临阵磨枪损失小得多。

在与这个问题相关的许许多多行政、学术、教育、社会问题中，我只想谈谈家庭和继承传统的关系这样一个既小而又重要的问题。

世事古今多变，唯有家庭永恒。邓小平同志说过，重视家庭是东方文化的特色。李光耀先生在接受西方记者访谈时也说过这样的话，他还说："家庭是搭建社会的砖瓦。"我想添上两句："家庭是获得幸福的根基，家庭是传承的第一课堂。"普洱各族人民都重视家庭。一个人的道德感和责任心，是从寨子里熏陶出来的，是在木楼里养成的。任何人、任何时候都不能丢弃家庭，这是人类万年以上的经验，是中华56个民族的共同箴言。因此，民族团结之永固也离不开家庭伦理的维护，甚至可以说，事情本来就应该从这里开始。普洱各族乡亲有着忠于家庭、家族和寨子的古老而优秀的传统。我希望，也相信，这将是堵截一切不适合中国各族人民伦理和理想的另一类价值观和社会风气的坚固堤坝。

现在，普洱市正以"弘扬民族精神，凝聚民族感情，推动民族发展"这样三道紧密关联的课题作为全市继续前进的文化支柱，用刚才两位先生已经提到的，"各民族都是一家人，一家人都要过上好日子"这样两句人人懂得、家家企盼，并且经常说的话语，把习主席交代的三项任务和普洱市科学发展、绿色发展、跨越发展的目标，平易地化解了、表达出来了。这两句话必然在两百多万各族男女老少乡亲中引发共振，从而逐渐释放出巨大的、难以估量的发展的动力。

说到这里，请允许我脱开稿子，就各民族"都是一家人"说两句。可能有些年轻朋友领会这句话，是从眼前的现实得到的感悟。的确，我们各个寨子的种族并不纯粹，其中就包含着各个民族的通婚、移居和交往，大家几乎不分彼此，亲如一家。但是，这还不是理论上的、规律上的、学理上的体悟。这个问题其实我们的祖宗早已经从理论上给出了解释，这就是孔夫子所说的"四海之内皆兄弟也"。但是，孔夫子所说的"四海"只是中国现有土地的北部那样一块地方。到了宋代，儒学家的视野早已开阔，不仅仅知道东瀛之国，也知道南夷之国。在此之前至少西晋时（公元 4 世纪），法显和尚就已经西进到斯里兰卡，随后外出取经最著名的就是玄奘。因此，宋儒心中的"天下"和"四海"已经基本上是整个世界。当时著名学者、宋儒四派中的"关派"创始人张载说："同胞物与。"意思是，所有天下的人都是我的同胞；所有的万物，包括石头、土地，都是我的朋友。同胞就是同一个胞衣啊，自己和域外之人怎么是同一对父母所生的兄弟姐妹呢？那是因为在中国人看来，"天为父，地为母"，因为有了天地、有了天地阴阳的和合，这才产生了万物，人不过是万物中的一种而已。这也是我们 56 个民族的共识，其实也是民族学和民族政治与其他学科相通和结合的地方。

对习主席提出的三项要求，我理解，三者之间有着极其紧密的逻辑关联，缺一不可，而其中"民族团结进步示范区"在我看来是最重要的，是做到"排头兵"和"通往南亚和东南亚辐射的中心"的前提和基础。刚才我已经说过，共和国成立 66 年来的历史，已经证明了民族团结是国家发展的基础。普洱应该是云南这个"中心"向外辐射的"桥头堡"。不管是"排头兵"也好，"中心"也好，"桥头堡"也好，都需要我们自己的各个民族做到无间团结，固本才能强身，强身才能走向世界。那么，别的呢？不重要吗？不是。如果生态毁坏了，我们还能够成为他人的示范者吗？我们还能承担起向南亚东南亚辐射的重任吗？生态是普洱的命根子，没有越来越好的生态，各族乡亲就要返贫，社会也要出现混乱，"和谐"等将流为空话。我相信，"辐射中心""桥头堡"所展现的，绝不应该只是资金、设备、产品和技术，或许更为重要的是我们民族的和谐、乐观、富裕和自信，是普洱高度繁荣而先进的民族文化。我想，归结起来，落实到社会层面，普洱能够向全国、全世界"示范"的，除了世界上唯一的、历史实践证明它是正确的、至今有效的民族团结誓词碑，还有建立在自觉基础上的民族团结。只有自觉了，民族间的团结和谐才能日益坚实。未来，各民族之间的团结应该比过去 65 年，更加深入人心，更加刻骨铭心。与此同时，乡亲们的日子越过越好，而这个"好"中也包括了文化生活。我相信，普洱各族乡亲一定能够把家乡建设成为世界级的绿色、质朴、和睦、幸福的乐园。

　　还是借用杜甫那两句诗的字面意思结束我的发言吧：天时、人事已经具备，地利更不在话下；春色满园，祖国前进的步伐和环球变化的节奏，让人时时感觉到日日在催促我们抓住机遇，走向更为美好的未来。

　　普洱前程无限。我衷心地祝福普洱！

大陆与港澳台文化共建

两岸教育领域的交流应该深化[※]

谢谢主持人，谢谢海峡两岸的各位校长，我也问大家一声"早晨好"！（众：好！）

这一声"早晨好"，听众呼应"好"，是台湾在 1949 年以后形成的一种习俗。1949 年以前，我也在国民党的治下生活过，那时候还没有。这是一种文化的变异，这种变异能够传下来几十年，就证明它是好的。通过海峡两岸近些年的频繁交流，大陆现在也慢慢觉得用这种形式来形成台上台下的互动，是一种感情的沟通和互补。文化母体下面的次生单元各有自己的优势和经验，只有纵向的"承"与"传"而没有横向的"联"与"合"，那将是民族的损失。两岸的文化有着天然的互补关系，我和江文隆先生半年前在台北就商定举行本次研讨会，依据也在于此。历次海峡两岸教师、校长的交流，主要围绕学校管理、教师培训、学生学习等课题展开。这当然是重要的、必要的，也是急需的；但是似乎也应该在研讨中统观海峡两岸，再扩大到整个东亚，甚至全世界。

当前，不分种族、不分国别，一起经受着人类自造的东西的残酷折磨，在教育领域的体现就是只重视知识与技能，忽略了人之本性。社会上，"科技迷信"当道；学校里，"分分分，学生的命根"。其结果是造成了社会的种种怪象——我所说的不是某个地区的社会，不是一个抽象词语，国家是在社会基础上建立的，这个"社会"是普世的，五大洲到处

※　此文是作者 2014 年 4 月 17 日在"中华文化与品德教育研讨会"开幕式上的讲话。

一样：社会道德严重缺失，环境污染很难遏制，人际关系日益冷漠，很多人不知道自己是谁，为什么活在世上，价值何在。我和文隆先生有了以下的共识：过往研讨的内容可以延续，可以进行得更深入，甚至认为台湾的学生可以到北师大二附中或者实验中学、八十中上半年课，为了防止有人说这是"价值观输出"、赤化、统战，人文社会科学的课程由陪同来的台湾老师上，用台湾的教材；数理化没有阶级性、没有意识形态，由大陆老师上。此后让师大二附中、实验中学等校的学生到台北、台南上半年课；如果确实成功，再进一步扩大。

现在做这些还有很多政策等方面的障碍，但是有一点没有人能够阻挡住，这就是中华民族两岸的子孙共同研究我们视为珍宝的传统文化精华，如何陶冶后代，使之成为中华民族子孙的品格。相比于知识和技能，这更为急迫，也更为艰难。因为别的知识靠背诵、复习、考试应对，而人的品格是无法克隆、无法抄袭，也无法靠背诵获得的，而是要靠外在的祖宗经验内化为自己的信仰和道德，需要一长期的过程，需要学校、社会和家庭三者构成一个完整的环境进行陶冶。

我们可不可以先就这个问题进行探讨？我是一个理想主义者，设想办个百人研讨会。但回到北京后，江先生来电说：是不是先小规模地探索一下，包括研讨的内容、细节、方式、可行不可行，明年暑期再扩大规模。这是一个非常好的意见。刚才我一走进会议室就说："终于见到各位了！"因为背后还有着这样一个反复的过程。

我在这里热烈地欢迎大家。北师大是我的母校，我现在还在为母校努力做义工。欢迎大家来到培育我成人的地方！

希望大家畅所欲言，把"中华文化与品德教育"，也就是人格养成，作为我们共同面对的挑战来研讨。在这个问题上，不分海峡东岸西岸，两岸同命！思考研究这个问题，是为了我们背后千千万万的中小学老师和中小学校长，我们有义务给他们趟趟路。

这次会有个创意。大家都准备了论文，不一定全读，介绍介绍主旨即可，会后台湾朋友和大陆两位校长一起去山西介休，看看那里奇特的山景，进入学校和社区，了解那里的传统文化和人格养成。这种方式合适不合适？下次更多的老师来，还需要安排些什么？在本次活动的基础上再研究。

山西在大陆是个相对后进的省份，无论是经济、教育，还是科技。如果请大家去上海看，我觉得不能代表 960 万平方公里，山西却至少能代表半个大陆。

介休这个小地方有它独特的文化渊源，大家都知道清明节的前身是寒食节，后来因为寒食节的时间和二十四节气中的清明很接近，于是二者合一。寒食节的发祥地就是介休。介休介休，介之（子）推休憩之地。介之推是春秋时期晋文公重耳的一位随他流亡 19 年的大臣，关于他的故事大家到那里可以听到，我就不多说了。

大家到了介休要上绵山。绵山原名介山。晋文公想补请介之推出来做官，他决定逃避，于是和母亲一起上了这座山。据说晋文公隔空喊话，他不下来；搜寻，他躲避；放火烧山，想把他熏出来，他还是不出来。大火过后，发现他们母子二人抱着树干死去。晋文公于是将山命名为介山，要全国在介之推死日的前后三天不得举火，吃冷餐。这就是寒食节的由来。

唐代"清明时节雨纷纷，路上行人欲断魂"的诗句和我们今天清明节拜祭祖先毫无关系。后来把寒食和清明结合，才慢慢形成清明节拜祖。而在介休，清明节要拜介公。绵山有我们人文宗教高等研究院的研究基地，会尽量把大家照顾好。

祝愿研讨成功，祝愿大家在山西安全、愉快、有获，也预祝各位作为教师领袖，下一次陪同和率领更多的台湾中小学老师和校长光临我的母校。

谢谢！

两岸联手共同应对道德危机※

谢谢各位！谢谢主持人！

从王本中先生刚才的"检讨"中我忽然萌生了一个想法：这样的研讨会不要只开一次，还可以开一个规模稍大一点儿的，请台湾的若干位校长和教师来，大陆也由对应的校长和教师参加。适当时候，大陆的校长和老师也到台湾去。从我下面的发言里，大家会明白我为什么会有这样的想法。当然，这并不妨碍我们延续过去的项目，在暑期欢迎台湾的百名老师再来北京。

下面我谈的几点想法，似乎基本可以呼应在座各位的发言，但恕我不一一点出各位大名了。

现在两岸的情况，从环境到人心，更证明了海峡两岸是一个文化共同体。振兴中华文化，只靠大陆不行，只靠台湾——如马英九先生一再宣示的那样——也不行。虽然在社会层面、家庭层面，台湾的伦理道德的整体情况要优于大陆，但是大陆也并不像媒体渲染的那么糟，问题是严重的，正面的力量也是强大的。不管怎么说，中华文化是中华民族全体人民的，只靠哪一方面都是不行的，要靠两岸，要海内外华侨华人和所有民族共同参与。我在考察世界各地华人社区时了解到，他们漂流在外可能已经是第二代、第三代、第 N 代了，但是大多数家庭仍然坚守着中华传统文化，那种自觉坚守的意志甚至超越了大陆和台湾。而要想把全世界的华人华侨团结起来，共同振兴中华文化，首先海峡两岸应该携手、拥抱、心贴心。

※　此文是作者在"中华文化与品德教育研讨会"上的总结讲话。

我有一个可能并不准确的判断愿意与大家分享：当前的社会伦理危机，在台湾基本在"90后"或"80后"；而在大陆，则主要存在于"50后"。例如在许多公共场所，不遵守公共道德的主体是五六十岁的人而不是年轻人。这是为什么？年轻人正在读书或者刚走出校门，师长对他们的熏陶还在，而五六十年代的人基本是文化大革命时期的红卫兵、红小兵，或者目睹了文革乱象的青少年。当时正是他们的人格养成时期。那时的青少年显然有两极分化的现象，二者虽然有别，但是他们内心都有着中华民族的基因，只不过是被一个时期的社会现象搞迷糊了，也是刚才有的朋友所说的"新自由主义""现代性社会问题"起了作用的结果。这已经开始涉及社会问题的根本，姑且不谈。我们对于伦理缺失的人，不应该嫌弃，应该给予更多的关怀和悯爱，犹如身体的某一部分有了损伤，会自然引起更多的注意。让男女老少逐渐去掉佛家所属的"五蕴""五蔽"，获得清净，这是中华民族的愿景。以上是我想说的第一点。

第二点，大家的发言，两岸微有不同，台湾朋友更多的是在"行中思"：在已经做了、有了经验之后思考如何进一步提升，处理遇到的新困境；而大陆基本上是在"思中行"，思多行少，还没有太多成套的措施和行动。这和两岸社会处境不同有关。台湾面临的是社会已经到了道德危机的边缘，因此想的是策略，是怎么提升以求得更大的成效；而大陆已经陷入全面危机，不像有的校长说的"比较"如何、"有点"如何，而是严重缺失。这就是说两岸都在反思。解决之道在哪里？就在祖宗留下的遗产中，从《论语》到《礼记》，到《弟子规》……更重要的，是在百姓日常生活中，仍然蕴藏在人们心中的"遗传基因"。大陆在反思、探讨，就意味着教育系统中弘扬中华文化和注重学生人格养成的浪潮即将到来。当然，这个过程中还需要做艰难困苦的探索。

因为两岸处在不同阶段、有不同的特色，所以交流更加重要。有些朋友的发言已经涉及问题的深层，例如关于大陆的历史课如何定位、讲授，如何把民族仇恨提高到理性，如何让学生正确、科学地认清应该仇恨的对象，怎样化解仇恨，化敌为友，一起走向未来。历史会激起"奋起"的气概与"牺牲"的精神，这实际上是受了中华传统文化中法家、兵家、墨家和后来历代先哲的影响，也恰恰是中华文化的骨干儒学、佛学、道学所缺乏的。《论语》《孟子》都有"舍生取义""杀身以成仁"的教诲，但总体还是教导人温良恭俭让。当民族生存受到极大威胁的时候，还只讲

"己所不欲，勿施于人"吗？柔中之刚，也是孩子养成教育中应该强调的："刚"也是一种社会的责任、民族的责任、人类的责任。

第三点，只靠我们自己的经验还不够，"他山之石，可以为错"。这就是要向成功的国家和民族学习。学习他人，一定要有自己的文化主体性。各国对于农产品的进口都有严格限制，引进品种都要在一个隔绝的范围里驯化。文化也是这样。例如，美国教育最值得他们骄傲的一个方面是精英学校的博雅教育。我们在引进这一概念时就和美国有所区别，取其长，补我之短。在美国，博雅教育已变成一种工具，是为了学生自己获得更好的职位，获得更高的薪酬。中华传统里的"博学之，审问之，慎思之，明辨之，笃行之"就是教人既博且雅，而目的是培养人格。"价值"是中外哲学、所有宗教共同关心的核心问题之一。全人教育、博雅教育如果仍然以个人利益为主体和中心，在中国人看来，就与人之本性背道而驰了。博雅教育也注意培养公关能力，目的也是有利于我和我的公司。而中国人认为，人从来都生活在极其复杂的关系之中，处理好种种关系，是体现生存价值、获得和乐幸福的必要条件。处理这些关系的关键是道德。"己所不欲，勿施于人"，"己欲立而立人，己欲达而达人"等等，其实全是处理关系的准则。只有这样的博雅，才有利于社会的和自己的福祉，满足自身对美的追求。

今天我受到的启发是：两岸交流真的太必要了。当我和江文隆先生在台北磋商时，我只感受到我们共同面对着一堵墙——"现代"文化之墙。一交流就发现，双方真是互有长短，也看到了西方"现代"教育的经验和弱点。我发现了越过那堵墙的道路。

美国有一位哲学家，本来是沿着海德格尔的思路研究过程哲学的，他最近在接受访谈的时候，以美国为例说了这样一段话："西方提倡现代性，现代性的主流是新自由主义，出现了很多弊病，弊病之一是美国已成为世界上患道德疾病最严重的国家。"不错，大陆和台湾都有很多让人痛心的社会现象，但还是没有发生拿着自动步枪到学校横扫的经常性事件。他还说，"另一个常常被人们忽略的重要表现，就是现代性给美国带来的问题，是人们拒绝甚至蔑视合情合理的讨论，这是最糟糕的，因为这导致了关系的塌陷，导致了孤绝，使得我们失去了一个被别人矫正和从他人身上得到启发的机会。"他实际上已经谈到了"关系"。在国际上，大陆一直主张各方平等对话，不要对抗，更不要动武，某些国家不听，偏要打，打完之后还不是要回到谈判桌上？不管是伊朗问题、叙利亚问题还是朝核问题，都是这样。在社会问题上也是如此，谁占有话语权，谁就是霸主，给其他人贴上各种标签，进行妖魔化。这也就是江文隆先生所谈到的文艺复兴以后的思想家们的一些理论所致。这些理论之所以在这几十年里被解构，就是因为现代社会已经异化了。在座各位都是极有经验和理论修养的教育家，都在第一线工作，要面对几百、几千个孩子以及更多的家长，所以操作、实践、效验是第一位的。我们有必要从实践中思考历史和理论问题。

关于我们的研讨会，我有以下几个想法供大家考虑。

第一，建议下一次改为经验交流会。事理并举，知行合一，而当前最重要的是行。大陆教育部不久前发布了《完善中华优秀传统文化教育指导纲要》，现在正在研究如何落实，从幼儿园到大学都涵盖在内。形势在逼着我们要考虑行的问题。借交流会的机会大陆向台湾同行学习，台湾朋友也通过交流深入了解大陆的动态。这样一个论题里又包含着教师和校长的表率作用在整个教育体系当中占多大比例的问题。孔夫子就是位民办学校的校长，颜渊评论他为"仰之弥高，钻之弥坚。瞻之在前，忽焉在后"。程颐、周敦颐、朱熹、王阳明，当时的学子们不是只冲着他的学问而来，看重的是大学问家们的道德，是来跟他们学做人的。自古我们评论人都是说"道德文章"，道德在前，这是传统教育观。现在考清华则不是因为清华校长、党委书记人格如何，而是看中这个学校的这个专业学生就业和薪酬的情况。中小学是孩子们人格养成最重要的阶段，养成需要榜样，在家里最好的表率是爸爸妈妈，在学校就是校长和老师。刚才刘沪校长谈到老教育家林砺儒，林先生首先是表率。北京师大的校训是"学为人师，行为世范"，也是强调这一点。

我们不能只是叙，还要议，从实践层面和文化表层慢慢提升到理性层面，很重要的一点就是要有世界眼光。英国要请大陆的 200 名教师到英格兰按大陆的教学方法进行教学。英国的着眼点也是"工具"，即知识，并不要求去的教师"行为世范"。这就是差异。如果按照基督教、新教吸收了希腊、罗马文化营养而形成的西方哲学来说，新自由主义具有哲学、神学的合法性。因为加尔文进行的改革比马丁·路德又前进了一步，主张基督徒所做的一切事都是神的意志，包括努力赚钱。后来到了英国的清教徒那里，演变为不择手段地赚钱，同时过节俭的生活，死后把财产留给社会，以达到救赎的终极目标。所以，许多企业家身后、生前成立基金会，就是在救赎。这和"新自由主义"若合符契，和马克斯·韦伯的理论也很吻合。议论到此，我们就已经由表及于里，对教育的本质、今日教育的缺陷把握得更为深刻了。

第二，下一次带着台湾的学生来，能不能同时举办两岸学生《论语》书法合展、巡展，孩子们一起切磋、生活？根据以往经验，他们很快就会成为好朋友。这样的活动能使学生扩大眼界，增加交流对象和内容，其作用和意义将超越两岸学校道德养成经验的交流。

第三，向大家通报一件事。今年7月26日，就会有台湾和大陆同等数量的大学生进行文化体验活动，由北师大人文宗教高等研究院和中国文化院、凤凰网与台湾《旺报》、佛光山基金会合作举办。今年是第一届，主题为"汉字文化"。学生们在黄帝故里河南新郑市落地，然后从安阳往南走，一直考察到少林寺。回去以后，每人写一篇文章，题目不限，分别在《旺报》和凤凰网上刊载。今年冬天，第二届到台湾进行，主题为"茶文化"。我在这里介绍这一活动，是想说：可不可以也考虑为中学生举办类似的活动？对于学生来说，交流最好采用"体验式"。校长、老师的交流研讨可以或者应该为学生间的交流做准备、铺路子。

我的话讲完了。如果大家对于未来充满信心，就请鼓掌！（众笑）北京师范大学人文宗教高等研究院、非北京师范大学的中国文化院，愿意在这方面尽我们的力量。

谢谢大家！

体验交流　尊祖敬宗　快乐前行※

各位同学，各位老师，各位嘉宾：

上午好！

我不知道参加这次活动的同学们现在心率有多少？我作为一个接近80岁的人，最怕心跳得过快，但现在我不禁心跳得非常快，为什么？很简单，因为激动——我们终于开营了！我和戎抚天主笔当初在台湾商议的一个小小的愿景实现了！感谢各有关单位的支持！感谢河南多地政府领导和市民的支持！我想我们不要忘了，在我们体验营的背后还有未到现场的众多人的关心和帮助。

我下面的讲话是我的心里话，可以用九个字来概括。这九个字是："为何办"文化体验营？各位同学来到了河南"怎么办"？也就是你们这段时间怎么过？最后三个字是"道个歉"。我依次说来。

首先，为什么要办文化体验营？

道理很简单，有两条。其一，中华文化属于所有的炎黄子孙，中华文化要为世界做贡献，必须走出中华大地包括台湾岛，走向世界。就我所知，现在不管是欧洲大陆——包括英伦三岛，还是南北美洲、非洲，以及南太平洋众多岛国，都欢迎中国人向他们解说中华文化，叙说中国的故事，因为中华文化属于全世界。其二，年轻人才是希望之所在。今天在座的各位同学，你们都是未来社会的栋梁，都是中华文化的传承者。中华文

※　此文是作者 2014 年 7 月 29 日在"汉字之旅——第一期海峡两岸大学生文化体验营"开营式上的讲话。

化的再度复兴、走向世界，就要靠你们这一代。而随着年纪的增长，如果不学习，自己对中华文化的体验就未必增长，需要社会、学校给你们尽量创造一些能够深度体验文化的机会。我想，我们和中时集团、《旺报》合作，就是想为此尽点绵薄之力。你们经过层层的遴选，终于来到了这里，我要说一声：祝贺你们！

为什么办"文字之旅"？

刚才各位先生已经说了，汉字在世界上是独一无二的，王婉璐同学也在这方面谈了自己的见解。我不再赘述文字的价值，只想说，人类在评价任何一个事物的时候——包括人自身，是有几个价值标准的。现在吸引全世界眼球的是经济价值，但在我的脑海里，一个事物的经济价值排在最后。

我认为，第一个价值是社会价值，或者说是历史价值。作为一个人，要看他为社会做了多少贡献，他的一生是在破坏千百年来无数代祖先所积累的成果，还是继续建设它？他对一个社会的和谐安详是给予正面的力量还是给予负面的力量？如此等等。物是如此，文字也是如此。第二，审美价值。刚才庄奕琦教授已经就此发表了高见。纵观世界上几百种文字，只有汉字审美价值最为全面，最为深邃，最为完美。第三，文字当然也有它的经济价值，但是需要人工转化。我曾经说过，每一个汉字都是一个故事。这次体验营时间短，还不能够在这一方面让同学们打破自己的专业限制，对汉字下更大的功夫去研究。随着文化创意事业的发展，文字学家走出象牙塔，就能够用他们的生花之笔来描述每个汉字，这些就可以转化为产品，产生经济价值。现在两岸都在用短信、微信，微信是不花钱的，但是如果发短信、打电话，还有从前老一代人发电报，就能看出文字的经济价值了——文字越简约就越省钱。第四，还有一种智慧价值。概括地、通俗地说就是汉字里有哲学。当然，智慧与哲学之间不能画等号，但在这个场合，就先这样笼统地讲吧。全世界文字中只有汉字把中华民族的哲学理念完美地、细腻地体现了出来了。明年10月底，将在同学们本星期五要去的漯河举办"第三届许慎文化国际研讨会"，在这个会上，会有学者就汉字所体现的哲学进行论述。这是一个非常有待于开掘的富矿。

正是因为这四种价值，所以我很赞同将这次主题定位为"汉字之旅"。同学们体验以后，那种作为中华民族子孙的自豪感一定会油然而生。

未
达
续
集

为什么选河南？

河南是中原大省，一亿零九百万人。如果河南的人口移居到欧洲，就可以建立好几个国家。我们知道，经济的开发和发展总是从沿海开始的，古今中外概莫能外。因此，河南后进了，但是现在正急速地追起来，省里提出了"中原经济区崛起"的规划。你们到新郑、少林去，都会看到高耸的脚手架和轰轰隆隆的推土机在运作，那是正在新建的新郑国际航空港，占地200平方公里——这就是它崛起的象征。我们是文字之旅，不是来看经济建设的。我要说的是，就在这样一个经济崛起的背景下，河南对文字文化非常重视，可以说河南省每一个县都是一部轰轰烈烈、可歌可泣的历史。单文字遗产，从史前时期到商周，到周代中后期的春秋与战国，直至汉唐宋元明清，都有很多可看之处。例如新郑，既是黄帝故里，又是郑韩古城，至今被保护起来的遗址还依稀可见。同时河南是中国万姓之源，我看了一下我们两岸同学的名单，姓张的、姓李的、姓王的，寻根究底都是从河南走出去的，台湾500万客家人也无不是从河南走出去的。我的姓——许的祖居地就是新郑南边不远的许昌。许昌是春秋许国的故都。昌者，昌盛，许被楚国灭后人们希望再昌盛起来，所以更名叫许昌。从许昌出发，沿衡山山脉走到漯河，在这条道上至少有六七个许家村。你们到漯河要到许慎文化园，许慎文化园就建在许家村的土地上。在文化园的旁边，许家村的村民还在那里耕作和生活。探寻文字之旅，需要知道这里是万姓的源头，自然也是中华文化之源，大家在参访的过程中会得到真切的感受。就在中原崛起的过程当中，河南的文化也在兴起。同学们到了具茨山、安阳、少林、漯河，都会亲眼目睹。通过"文字之旅"去观察自己所使用的文字，必须把它放到一个纵向的历史背景与横向的两岸交流和大陆发展这个背景下去思考，才能够有更新的体会。

我在这里特别拜托中时报业集团、《旺报》和凤凰网，请你们多多地、真切地报道孩子们。现在媒体上大约走红的就是三类人：一类人是发财的，大陆叫做大款、土豪；一类是明星；一类是政治人物。青年学生在媒体上是弱势群体。所以，我希望媒体对这些孩子们，对他们的胸怀、眼光、抱负多多地报道。当然，在全世界新闻界流行一个观点——狗咬了人不是新闻，人咬了狗才是新闻。我们这些都属于狗咬人的"非新闻"的"新闻"，但是凤凰网和《旺报》不一样，不落俗套，拜托。

其次，怎么办？我也想拜托30位同学和5位导师几件事：

1. 安全。胡庭硕同学来了没有？太好了，祝贺庭硕，欢迎你。庭硕同学由于生理原因有很多不便，但他是个励志青年，一心想来看看神州大地，可惜这次只能让你看看河南的一部分。希望同学们一路上尽己所能多多帮助庭硕，特别上具茨山的时候。大家都要注意安全问题，例如被蚊子叮了，脚扭了等都要注意。

2. 健康。现在正是"中伏"，台湾同学熟悉不熟悉"三伏"？有一句俗语："冷在三九，热在中伏"，现在是一年中最热的十天，而中原是内陆气候，最近又缺少有效降水，希望大家千万注意，不要中暑。

3. 快乐。我希望你们快乐，相信你们会快乐。在快乐当中，见所未见，知所未知，更重要的是台湾同学之间、大陆同学之间、两岸同学之间都是萍水相逢。相逢何必曾相识。青年人间沟通比我们老年人容易得多，因为我们脑子里的条条框框和芥蒂太多了，你们没有。希望你们和年轻导师们通过这次活动成为好朋友，在好朋友当中生活是快乐的。

最后，道个歉。本来我计划在这里欢迎同学们，8 月 4 日在北京给你们送行，亲自听听同学们的感受和对这次活动不足、缺陷所提的意见。但接到紧急通知，3 日下午要飞到长沙，4 日才能返回北京，当我落地的时候，台湾同学已经起飞了。我只好抱歉了，但是我会详细地聆听和阅读你们的感言。

我去长沙那天，那里可能是 40℃以上。什么事情让我必须到长沙去呢？出席每年一度的全世界孔子学院学生汉语比赛的决赛。这个比赛名叫 Chinese Bridge（"汉语桥"），用 Bridge 来表示，是我当年的倡议。现在办了十几年了，我每年都要去，今年突然不去说不过去。这边是你们，那边是世界各国的大学生，都是大学生，两边都舍不得。犹豫了整整一个星期，最后才决定在这里接你们，然后去见他们，两边各满足一半。今年这个遗憾，让我在明年活动的时候再做补偿。我也希望明年体验营再到大陆办的时候，今天在场的两岸同学，有几位就像戒主笔所说的，是种子。届时再见，那时将在别的省！

谢谢！

不忘先贤　继承精华※

尊敬的杨耕校长、顾青总编辑，

尊敬的成中英先生、陈鼓应先生、傅佩荣先生，各位学长学友：

很惭愧，我在跟顾青总编辑商量举办这次会的时候，还抱着这样的"雄心壮志"：作为哲学门外汉，我也要写一篇学习方东美先生著作的心得，参与大家的讨论；但是最近事情一件接一件，再加上劳累过度，心脏出现问题，医生嘱我每天只能工作半天，以至于对这次会议无文可献。好在将来可能还有机会补课，现在先向大家报备。

杨耕校长和顾青总编辑都提到了这次会议举办的缘起，我就做些补充。北京师范大学人文宗教高等研究院的同仁想到举办这样一个会，出于以下几点考虑：

第一，今天的学人对中华民族的先圣先哲不该忘记。如果没有从古到今历代贤哲奉献他们一生的精力和智慧，我们现在可能还在懵懂之中。我们的知识、见解，有多少是自己"独创"的？我们所走的哪一步不是在前人的终点向前迈出的？

第二，尤其不能忘记我们的父辈，因为我们在继承他们的学养和品德。方东美先生，我无缘、无幸亲受其炙，在读了方东美先生的著作，包括匡钊先生翻译的《中国哲学精神及其发展》以后，尤感遗憾。在参访东海大学时，我曾特意走进牟宗三、方东美二位先生讲课的课堂和他们那

※　此文是作者 2014 年 10 月 25 日在"纪念方东美先生诞辰 115 周年暨方东美哲学思想研讨会"开幕式上的讲话。

小小的办公室，在他们常与学生围坐讲课、座谈的那棵大菩提树下盘桓、沉吟，引发了我对方先生的敬意和遗憾。

20世纪六七十年代，在"彼岸"，钱穆、徐复观、唐君毅、方东美等先生，极力弘扬中国传统文化，以自己的视角和立足点构建中国哲学新体系。那时，此岸正值文化大革命。两岸沟通之后，我了解了台湾那段时间学术研究和教育发展的情况，和台湾学者建立了友谊。佩荣还记得吗？二十多年前，"一见如故"这个词似乎都不能表达当时的心情。此后我就开始学习这些大师级人物的作品，渐渐我产生了一种不安和不平。钱先生、牟先生、唐先生等，近年两岸都有各种活动来研讨、纪念他们，唯独方先生身后似乎过于冷清、萧条。我所说的"不安"是就学术继承而言。现在有所谓"知识爆炸"之说，我认为这是一个伪命题。出版、上网、传播的"知识"的确很多，但是里面有多少真正的知识？在我看来，知识并没有爆炸，甚至在有些重要领域反而在萎缩。如果我们不能全面、无漏地传承师辈的学术精神和成果，那就是这个时代的缺憾。我在和台湾朋友交往的时候了解到，可能是因为方先生的学问太博大了，直接继承和传播他的精神和成果的人太少，举办的活动更寥寥。的确，如果对柏拉图、笛卡尔、黑格尔，即对西哲没有比较透彻的了解，就几乎无法读透方先生的书；如果对《周易》的"十翼"没有深入的体会，恐怕也很难和方先生富有激情的论述产生共鸣；如果对佛家，特别是在华严、唯识等一些重要佛典上没有下点功夫，恐怕也很难理解方先生为什么晚年特别着力于华严的研究。

刚才我和成先生、陈先生两位谈到，方先生说到自己时有句名言："儒家的家庭传统，道家的生命情调，佛家的宗教信仰，以及西方的学术训练。"姑且不论方先生到底皈依没皈依佛门，作为一位伟大的学者这不是大问题，最重要的是我们从他对华严的重视得到启发。就我浅陋所及，大陆佛学领域的专家，不管是在家的还是出家的，台湾的专家，包括印顺大师，似乎都没有像方先生这样把华严提高到凌驾一切的高度。为什么？这需要我们学习、体会和研究。因此我就有点为方先生"不平"了，于是跟中英、鼓应二位师兄说：咱们来办！这就是缘起。

方先生执教52年，我觉得他最伟大的贡献是他后半生一直致力于构建中国的哲学体系。当然，为此而奉献终生的不只是方先生一人，牟宗三先生也是其中巨擘。在原创性地构建中国哲学体系的过程中，应该有一个百花齐放、百家争鸣的局面。纪念和研究方东美先生恐怕还有这层意义。方先生最可贵的一点是，他对于继承与发展关系的处理、对于研究每个学人必须认真解决的档案密钥方面，给我们做出了表率。

方先生非常注重继承。我们对他的一些具体言辞不见得都赞成，但是他的精神非常值得认真领会。例如他曾经不无情绪地批评一些研究宋明理学的人只读宋明理学家的作品，他主张读元典，而且提出要把经典放到原创者的历史背景和生活环境中去体会。这些都是非常重要的继承原则。他用道学纠儒学之偏，用佛学升儒学之高。记得他曾经说过，中国的哲学是一个有机的、汇通的哲学。1973 年他根据莱布尼茨和怀特海的理论提出所谓"有机主义"，并与中国传统的儒释道结合，这在两岸学术界是第一人。总之，方先生的著作中除了博大的气度、宏大的视野外，还有很多闪光的、让人开智的、创新的地方。例如，对佛教的般若，他重新做了阐释。他把人的精神、价值提高到高而又高，甚至达到一个神话般的顶点，让人的才和性达到尽善尽美的境界。但是他不是象牙塔里的哲学家，他要求哲学回到人世间，关照所有的人。他不是只做书面的、文字的功夫，他曾经讽刺过那种概念游戏、文字游戏式的哲学。他多次提出中国学问的核心是追求价值，这就跟西方的二元对立论区隔开来，体现了他的知行合一，显示出自己民族的特色。

汉斯·昆在他毕生最得意的著作《世界宗教寻踪》里提出，上帝和佛陀的佛法、空、涅槃，以及道家的道，其实是一回事。他作为虔诚的天主教徒能够说出这句话，标志着天主教在新的世纪之交正在发生巨大的转变。但是我在读方先生的书时赫然发现，类似的意思方先生在 70 年代就已经说过。正是这些说不尽、数不清的卓见亮点，构成方先生的创新。他所努力构建的哲学体系是原创性的。一个大乘佛教哲学，一个华严宗研究，还有一个关于中国哲学进程体系的清理和反思，构成了他自己的体系。在这个体系当中，看不出拼接的痕迹，做到了"无缝衔接"。为什么？我觉得这是研究方先生应该注意的一个重要方面。

方先生做到了三位一体：他是哲学家，是诗人，又是先知。诗人的气质经常在他的哲学中体现。这让我想到，今天研究哲学的朋友是不是也应该有点哲学加诗人的超越想象，到另外一个境界中，把看似无缘的东西融通？我们在学习和研究方先生过程中应该继承他对超越的追求。

我从陈先生那里也听到方先生在家里给学生上课的情况，我脑子里立刻浮现了他的形象。他对学生的关怀与斥责都是一种深刻的关心,这些都是我们应该继续学习的。冯沪祥先生,你做东海大学哲学系主任的时候,方先生已经不在校了吧? 我很羡慕你! 你和陈先生、成先生、刘述先先生、杜维明先生都对传承方先生的思想做了贡献。

我希望这次会只是一个开头,能够引起海峡两岸学人的关注和思考。对方先生其人、其思想体系是否应该继续研究下去,这一次会是研究方先生的结束还是开始? 我希望是后者而非前者。

徐复观先生的全集在大陆已经出版了,而且要把他的几部书翻译成英文。什么时候咱们再开一次徐复观先生某些专书的研讨会。此外,对唐君毅先生,还有一位也不能不顾及的刘殿爵先生,如果我们这个年龄段的人开个头,今天后排坐着的年轻人接续下去,对海峡两岸前代哲人大家一个一个去读、一个一个去学、一个一个去研究,这些先辈的梦想着让中华民族哲学体系成为世界的显学,能和西哲平起平坐的那一天就能尽快到来,中华民族将为世界文化的融通、人类的和平做出空前的贡献。

有一个契机即将到来。2018 年世界哲学大会,在成立了 118 年之后将第一次进入中国,在北京举行。距离世界哲学大会还有 4 年,中国的哲学界应该抓紧时间。我想,围绕它的主题,我们可以奉献出很多优秀的篇章。它的主题是"学做人",这正是中华民族哲学最具优势的领域。中华民族信念的主流不是学做神,而是学做人,是追求真正的价值。这个题目的确定证明了,世界的各种信仰都需要思考人生的这个根本问题,需要把头调向东方。像方先生所一再强调的"大中""太极""无极",以及古今贤哲的许许多多创见,我们有太多的东西可以贡献给世界。希望由这次会议开头的对方先生的研究也能为迎接 2018 年哲学大会起到加持作用。

因为参与了会议的主办,我就说说缘起和个人的感受,表达我对为方先生系列著作的记录、整理、出版做出贡献的各位兄长、师弟的敬佩和感谢。

谢谢!

献百年于无限　汇世界而通神[※]

各位专家，各位同学：

昨天下午我有一个重要会见，"逃会"了。晚上我通读了这次会议的论文集，弥补了没有现场聆听的遗憾。读书和对话不一样，对话的那种气氛、感情交流，书上没有。

我想谈谈拜读各位大作的一些感受，算是一次发言吧。

方东美先生出生、成长于大陆，成熟、成名于台湾。他属于台湾，更属于整个中国。他治学的道路和最后的成果都是为弘扬中华民族的灵魂和精神。这让我想到唐君毅先生的入门老师黄侃（季刚）先生，49 岁因胃大出血不幸早亡，就在弥留之际，还问家人"北方的战事如何"。那时日本军国主义正从东北到热河、到华北，步步进逼。方东美先生临终的话是"中华民族是伟大的"。他们都属于中国。我们今天应该继承的，首先是这种精神。希望海峡两岸携起手来继续研究他，从他那里再次获得智慧来丰富这个时代，为了中国，为了世界。

为什么他属于世界？这不仅仅是因为他用英文发表的论著被外国学者接受、称赞，更是由于他的思想，他的哲学，是现在和未来的世界所需要的。

我们要学习他的"无我"。例如，方先生曾谈到人应该获得四知，不同的人到不同的层级就停了下来，这就是知的高低的问题。这四知是"闻见之知""理性之知""德性之知"和"神圣之知"。闻见之知是小朋

　　※　　此文是作者 2014 年 10 月 26 日在"纪念方东美先生诞辰 115 周年暨方东美哲学思想研讨会"闭幕式上的讲话。

友识字，理性之知就是要自觉了。方先生所提的理性，不是西方文艺复兴形成的那种理性，而是中国式的理性。德性之知是内化于己，是内在的不断提升，这是知的目的，是与西哲截然不同的知识论。神圣之知是开掘人之知的无限潜力与可能，超越物质和现实。方先生的"四知"说折射出他的一种无我。

我不知道各位是否都看过他的《坚白精舍诗集》。昨天我给佩荣先生提意见："诗集很重要，可惜的是，……"话未落地，他就接过去了："原稿影印，后面看不清。"我说对！这样印的好处是让我们亲睹先生的手泽，字如其人，诗人的气质和充满激情的哲学家精神在一笔一画中体现了。我还记得他曾写有这样几句："无垠千祀愿，有限百年身；大化相寻绎，穷神乐最真。"他一生追求的就是"穷神"，这个神就是一种超越的本体，一种实在。他徜徉于学术领域，脑子里只有这些东西，无我。他感叹"有限百年身"，也就是要将此有限之身献给对人类真理的探索，以此为最大的快乐。学人唯有达到无我，才能真正继承古哲的精神，才能为人类做出前所未有的贡献。中外思想史上不乏其例，而这正是今天两岸学界最缺乏的东西。

今天这个纪念和研讨会实际是两岸学术文化关系的象征。如果没有座签，没有主持人介绍，分得清谁是大陆的谁是台湾的吗？共同的议题，共同的追求消解了地域和政治的界限。两岸的学术是血肉的关系，分不开。这种真诚的研究和交流应该持续下去，这是历史赋予我们的责任，民族赋予我们的责任，先辈传递给我们的责任。

研讨还有待深化。像方先生这样的大家，有很多东西给我们直接的教诲和间接的启发。例如，方先生对生命的重视，体现了中国哲学的特色。西方是神本位，对神的恩典以及人获得神的拯救是其根本，这是"一神教"的共同点。而方先生提倡生生之为易、生生之德，这纯粹是中国气派。它有没有受佛教的影响？这是会上还没有涉及的。在我读他的《华严宗哲学》的时候，感觉到他对生命的重视、他的思想不是一个来源，有儒、有道，也有佛，还有西方的东西。这些值得深入开掘，因为这种开掘丰富了现在我们研究的思路。方先生的治学可以用"汇通"二字概括，说具体点就是中国的传统、西方的学问、印度的宗教，在方先生那里汇聚而互通。这三家和散布在全世界的民间信仰，被现代西方主流的神学家分类为启示宗教、圣哲宗教，神秘宗教（婆罗门教）和巫觋信仰。方先生对巫觋信仰涉及比较少，但他所说的中国、西方和印度，用汉斯·昆的话说，刚好是世界三大宗教河系。方先生儒、释、道兼通，在儒学里则是经史子兼通，例如他无数次提到墨子，也提到过名家、阴阳家和五行家，对有的学派还有专门论述。汇通，是一位大家成长的必经之途。他是如何汇而通之的？我们从他的著作中可以看得很具体，很形象。宛小平先生做了方家家世考，证明方先生是桂林方家。徽学有自己的传统，桂林方家与徽学整体相通。在方先生自幼所处的家族和地域生活背景中出现一个方东美先生，应该不是偶然的，这是不是也应该研究？我以上所说的值得开掘的方面只是举例性质。

李安泽先生的文章中提到的方先生关于西、中分别为"二元论""一元论"的论述，的确值得研究。我是这么看的，一个民族的哲理或者一般老百姓的理念是二元的，还是"整体"的（说"一元"似乎不太准确），要看本质，既要看文本，也要看社会、看历史。实际上，西方人也要结婚、合作，但男女是对立的，夫妻是对立的。对立，意味着双方各自独立，无主次、无上下，虽然在一个屋檐下生活，但从心理上说不是百年"和好"。所以男的求婚时跪下来对女的说"我需要你"，一个是需求主体，一个是满足需求的客体。说是平等，实际并不平等。对这个问题，西方都是从社会学角度研究，也可以从哲理上研究。离婚率如此之高、单亲家庭如此之多，和二元对立有没有关系？要从现象看到本质。李安泽先生还提到了怀德海，这是不是恰好证明西方是二元论的？因为怀德海要解构现代主义，解构二元论，要克服传统思维的局限，因此提出"一"和"多"的关系问题。这恰好就和《华严经》里多次提到的"一即一切，一切即一"相合。方先生在这里把释、儒衔接上了。我一直在思考二元对立给我们学术带来的伤害是什么。二元对立构成了工业革命以后科学的分析法，促进了科学技术的进步。可是，就像社会达尔文主义造成人类灾难一样，把认识物质的二元分析法移到人文和社会，就糟糕了。研究自然科学的方法应该有自己的独立性，是一种方法论；研究人文社会，特别是研究人体和人脑里的非物质现象，恐怕还要综合，需要整体，需要合二为一，应该是另外一种方法论。科学证明，研究任何事物最重要的是要看到事物之间的关系，要把对象放到关系中去研究。单就科技发展而言，二元论也已经技穷了。怀德海也有这个意思。当后现代解构现代性、现代主义时，可能根本不知道中国的叙事，却无意中慢慢向我们的整体论靠近了。对二元哲学来说，后现代是种背叛，而这种背叛却是进步。

话说回来。方先生抓到了西方哲学文化实质的、核心的东西，认为中西能够汇通，前提是中华民族不要强加于人，同时也希望西方的二元对立不要强加于我，双方要真正平等地交谈。不同的文明最容易契合的，是在这种形上关照之下的伦理，所以，在欧洲，从20世纪80年代起一直到现在——后来有了联合国教科文组织的支持，形成了不同文明研究人类共同伦理的热潮。汉斯·昆最后得出的结论是不要杀人、不要偷盗、不要奸淫、不要说谎，这刚好是佛教五戒、摩西"十戒"、《古兰经》七戒中的四戒。其实，巫觋信仰也不允许随便杀人、偷盗、奸淫、说谎。台湾的一贯道在扶乩时也要净手净身，问神时要说真话。我想中西文明可以先由这儿汇通，汇通之后才有和平，有了和平之后我们再谈二元还是一元。

北京师范大学人文宗教高等研究院在弘扬中华传统文化和文化走出去的时候提出了"一体两翼"的概念。"体"就是儒释道的理念，"两翼"就是两种形态文化：中医和茶文化。据我所知，在英国，在美国44个州，在德国部分地区，在捷克和新西兰，针灸推拿早已经被承认了，有些国家把方剂治疗也纳入到保险中了。中医靠的是什么？不是靠二元对立，是靠整体论，靠有机论，靠天人合一论。跟西方人谈哲学他可能不懂或者不接受，跟他谈中医，就可能接受中医的哲学。我们是不是拒绝二元呢？不是，X光、验血、CT、B超、核磁共振、手术、介入，该用还是要用。到我们子孙的时代二者如何汇通，全人类会以什么样的哲学来引导，会不会逐渐回到轴心时代之前那种彼此彼此的状态？不可预知。在可见的未来，我们把自认为宝贵的东西奉献给世界，让他者参考。世界在变，西方也在变，未来的人类会比我们聪明得多，那就把未来交给未来吧。

说到这里，我有个题外话也想说一说。各位专家从上大学就受西哲的训练，因此，西哲的一些概念，例如本体论、知识论、价值论等，很自然地成了自己的工作语言。中国哲学用西方手术刀把它切成几块，好用不好用？说《周易》的本体论，老子的本体论，是不是有点强加于古？现在我们没有自己的一套工具，中国哲学要不要根据自己的特点，提出来一些概念？这就是我前几年所写的《戴着镣铐跳舞》一文的主旨。这虽然超出了本次会议的主题，却是值得深入研究的。

让我们站在方先生成就的基础上攀登得更高。

谢谢大家！

未达续集

精神　友谊　现实　星空[※]

各位领导和嘉宾，海峡两岸的孩子们：

终于在文殊菩萨的道场见到了大家。

我想说这样几个意思。

第一，想问问孩子们，累不累？（答：累。）

累啊？大点声儿。（答：不累。）

那明天接着爬去。（众笑）

刚才我出来的时候，对第一排的同学说：谢谢你们，我爬过长城了。时间的长城似乎把我和你们隔开了，其实并没有隔开，我每天看到你们活动的视频。你们在玩"异口同声"游戏的时候，我恨不得也到广场去叫你们的名字。你们在农家乐吃饭，是在老牛湾吧？我差点流下口水，很想对着手机问你们：吃得惯吃不惯山西菜？咱们的心在一起，在长城上。

第二，为这个活动，很多人，包括我们叫不上名字的人，付出了很多努力。河北省和山西省农村的乡亲们，他们也很高兴：这么多大学生来到他们村，来到他们家，恐怕是空前的。我们应该对所有为我们这次活动给予支持、付出辛勤的人表示感谢。尽管他们很多人不在场，让我们一起给他们鼓掌。（鼓掌）

第三，在开始介绍我的时候，有一大堆头衔，其中有些已经是过去时了。有三顶帽子是现在时：北京师范大学人文宗教高等研究院院长、中国文化院院长、中国长城学会会长。作为一个将近80岁的人，背着这样的三个包袱是很沉重的。我为什么在复述这三个头衔？孩子们明白么？"长城之旅"，需要中国长城学会的帮助；"长城文化之旅"，需要中国文化院的指导；你们是大学生，需要有大学和我们接驳，这就是我的母校北京师

※　此文是作者2015年8月7日在"在长城文化之旅——第三期海峡两岸大学生文化体验营"结营式上的讲话。

范大学人文宗教高等研究院。

从五个小组同学刚才所做的总结中，我获得了新知，把我的一个假设变成了现实。大家都知道，人类在向前走的时候，必须认识自己的主观，这就是思想、心灵；相对于主观，一切外在的事物，包括自己的肢体、毛发则是客观。人类在主观方面所追求的，是要了解主观和客观，也就是认识宇宙，了解地球，深究自己是从哪里来的，将要走到哪里去。在这过程中会产生很多疑惑。于是，人们就开始假设，然后通过人文社会科学、自然科学，通过生活和生产的实践去验证这些假设，证伪或证实。所以可以说，假设是推动人类向前进步的动力之一。

我的一个假设是：如果两岸的孩子们能在一起背着双肩包，穿着运动鞋，气喘吁吁，汗流浃背，爬长城，享受沿线风光，一起追思我们的祖宗，那么就会至少有两个收获：其一，结成兄弟姐妹一样的友谊，这个友谊可以日久天长；其二，更深一步认识自己，了解自己的母亲——中华大地。通过五组同学的发言，我的假设得到了证实。从这个角度说，我要感谢所有老师、领队和同学。

有一位同学说，两岸文化既有差异也有相通。是的，文化间存在差异几乎是永恒的。文化是多样性的，因为有差异，所以才从外部得到刺激和营养，推进自己的文化。差异无处不在。双胞胎兄弟或姐妹也有差异。海峡两岸隔绝了六十年，各自发展演变，文化自然有了差异。其实何止是大陆和台湾呢？我说句山西话："zijiejie ke wowo ererzi."谁听懂了我的话，请举手。没有。在座的山西领导和嘉宾，听懂了请举起手。没有。其实我说的是标准的晋东南沁县的话，我说的是"从这里到那里二里地"。一个省里，相距不过 200 里，语言文化的载体和特殊形态，差别即如此之大。又如，中国的菜肴到底有多少种？没一个人能够说得出来；即使统计出来到 2015 年 7 月 7 日晚上 10 点，中国的菜肴一共 217000 种，但在说完这句话的时候，可能又有新的菜肴出现了。这就是差异，在发展中的差异。差异给了人们更多的享受，给了人启迪，给了人激励。所以我从来不把海峡两岸的文化差异看得有多么严重。正是由于中华文化的多源和多样，彼此之间学习，相互吸收，我们这些炎黄苗裔才能享受中华民族如此丰富多彩、博大精深的文化。作为一个文化概念的中华民族，文化之繁荣、多样，在世界上找不到第二个国家。这是值得我们每个人自豪的。

但是差异太大了，就变成一个小地方一个中心，甚至一个家庭就是一

未达续集

个中心，于是造成社会的离散；若走向极端，一个人就是一个中心，那就从根本上违背了人类的特性之一：社会性。因此，差异有小有大，有相同相通多或少之别。中华民族 56 个民族的文化有差异，但是寻根究底，我们的"根"和"底"是相同相通的。因此，我们才能相融，才有了同学们所说的，我们本来是一家人。

我每次去台湾都会吃一样东西：牛肉面，至少吃了十几种。台湾牛肉面有一个特点，一千多家各有自己的特色，又都和其源头兰州牛肉面相通。由此我想到，我们不仅要珍惜两岸文化相通相同之处，同样要珍惜我们的差异之处。我们不妨想象，两岸人口加在一起将近 15 亿，所有人每天三餐四餐都吃同一种东西、同一种味道，乏味不乏味？食物只是个比喻。文化不是物质，不是固体，它作用于心灵，要用心去品味。这就是我从同学们的发言中受到的启发。我受益了。

我把你们爬金山岭的视频发给一位台湾朋友，问他：你分辨一下哪些是台湾学生，哪些是大陆学生？他很快就回复："分不清，都是中华民族的青年。"这就是"同"。当然每个人都有个性，两岸、各地也都有各自的个性。同是可贵的，异也是可贵的，关键在于我们的"根"和"底"是相同相通的。

作为在一个在人生旅程中走的路比较多的老人，想对孩子们提出以下几点期望：

1. 保持你们的真情，延续你们的友谊。延续是指"我"和"你"延续，我给你介绍大陆的朋友，你把你台湾的好朋友介绍给我，就像是把我们微信圈、朋友圈不断扩大。彼此惦念，互相激励。这会让我们的生活更多彩。

2. 你们的人生才开始，希望除了刚才各位先进谈到的长城精神之外，还要珍惜此生每一寸光阴。一生的时光，除了满足自身的需要，例如欢乐、友谊、爱情，还应该像修筑长城的先人那样，为民族、为人类，尽自己的绵薄之力。

我想问一个问题，金山岭长城的每一块砖，按今天的度量衡称量大概接近 20 公斤，那么陡峭的山，直到明代戚继光时还没有路，更没有起重设备，没有带轴承的车，几十万、上百万的砖怎么运上去？（答：背上去的。）的确有人背，但更多的是用了山羊。山羊可以爬七六十度的山坡，人赶着头羊，群羊后面跟随。我们的先人就是这样聪明，就是这样辛劳，

精神 友谊 现实 星空

为了民族和家园的安全，不避艰难，给我们留下了连绵的长城。我们的一生也应该是这样的，把属于自己的时间之外的所有时间，用来为家庭、为民族、为人类做有意义的事情，不畏艰险，一往无前。

3. 希望同学们在未来，不管是学人文社会科学、自然科学，还是学金融管理，都要关注历史、关注世界、关注未来。当我们每天看着脚下的大地，看着前方路程的时候，能够回忆到你们在老牛湾看星星的那一晚。希腊古哲人说，人应该时时仰望星空。为什么？因为所有伟大的文明和宗教，无不是人们在关注当前人们的生活以外，观察体认了大自然的规律，通过冥思，迸发智慧。我说得比较空，举个例子吧。大家都知道，世界上共有 45 个国家以伊斯兰教为国教，其中 12 个国家的国旗上有新月。这 12 个国家是伊斯兰教发展了几个世纪之后，在新被征服之地建立的伊斯兰国家，例如土耳其、印尼等，而叙利亚、伊拉克、巴勒斯坦这些更古老的伊斯兰国家则是没有新月标志。这是因为伊斯兰的后人体会到，他们对宇宙、对人生的认识、对安拉的崇拜，是在星空之下观察、冥思、体验出来的。怎么不是白天想？阿拉伯半岛 80% 的土地是沙漠，白天鸡蛋放在沙漠上一会儿就熟了，炽热啊；在炽热的白天，除了太阳，天空中什么都没有，所以阿拉伯人特别珍惜夜晚。那时候温度下降了，可以走出帐篷，在沙漠、戈壁上，仰望苍穹。夜晚的大漠上最为夺目的只有星星和明月。新月是在夜空漆黑了几天后显出的光明，是事物盈亏的象征。《古兰经》上告诉人们，月亮给人以光明，太阳给人以光，依据月亮而制定立法。为什么作为标志不用满月？因为满月形象上混同于太阳。伊斯兰对月的崇拜和希腊古哲人遥相呼应，这就是在劳作之外，要停下来仰望星空，静下来思考人生、世间和宇宙，思考现在、过去和未来，也就是寻求真理。希望同学们能从这些古老文明中得到启发。

两岸大学生文化体验营已经举办了三次，主旨是一样的，效果也同样地好，开出了那么多友谊之花，同学们对中华文化有了更多的感知，我们是不是需要一个营歌？我建议，凡是参加过体验营的同学、导师和领队，都来创作词、曲，由同学们评选。有了营歌，开营、行进、休息、结营、重逢时唱起来。这个建议可行不可行、需要不需要，请大家斟酌。

祝所有的同学明天玩得好、吃得好、睡得好，后天返程一路平安！请给你们的家人带去文化体验营对他们的深深祝福和问候！

谢谢！

饶公风范　大师之为大师[※]
——在饶宗颐教授百岁庆典活动开幕式上的主旨讲演

尊敬的饶宗颐先生，尊敬的各位嘉宾、各位学者：

我并不怕在饶公面前说些什么，因为他作为宽厚的学者，对讲者有所失误、有所偏颇，都是包容的。但是，我最怕李焯芬先生主持我的讲演会，他的溢美之词、谬奖之意常常让我汗颜。但是我顾不得焯芬先生的谬爱，为饶先生来祝寿是最重要的，我要表达对饶先生的深深敬意和祝贺。

我之所以选择这样一个题目，是因为仰慕饶公的风范。饶公，一代大师，奉献给了香港、中国、世界最厚重的礼物：他的洋洋论著，那么多的艺术与学术的成果，特别是他的为人处世。这些汇总起来，就使他成为大师，使饶公成为饶公。这种文章与道德合起来的力量，要比他的单篇著作或书法绘画精品的影响更为巨大，流传更为久远。换句话说，我觉得在祝贺饶先生百年华诞这样一个日子里，更重要的是应该从整体上认识和学习他的全人；为此，需要把他放到他所生活的那个跨世纪的时间和空间里来认识。我期望，将来会有学者借着今年纪念饶公百年华诞这件盛事，兴起为他写新的传记的念头。我更期望，无论谁来写，都围绕着饶公的为人、饶公的成就，以及饶公治学的路径、方法展开，而且再现饶公所处的时代场景，帮我们更完整、更深切地理解饶公的人生道路和成就，让后人懂得他给香港、给全中国、给全世界留下如此丰厚遗产背后的艰辛、苦恼和欣慰、喜悦。

※　此文是作者 2015 年 12 月 5 日在香港的发言。

无数的历史学家曾经说过，对经过了的事情，时间越久，看得越清楚。有的人则把时间的久远用空间的距离来比喻。从远处看东西会带有一定的模糊性，但是却更真实、更宏观、更完整。我就是出于这样一种思维方式，这样概括饶公一生的：在他的生活道路、学术路径中，处处体现出他的高贵品德——一种中国历代大儒皆有，又吸收了其他文明杰出人物精神的高贵品格。

对"大师"，我心里是这样定义的，大师需要在以下四方面为人类、为学术做出贡献：第一，为世人和后人指出一个明确的方向。饶公的一生孜孜矻矻地研究，勤勤恳恳地舌耕，这就给了我们一个昭示：作为学人，就要求得真知。因此，无论在哪个领域，他的研究都是从怀疑开始，求证领路，挑战成说，得出自己的结论。所以，他的有些文章是石破天惊的。正是因为这样，他在历史研究领域提出了三重证据法。第二，大师应该有自己的风格，有鲜明的个性，饶公就是如此。他的风格，可以用他对书法的期望的一个词来表达，那就是拙朴。当我拜读他的学术论文的时候发现，他没有华丽的辞藻或故弄玄虚的旁征博引、深奥术语，都是朴朴实实。他所炫耀的，是那些研究对象深沉的内涵和广博的外延。这种拙朴，不仅对当今，而且是对将延续若干时间的未来的浮躁与虚华世风的一剂良药。在我祝贺他九十华诞和在香港大学授予他"桂冠学者"的会上都曾反复地提及这点。第三，大师应该有自己的、独特的方法和路径。古今中外一切有伟大成就的学者，求学、求知的路径大体相同。在这方面，作为大师，在共性之外还要有自己的个性。在饶公身上很明显的一点就是他身处跨越世纪的学术环境中，在专与通的问题上有自己的路径、自己的风格。我曾经在一篇文章中呼吁，现在在中国研究领域里，是不是"专"家太多了，"通"家太少了？我想，这是在20世纪，中国社会产生多种转换和探索过程中必然出现的现象，是不利于科学发展的现象。我之所以这样强调，也是希望这种局面慢慢地得到改善。我们既需要大批专家，专而又专，也需要专、通一体的大家。因为只有通，才可能跳出具体研究对象，观察清楚事物的来龙去脉、内里外表、整体和部分。第四，应该给人们展示一种具有鲜明特色的人生追求。我想这就不需要我多说了，饶公一生是淡泊的，宁静的，宁静于是致远，淡泊才能明志。

我是用我对"大师"的界定来看饶公的，因而在我眼里饶公自然是"大家"中的"大师"。

得一饶公实乃中国文化事业的幸事，是天佑中华！上天赐给了饶公一生不壮而康的身体，使得我们能够在他的面前祝贺他的百岁福寿。我想，他之长寿，除了继承了先人的基因，也许更为重要的是他证明了孔夫子所说的"仁者寿"的道理。因为仁者有着终生为社会做贡献的追求。饶公用研究与教书实实在在地发扬光大中国文化，使之薪火相传，这几乎是他生活唯一的动力。他早在世纪之交时就反复提出中华文化要复兴的命题。中华文化复兴靠的一是继承，二是发展。在这两方面，他给人们做出了榜样。这就是他的胸怀。他没有考虑自己的地位、荣誉和收入，至今仍然住在跑马地住了几十年的房子里。他的心是平静的，白天黑夜 24 小时，没有他人想到名利得失时出现的心跳加速的情况。这就让他延寿了。他心里充满仁爱，这种爱体现在对生命的珍惜。大家知道，饶公几十年来，直到晚年，坚持坐禅。这不是对彼岸的追求，而是知道这适合他的身体，体现了他对上天所赐予的身体的珍惜。由己及人，他对一切有生命的东西，都是珍爱的。他对他的学生视同己出。今天之所以有这么多的学者赶来祝贺他，就是一个明证。他无限热爱自己民族的文化，热爱自己的国家。仁爱给他带来一生的和乐，带来禅心，清平之心。这么多年来，无论谈到什么问题，我没有看到过饶公激动的情况，难得呀！

现在中国医学养生之学正在走向全世界，西方医学也研究出了和中国医学相近的看法，决定人健康与寿命的第一条就是心态，第二条是环境，第三条是基因，第四是生活方式。我猜想，饶公未必读了类似文献，但是他在一生的历练中很自然地得出了这样一个结论。孔夫子说："学而时习之，不亦说乎？有朋自远方来，不亦乐乎？人不知而不愠，不亦君子乎？"我想饶公就是时时在这种"悦"与"乐"享受之中的君子。因而我想说，饶公的一生是幸福的。

人生在世，谁没有遇到过忧愁、哀痛、挫折、失望等的考验？而饶公能以刚才我所说的那种心态对待之，这就是智慧，就是对宇宙、自然、人生、社会总规律的把握。用一句俗话说，也许带点消极色彩吧，他把这一切都看透了、看淡了。但是，对于他所研究的对象，他永远抱着一种没有看透的心理力求看透，继续追求真知；他对文化的弘扬、继承与创新，也从没有看淡，一直为此奋力。这是我所谬想的饶公一生的辩证法。今天，他就坐在我的面前，是我们看得见、握得着的榜样。我们不仅仅要学习他的学术成果，更要学习他的为人，学习他大师之为大师。同时，我还希望在座的各位也学习他淡然平静地活到一百岁、一百多岁。让我们向饶公看齐。

祝愿饶公和乐健康！

谢谢！

中华文化与多元世界

"中国因你更美丽"※

——《泊客中国》盛典颁奖词（2009—2011）

2009 年颁奖词

准确地说，施舟人是西文图书馆"西观藏书楼"的创建人，是儒家经典翻译工作委员主任，而我是这个委员会下的专家委员会主任，我的任务是在版本、校勘、训诂方面帮助他和其他外国专家。我们合作得很好，我们是非常要好的朋友。他是我的兄长，他也视我为兄弟。

我觉得，前面几位获奖者都当之无愧，因为他们成功地把中国文化介绍到西方世界，"中国因他们而美丽"。不同文化之间的沟通除了需要依靠形态文化之外，更重要的是要把隐藏在形态文化中的核心价值、作用于人心灵底层的东西挖掘出来，告诉世人。这正是施舟人先生几十年来所从事的工作。儒家文化是中华文化最主要的骨干，而儒释道三者在深层理念层面难以截然划分，你中有我，我中有你。道家曾经影响了佛家，更影响了儒家，施舟人先生研究道家、道教，可以说抓到了中国人的哲学和文脉的关节点。他现在仍然在勤奋工作。我们见面，他常问："你好吗?"我

※ 《泊客中国》是天津广播电视台国际频道外宣纪录片栏目，始创于 2006 年 6 月，是中国电视纪录史上首部以外国人在华故事为记录主体的双语人文纪录片。2009 年至 2011 年，许嘉璐先生先后三次受邀出席栏目盛典，为中国唯一的西文图书馆"西观藏书楼"创办人施舟人（法国籍荷兰人）、北京古城的辩护律师华新民（出生于北京的法国人）、全球唯一一家汉字字源中英文在线查询系统"汉字与词源"网站的创始人理查德·希尔斯（美国）颁奖并致颁奖词。

常说："就是累"；然后他会回答我同样的问题："我也有同感。我也感到累。"但是，累不是一个阻拦我们合作、阻拦我们前进的困难。面对着博大精深的中华文化，面对着今天纷乱的世界，中国人和所有了解中国文化的人，都有一份义务把不同的文化沟通起来，让它们彼此理解、相互学习，以便创造更高级、更适合人类未来的文明，求得世界永远的和平。作为一位荷兰人，一位享誉世界的法国学者，施舟人先生为此努力了几十年，我们作为中华文化的继承者、受惠者，应该学习他。这就是我对施舟人先生的看法。我祝贺施舟人先生！

2010 年颁奖词

北京城里的老胡同，藏着悠久的记忆。四合院斑驳的影壁上，记载着春来冬去的旧时光，那是北京人的故乡、世界的文化遗产。这些像很多古建筑一样，面临着消失的命运。感谢华新民女士，为保留中华文化记忆、世界文化遗产所付出的执着努力。学习华新民女士！

我和她一样，都可以算是"老北京"。说来也巧，在她出生那一年，我刚刚进入大学。在北京逐渐失去记忆，迅速淡化了中华民族性格的时候，她，回来了、行动了。她满含热泪，昂然站立在拆毁胡同的推土机前：她是保护者。而我，则几乎成了只会唠叨几句的旁观者。我还要感谢她，不断地用她的口和笔呐喊，给消失了的胡同留下了记忆，又让更多的人，从她的眼泪和呼喊中推想开去：中国二三百个城市，在所谓现代化的浪潮中，都到哪里去了？我们该怎么办？——这或许是华新民女士对人类文化的最大贡献。

2011 年颁奖词

真是缘分，希尔斯先生常读的一部书《说文解字》的作者是许慎，是公元 1 世纪的人。没有想到，过了 20 个世纪，来给希尔斯先生颁奖的竟是许慎的两位后人。今天站在台上的，是"三许"，在场的二许再加许慎。

中华文化独具顽强的连续性。我们的祖先用心感悟、用刀笔摹绘书写，为中华、为世界，留下了美丽而深邃的汉字。三四千年来，传承、发展、改进、丰富，从未中断。当下，中国绝大多数人在使用简体字，但是我们不会忘记汉字的多样性、复杂性，我们也会更加珍惜少数民族文字。

"汉字叔叔"理查德·希尔斯对原本生疏的汉字钟情无限，他用生命去保护和传授汉字的故事，让无数中国人苏醒了，让他们意识到，原来自己的文字如此地可爱，原来中华文化如此地宝贵。"汉字叔叔"，谢谢你！

赞《泊客中国》

　　"泊客中国"，以其真实、质朴、意笃、情真，不知道曾经感动了多少人，我就是其中之一。台上讲述着、演播着真实故事，获奖的每一位外国朋友的质朴答词，观众席上经久的掌声和笑声表达着真情实感，现场的人们无意间创造的气氛又感染了在场人们自己。

　　我曾经想过，该怎样概括"泊客中国"这个富有创意的活动？我逆时地想象，如果倒退一百年、七十年，会出现这样的场面么？那时人们怎样看待外国人？也许这种反思能得到答案的一个侧面。

　　时代变了。在成千上万来华的外国人里，越来越多的早已不是殖民者，而是中国人的好朋友；中国人已经习惯了平视碧眼金发或发鬈肤黑的来客。何止于此？双方早已在有意地了解对方的生活方式、风俗习惯、礼仪宗教，而且越来越理解对方与己不同的思想感情和表达方式。君不见跨国婚姻越来越多么？那是发生在两个个体之间，关系已经达到不能更密切了的事例。一百年前、七十年前，这些都可能么？

　　"泊客中国"或许还折射了许多值得我们深思的问题。当今，人类正在承受着环境恶化、资源枯竭、贫富悬殊、价值迷失、私欲膨胀、人群对立、冲突不断、杀戮时有等的折磨。有心的人们——几乎各国都有——在思考：人类这是怎么了？前途在哪里？有人已经醒悟：不同文化之间，只有加强交往，以对话代替"训话"，以理解代替猜忌，以握手代替"动手"，人类才能有平安的日子过；只有越来越多的人遏制一己之欲，地球才能继续成为我们子孙生活的家园。

　　在"泊客中国"中获奖并讲述自己故事的外国朋友，就是这种对话与理解的实践者；他们用自己的心灵和行为告诉我们，人和人之间的藩篱是可以拆除的，当双方拥抱在一起的时候，会真切地体验到"四海之内皆兄弟也"！

"泊客中国"在介绍着外国友人的故事，其实也是在讲述着中国的故事：中国人宽阔的胸襟、感恩的情怀、对友谊与和平的真诚。只不过在会场里，那生动、活泼而多变的艺术氛围一时遮蔽了讲述中国故事者（所有参与这一活动的人们）自己本应该让外国人了解的心。

天津者，"天朝之国"的渡口也；现在已逐步变为国际性的"大码头"。天津卫视着力坚持举办"泊客中国"并向世界播放，正是天津走向国际化的一个侧面。我期望着，泊于中国的友人都来这个码头泊一泊，继续书写出感动今人、留给后人的故事；我也预计今后一定会有许多中国人在异域他乡谱写出"泊客×国"的生动故事。这些故事当然属于中国，其实更属于全世界；这样的故事多了，持久的和平也就距人类不远了。

"影响世界华人大奖"赞词※

　　人类再一次走到了十字路口。21世纪将是人类重新思考何谓幸福，如何处理人与人、人与天、今天与明天关系的时代。作为这一极大问题的折射，世界文化应该是一元还是多元的两种主张展开了博弈。经各国有识之士几十年的努力，后者已占上风。孔子学院在五年中能够遍布五大洲、80多个国家，受到所在国人民的热烈欢迎，是中国人民作为世界文化多元与和谐所做的贡献。国家汉办，这一小小的团队为此付出了非同小可的艰辛，发挥了令人惊叹的智慧。他们夜以继日，一年的工作量超过了核定的四倍。世界因多元而美丽，也因孔子学院而美丽。

　　祝贺他们！

　　※　此文是作者2010年3月27日在"世界因你而美丽——2009—2010影响世界华人盛典"上为孔子学院颁奖时的赞词。

历史的相会[※]

尊敬的王伟光先生，尊敬的罗斯校长，各位专家，各位朋友：

谢谢会议主办方邀请我参加这次会议。

中国社会科学杂志社和美国朋友合作举办这次高端论坛，引起了我极大的兴趣。这是中美两国的学术高层论坛。中美不仅是世界上两个最大的经济实体，更是两个文化大国，两国的文化都有着悠久的传统。我不完全同意只谈美国从独立战争到现在的历史，实际上美国的传统文化是古希腊罗马——希伯来——盎格鲁撒克逊文化的延续和发展。研究美国的文化应该追寻到柏拉图、亚里士多德的时代。只有这样，才能够了解今天的美国。

对于中国来说也是如此，观察今天的中国，要预测中国未来的走向，如果不去深究中国从商周时代所形成并固定下来的文化传统的范式，恐怕难以得到正确的答案。所以我们两国一起研究过去、现在和未来，在世界上都是有影响、有意义的。对于中美这两个大国，其实共同面对着这样一个问题：如何在人类走在十字路口的时候，回顾过去，回归精神。

为什么要回顾过去？正如刚才几位先生杰出的演说中提到的，人类每到一个关键时刻，总是要从祖先那里寻求他们闪光的智慧，作为今天继续前进的精神动力和营养。为什么要回归精神？因为今天的世界是一个对物质无限追求，乃至把物质变成神的时代，精神往往被社会遗弃了、遗忘

※ 此文是作者 2011 年 10 月 28 日在"首届中美学术高层论坛"开幕式上的讲话，该文主要内容载于《中国社会科学报》第 240 期。

了，而我们学者有责任重拾过去的传统，来关注人类的精神。只有物质是构不成社会的，它只能构成原始的地球；只有有了精神，才有辉煌的过去、繁荣的现在和更加美好的未来。当然，在我们回归精神、回顾过去的时候，也不应该脱离当下，这是不现实的。人类只能向前进，不能倒退。那么，学者们在回顾过去的时候，对中国人来说，就应该要颂扬宋代儒学在历史基础上进行创新的传统，同时，我们也应该学习和吸收以伽达默尔、哈贝马斯为代表的西方哲学诠释学、批判诠释学的营养。

我认为，伽达默尔的理论和实践与中国宋代的儒家有完全契合的地方，我就是把传统看成一个生命；历史在延续，传统的生命也在延续。因为后代的解释者，往往是把自己的生命，即把自己经过体验的见解注入古代的文本，使之延续，同时又适合他所处的时代，反映他所处的时代。这样传统就不是一个僵死的、不动的、现在的，似乎只是一个没有活气的文本，而是生动地存在于人类的心里，活泼泼地存在于学术的空气中。

当前，人类急切需要不同文明的对话，在对话中一定离不开传统，因为现实就是过去的延续、过去的发展。我一直在不断地呼吁不同文明之间的对话，抱着这样的一个宗旨：生活在不同文化中的人，要相互了解，进一步相互理解，在理解了对方之后，应该欣赏，因为不同的文明都有它自己杰出的贡献，是别人所没有的。对于对方有而自己欠缺的，就应该要欣赏，只有达到一个欣赏的高度，你才会向对方学习。了解，理解，欣赏，学习，最后达到双方共同发展的目的。正是抱着这个宗旨，三年前我建议并策划的孔子出生地山东尼山举办了首届尼山论坛。预计在明年（2012）5 月 21 日举办第二届尼山论坛，主题为"儒家与基督教的对话"。

在中国和西方的传统中，有一点很巧合的接触。15—16 世纪，在意大利、法国、德国已经产生躁动，酝酿着文化变革时代的到来，因此后来发生了文艺复兴，催生了工业革命，整个改变了人类的社会和历史进程。与此同时，在中国的明代，从中叶到晚期，也产生了一种启蒙的思想，同时，由传教士介绍，中国的《老子》《论语》也被译成拉丁文，以至于笛卡尔看到后，惊叹原来在东方有如此高明的智慧，知道了遥远的东方——中国整个的学术传统是人本主义，这成了文艺复兴发生的一个营养源。我想这不是巧合。在那个时代，无论是宗教的统治、影响，还是生产方式、生产力的发展，以及人类的消费观念，都在酝酿一个新时代的到来。

当人类面对物质利益的时候，常常失去了自我；当社会精英作为社会的良知清醒的时候，应该放慢脚步，回头看看。在我们看的时候，总是以今天的立足点、眼光来看的。在我们眼里的过去已不是真实的过去的样子了，已经被约化了，因此我们可以很容易地知道，原来人类的脚步是这样地蹒跚，前人走过的道路是这样的曲折，原来古人的精神要比我们丰富。这样我们就懂得了，我们要把人文社会科学提到各国人民的面前，告诉他们：这个领域太重要了。这样我们会与更多的清醒者，手挽着手，在未来的道路上少一些坎坷，少一些曲折，走向人类共同的美好的未来。

今天，美国的朋友和中国的学者，都在为不同文明之间的人文社会科学的交流、社会良知的交流做努力，我也愿意成为其中的一员。

最后，祝愿我们的论坛圆满成功，祝贺各位美国朋友在中国愉快。谢谢。

中韩同命　继承弘扬　奉献人类[※]

尊敬的李龙兑委员长，尊敬的金光忆委员长，

尊敬的各位专家，各位朋友，

女士们，先生们，朋友们：

非常高兴能够应李龙兑委员长和金光忆委员长盛情邀请我和我的尼山论坛同事们参加"21世纪人文精神价值论坛"。首先请允许我代表尼山论坛组委会，并以我个人的名义，对在安东市举行的这次具有重要意义的学术盛会表示衷心的祝贺！

承蒙韩国朋友的盛意，今年3月，李光琳委员长率领韩国议会和安东市的领导和专家访问了山东，并和尼山论坛组委会秘书处进行了诚挚而深入的交流。今年5月，李龙兑委员长一行又光临尼山论坛，全程参与了论坛的各项活动。你们的到来，是对我们的深刻理解和巨大支持。李龙兑委员长在大会上的主题讲演以及我们与韩国代表团的亲切会见、诚挚会谈，都给了我们很大的启发和鞭策。

时间仅仅过去40天，我又率领尼山论坛的同事们来到安东。我们这次来，并不是一般意义上的"回访"，而是一次亲友之旅，学习之旅，合作之旅。山东和安东，一水之隔；尼山和陶山，你呼我应。进一步缩短我们之间空间和心灵距离的，是孔夫子所创立，东方考亭李退溪先生弘扬发展了的伟大的儒学思想。

※　此文是作者2014年7月3日在韩国陶山"21世纪人文精神价值论坛"上的主旨讲演。

尼山论坛和陶山论坛的宗旨极其相近，只不过尼山论坛偏重于哲学、信仰、宗教和伦理，而陶山论坛偏重于人文总体之精神。偏重并不等于全部。这样，我们两家略显差异之处恰好可以相互补充和呼应；而我们之间最大的相同点是通过弘扬儒学，给当今价值混乱、道德缺失、危机四伏的世界一剂良药。儒学，儒家思想，儒家伦理和哲学，理应成为人类多元智慧库里的重要一元。

儒学的根本，或者说其核心、精粹就在于构建了最适合人类生存、繁衍、发展的伦理与阴阳和合、变动不居的哲学理念。儒家思想的"合法性"早已由数千年来继承和弘扬它的所有国家、民族和地区的生活实践、生产实践所确认。这是因为，它不是源于神的启示，因而也不是来自他律，不是因为惧于神的惩罚而如此这般地行事。它继承了若干代祖先敬重生命、重视现实、包容他者的观念，并且不断地创造发展，使之系统化、理论化，从而提高了它的影响力和生命力。它的根基深深地建立在作为社会性动物的人生生不息、顺应环境、观察宇宙、慎敬思考的土壤里。

从孔子诞生到今天，已经过去了 2565 年，而孔子的思想依然被受过其润渍的民族和国家所尊重、坚守和奉行，这除了其思想本身具有永远释放不尽的能量之外，还得力于历代贤哲呕心沥血、锲而不舍的研究和履践，立足于他们所处时代和地域的实际情况，开掘之、繁衍之、提升之、弘扬之；而儒学之所以能够通过后人发扬光大，又是源于其无限的生命力和适应力。

虽然绵绵千载不乏杰出儒学哲人，但是开掘最深、践行最笃、学说最为系统的，当属宋代关、濂、洛、闽四家，而其中尤以朱熹一脉建树为最。

无论是儒学的人文性，还是其伦理论说，严格地说，都属于哲学的范畴，都需要经过东方式的理性思辨，也就是需要提升到形而上的层面。"形而上者谓之道；形而下者谓之器。"道者永恒，器者随时空而变。儒学以人为本，视人为天地、社会、过去现在未来种种关系的交汇点，天地人（社会）的规律就是道；由此派生的一切均是器。朱子的伟大之处主要就在于他在前人的基础上构建了儒家完备的形而上体系，形成具有原创性的心性、理气、涵养等理论。用现代哲学的术语说，朱子学说涵盖了本体论、认识论、知识论、价值论和道德论。

韩国自 13 世纪引进朱子《家训》《家礼》始，历经高丽、朝鲜和李氏王朝，至退溪先生达到高峰。他直承并终生服膺、弘扬、发展朱子之学，"刻苦为人，殷勤讲学"。确乎，"海东考亭"之誉非退溪先生孰能当之。但是，在他叙述韩国理学传统时却说："吾东方理学，以郑圃隐（梦国）为祖，而以金寒暄、赵静庵为首。"这种敬重前贤的由衷谦逊，也正是他所强调的"敬"和"行"的体现。

回顾历史，往往有时隔数纪，而世事竟惊人相似的情况。孔子生逢乱世，礼崩乐坏，霸道横出，力倡仁、礼之学，欲挽狂澜于既倒，"知其不可而为之"，故而太史公有"孔子厄陈蔡，作《春秋》"之叹。朱子直承孔孟，其世虽五代荒谬时代已过，但国力未振，北患日逼，思想混乱，于是他尊横渠、濂溪、二程以及有宋以来诸贤之学，总其大成，倡理、气、心、性之说，其意与孔孟同，也是仁为己任，挽救人心，匡正世道，谋求太平。正是因为孔孟之道来源于社会的生产生活实践，所以符合社会的规律、天地的规律。

李退溪出生之时，已在朱子身后300年，适遇韩国天灾人祸频仍，尤其是四次"士祸"，致国气大伤，正人自危。在退溪求取功名和出仕期间，他亲历了又两次士祸。所以他说："士林之祸起于中叶，废朝戊午、甲子之事不须言矣，中宗明圣而不幸己卯祸起，一时贤人君子皆被大罪。""陈既往之事者，欲为将来之大戒也。"他这里所说的大戒，在其生活中的体现，恐怕就是在其七进七退、辞官数十次后，终于50岁时决意挂冠而归隐陶山吧。

退溪并非只求独善，他和孔孟、程朱一样，"仕所以行道，非所以干禄"，而欲"达则兼善天下"。退而著述、传学。"虽退闲年久，忧国之念老而益笃。往往与学者言及国事，辄唏嘘感愤。"他自称"鄙书多忧患语。"于辞世前一年，他手写《戊辰六条疏》呈于明祖，首谏"重继统以全仁孝"，以为修身治国之基，意气勤勤恳恳，忠仁敬诚之情溢于言表。孔子曰："隐居以求其志，行义以达其道，吾闻其语矣，未见其人也。"退溪盖即其人乎？

退溪之学的形成和持续至今的影响，证明了一点，即儒学和世界上其他杰出的思想学术（例如轴心时代涌现、彪炳于世的哲学、神学和伦理学）一样，并不专属于一国和"原产"民族，而属于全世界。儒学是一个宏博该洽的巨大体系。退溪先生的创见和践行，也都是中韩两国和全世界人民共有的精神财富。

现在，我们远离退溪先生的时代又有 500 年了。与他那个世界不同的是，人们的知识、生活和活动的范围已经扩展到世界每个角落。这时我们发现，就整个世界而言，当今我们不得不面对的种种现实矛盾和问题，竟然与孔孟、程朱和退溪那时没有质的差别，而人类所深陷的痛苦和灾难，由于物质文明的丰富和发达，要比先圣先哲们那时更为严重了。实际上我们完全可以说，社会危机，在农耕时期只出现于一个国家或民族的范围以及所连带的周边地区，范围再大，一般也跨越不过大洋；而工业化时期及其产品所造成的危机已经冲破了有形和无形的所有边界，实现了"全球化"，或者我们也可以借用一个现在人们常挂在嘴边的词形容，即"普世化"了。这就是说，人类的厄运，从轴心时代至今质无不同，所异者，只在范围、程度、形式和加剧的速度。既然如此，无数先人所积累起来的儒家智慧，无疑将是人类终极关怀所需要的精神家园。

世界事务极其纷繁复杂，但是如果进行高度理性的思辨，其实质也很简单。工业化以来人类的问题，归根结底是物质主义打倒了人文主义，肉体欲望战胜了精神追求，天下"大同""理想国""天上之国"和乌托邦的期盼已经被今天的利润和明天的权力所取代。

儒家强调人文精神、伦理价值和大同理想，并不等于否定物质、欲望和利润，虽然在儒家内部关于利和义的关系曾经争议了许多世纪——最有名的辩论莫过于发生在陈亮和朱子之间长时间的"义利之辩"。

在这个问题上，退溪先生有着独特而明确的见解，对于我们全面正确地认识儒家思想，破解现代心灵危机有着现实的启示。

《周易·乾·文言》："利者，义之和也。"退溪先生在《重答黄仲举》信中说：

> 夫以利为"义之和"，则利不在义之外，正义而利在其中矣。
> 盖利字之义，循其本而言，只是顺遂便宜之名。君子之处事以义，未尝不顺遂便宜，故曰"利者，义之和。"如云循天理则不求利而自无不利者也。若以利为人欲，则天理中一毫着不得，何云"义之和"耶？大抵此利字、私字，皆与寻常利、私字迥然不同。

他更在《答郑子中（惟一）》信中就具体事例分析道：

中韩同命 继承弘扬 奉献人类

穷而买田，本非甚害理，计直高下之际，约滥从平亦理所不免。但以利己尅人之心，便是舜、跖所由分处。于此亟须紧着精彩，以义利二字剖判，才免为小人。即是为君子，不必以不买为高也。然此等事留心之久，易陷入于污贱之域，切宜常激昂，庶不堕落也。

归结起来，他的义利观实际是对孔子"克己复礼"的解说和发挥，是对"见利忘义""为富不仁"的批判，对今天处理物质与精神的关系岂不有着直接的借鉴意义？这是退溪先生发展了朱子学说之一例。

退溪先生的《十圣图》是十分著名的著作。在我看来，这是他从浩如烟海的儒学典籍中钩掘梳理出的人们获得正确宇宙观、价值观、伦理观的学习纲要。《十圣图》以周敦颐的《太极图》为始，以《夙兴夜寐箴》为末，用图的形式，条理清晰，简单明了，逻辑严密，无疑是有益于初学者学习、涵养的路径图。尤应注意者，是他回避了对《太极图》的来源、无极太极关系等的纠纷，以及心、性、情之辨这类儒学史上著名的争讼公案。当然，在其选择、排列讲说之间，他的观点和自己修身所得，都已清晰地涵于其中。我觉得，这又是退溪先生结合韩国其时其地情况对理学的转化和创新之又一例，即使对于中国乃至对世界，都有很好的借鉴意义。

至于退溪之学的其他方面，例如强调"精一执中"是"为学之大法"；再如他既从形上学方面辨析"心"之本体性，又突出了其自主性（如《答乔侄问〈中庸〉》）；又如应该引起我们注意的，他对"致知"和"力行"关系的反复强调，把"真知与实践"通俗地比喻为"车之两轮，缺一不可；如人两脚，相待互进"，这样鲜明地主张知行合一，与王阳明可谓异曲同工，而退溪还略早于王学。如此等等，这里不能一一列数，还需要我们深入地开掘、研究。

真理无国界。退溪之学属于韩国，也属于世界，尤其是对促进当世之人走向和谐、平静、安乐因而幸福，有着无可辩驳的意义。唯其如此，所以中国学界很早就开始并一直关注着退溪之学的研究与评介。在这里只需举出梁启超先生在近一个世纪前的一首诗，即可看出近代中国学界对退溪先生的评价了：

巍巍李夫子，继开一古今。
十图传理诀，百世召人心。

云谷琴出润，濂溪风月寻。

声教三百载，万国乃同钦。

诗中"云谷"一联，分喻朱子和周敦颐（传说朱子尝游云谷，有诗卷传世；"琴出润"或化用范仲淹《与唐处士书》中形容琴音"和润而远"语）。此即"继开"之写实也。"万国"一句则是梁任公早于同代学人看到的退溪之学的世界价值了。这就启迪了我们，中韩两国儒学是亲兄弟，理应紧密联手，一起弘扬、发展儒家思想，并介绍给全世界，这自然是当然之义。

陶山论坛的举办，是韩国和世界在构建新人文主义、人类共同新伦理过程中的一个重要事件。我和我的同仁们热切地期盼着陶山论坛尽快成为一个知名的讨论如何避免人类自我毁灭的学术平台，在东亚、在亚洲、在全球发挥出越来越大的作用。在这一神圣的事业中，尼山论坛将永远是陶山论坛忠实的伙伴。

谢谢！

中韩同命　继承弘扬　奉献人类

深化认识　挖掘根源　寻找对策　标本兼治[※]

生态危机是当今世界人类生存危机之一部分，在和平时期，是关系到所有人生活质量、生命安全、社会持续发展的大事。

虽然近几十年没有发生像第一次世界大战、第二次世界大战那样惨绝人寰、势将毁灭人类的大屠杀，只有断断续续的冲突和战争，但是地球现在遇到的，是冰河期以来最严重的危机。当我们每天清晨醒来，面对的是人情冷漠、道德沦丧、分配不公、族群对立、资源枯竭、核武威胁等等危机，环境恶化则是其中之一。

生态环境对人体健康、民族体质的影响，已经几乎人所尽知，无须论证。现在要紧的是深化认识，挖掘根源，寻找对策，标本兼治。

所谓深化认识，就是要让生态问题对每一个体和国家、民族的重要性和迫切性的认识浸透到13亿人的心里，并且化入日常生活之中；所谓挖掘根源，就是在复杂的主客观情况中挖出决定性的因素，也就是准确地找到病根，只有这样才能对症下药；所谓寻找对策，就是要摆脱仅仅着眼于技术手段——包括产业升级、转换生产和生活方式、创新发明——的做法。这些手段当然都是极为重要的，因而是需要持续努力的，但是比这更为重要的是，在从技术上解决燃眉之急的同时，更要解决社会问题、意识问题、伦理问题。没有对这些问题的重视并采取切实的措施——努力去解决，我们就又会陷入工具理性、技术迷信的窠臼，而各种技术、政策、法律等手段也都将大打折扣，或彻底流于形式，水过地皮湿。

※ 此文是作者 2014 年 7 月 11 日在"生态文明贵阳国际论坛"上的讲话。

　　大约十年前，我遇到联合国环境署的在华代表，我对她说：环境保护问题的根本在于文化，而不是技术；技术只是工具，工具是由人来使用的。她听了马上再次伸过手来和我握手，说：我从没有听到有人这样说，你说得太对了，我完全同意。我为什么那样说？因为无论中外，肆意毁坏自然，或是出于无知，或是明知故犯，都是把人类看作是宇宙、自然、地球的中心，人类能力所及的一切都可以为人随意使用，都是目光短浅，为了产值、利润而抛弃了民族的经验和祖先的教诲，都是因为缺乏信仰。

　　的确，种种危机的根源就在于人忘了自己是谁，我从哪里来，将要走到哪里去，也就是丢失了作为人的本性。人已经成了物的奴隶，追求超出安全、健康、愉快生存之所需的欲望麻醉了大脑，障蔽了获得人生和宇宙真谛的所有器官，陷入了佛家所说的"无明"，"贪、嗔、痴"似乎成为了人生常态。

　　以分配不公问题为例。据联合国统计，2013 年全世界的 GDP 约为 73 万亿美元，比 2012 年增加 3%。这足以使全世界 70 亿人口人均达到 1 万美元，超过了当年包括中国在内的 2/3 国家的人均国内生产总值。但是据世界银行估计，2010 年全世界极度贫困人口还有 12 亿，每天的生活费不足 1.25 美元，预计到 2015 年，也还要有 9.7 亿生活在极度贫困线以下。虽然近年来世界极度贫困人口绝对数字有较大降幅，但是如果把物价上升指数计算在内，则世行所说的极度贫困人口数还要加上百分之若干。而作为世界经济最大体量的发达国家，美国的人均 GDP 则达到了 5.3 万美元。

　　这说明了什么？"富者愈富，贫者愈贫"成了工业化和后工业化时代的铁律，它不会因为一次次金融危机而失效。因为金融危机归根结底也是超级财阀敛财的另一种手段，更加隐蔽的手段。就在 6 天前，刊物上转载了《洛杉矶时报》网站 7 月 1 日的一篇文章，介绍诺贝尔经济奖得主约瑟夫·施蒂格利茨的观点说，由于政治制度屈从于 1% 的人口，平等的支柱逐渐遭到破坏。20 世纪四五十年代，在他长大的地方"大烟囱把毒物排放到空气中。周期性的解雇使许多家庭只能勉强糊口。虽然只是个孩子，我似乎也清楚，我们所知道的自由市场并不是保持繁荣、幸福和健康的社会的好办法。"贪婪催动着财富的集中，而财富集中和世界性的分配不公以及生态恶化，是孪生的兄弟，已经严重地威胁着五大洲的稳定与和平。

　　中国对生态曾经有过的忽视当然并不等同于新自由主义的美国。我们往往是为了生存，为了国家尽快发展，而不是为了1%或10%的利润。当然，我们逐渐愈来愈懂得不能不注意处理好发展、致富、民生和生态之间的密切关系。

生态的破坏，从为了杀人而把沉睡在地下几亿年的铀放出来、为了利润而滥砍滥伐原始森林，到化工、矿产、制造等行业突飞猛进的发展，已经有了近三百年的历史。而中国真正大规模工业化建设不过三十多年，曾经盲目提出的改造自然的思想已经让我们承受了恩格斯所说的大自然的报复。作为积贫积弱，时刻被人盯着妄图颠覆的中华民族，几乎白手起家，在发展过程中来不及兼顾生态，缺乏自觉，这多少有些无可奈何。我们不必过于自责，及时补上环保课程就是了。倒是与此同时应该想一想，西方工业化早于我们几乎二百年，那时的节能减排技术远不如今，对生态的破坏应该远大于现在。今天人类遭到的大自然报复，他们有责无责？2014年6月7日，美国趣味科学网站刊登了一篇题为《非洲最严重的干旱与西方污染有关》的文章，文中说："根据4月24日在《地球物理通讯》月刊上发表的研究结果，被称为悬浮颗粒的微小烟酸盐颗粒使得北半球大气冷却，热带降水区向南偏移，远离中非。"研究的共同作者、华盛顿大学气候学家达根·弗赖尔森说："很显然，除了温室气体之外，空气污染确实影响气候，且不仅是当地气候。美国和欧洲污染排放影响了全非洲的降雨量。"文章由此得出的结论是："20世纪全球最大的一场旱灾'萨赫勒旱灾'在20世纪70—90年代造成中非严重干旱。在此期间造成的严重饥荒导致数十万人丧生，引发全球关注。"具有讽刺意义的是，这样一篇带有歉意和批判性的文章只是由一个"趣味"网站提到，而且并没有引起各国的普遍关注！

中国人不会因为披露了西方发达国家不负责任的行为而揪住不放，或放弃自己的反思，相反，我们会把这类的历史事实看作是对自己的提醒：今天我们重视生态既是为自身的福祉考虑，也是为整个人类的持续生存、繁衍和发展着想，因为中非洲的悲剧生动地告诉了我们，中华大地的生态状况与邻居、与大洋那边息息相关。

当然这就又涉及西方国家讳莫如深的意识形态问题、价值观问题。孔子说："己所不欲，勿施于人"，佛经上说："在我所不喜不悦者，在人亦如是，我何能以己所不喜不悦加诸他人？"这是因为，在中国人的哲学里，正如庄子所说："夫明白于天地之德者，此之谓大本大宗，与天地合者也，所以均调天下与人合者也。与人合者谓之人乐，与天合者谓之天乐。"也如宋儒张载的名言："民吾同胞，物吾与也。"宋代人已经并不主要在对周边事务和可见的星空观察基础上进行冥思推理，在第二个千年开始时，中国人的世界知识已经超越了国土和肉眼所及。孔子说过："四海之内皆兄弟也。"张载所说的"民"，应该已经超出了孔子所说的"四海"，即历代王朝的疆界。胸怀博大，以人为本，反求诸己，既冥思形而上，又始终关怀人生、关怀他者，这是中华文化高贵深沉的品格。

"心净则国土净。"佛经上的这句话，主要是指如果人的欲念纯净，按照慈悲喜舍去对待他人，则社会乱象会得到遏制，走向佛国。其实，用这句话来应对生态危机，同样适用。

但是，世上自古就存在着丧心病狂的人群，组成了大大小小、或隐或显的集团，无日不在制造着人与人、族群与族群、国家与国家的紧张和敌对；毁坏着美丽的地球，拒绝承担应尽的义务，却又在不断指责他人；他们还用极其巧妙的办法巧取豪夺，盘剥全人类，包括他们自己的同胞；无时无刻向全世界渗透着卑劣、无耻和野蛮。我们，中国人，至少到现在为止，还无力消除这些毒瘤。但是，我们坚信人类原始的善良，坚信先圣先哲的智慧和教诲。只要中国人坚持下去，联合世界一切善良的人们，把无缘大慈、同体大悲和终极关怀扩大到整个人类和一切无情有性的万物，不断地呼吁、揭露、抗争，人类的心灵和地球的洁净将终究成为主流。

信仰决定一切。中国人既然讲究反求诸己，笃信人的能动性，对天地怀有无限敬畏，坚信天下为公、世界大同终究会实现，那么就让我们"从自身做起"，先把自己祖国的生态和社会建设得更加美好，让 13 亿人呼吸到最好的空气、喝到最纯净的水，让中国成为当下地球上的一片净土吧。

爱我中华 迎接挑战[※]

各位老师，各位同学：

恕我不对前排的各位教授一一问候了。

世界汉语教学学会按照孔子学院总部/国家汉办的部署举办这次高级讲习班，承蒙各国的教授给予支持，来到暑热的北京。讲习班的主持者让我做第一讲，我明白其中的用意，主意是我出的，难题是大家的，就需要专家们各尽自己之所长，把他们感受到的、思考过的中国文化的重要课题进行论述，也需要我讲一讲为什么出这个主意。

作为讲习班的第一讲，就可以讲得不那么专门。我拟了这样八个字的题目："爱我中华，迎接挑战"。这个题目在有些人看来似乎带有一些政治性，其实我完全是从学术出发的，大家听了就知道。

我先从"迎接挑战"说起。

挑战一：缺职业教师。

中国的国际汉语推广事业极为缺少职业教师。现在 122 个国家活跃着近 20000 名派出的汉语教师和志愿者，几乎全是"临时工"。派出的教师在自己学校本来有教学和科研任务，现在到国际上去传播中华文化，两三年就要回来，或退休，或从事自己原来的专业和工作。志愿者也是这样，两三年，最多四年回来，另谋职业。于是 452 所孔子学院和那些孔子课堂进行汉语教学就是"香肠式"的、一段一段的。国家用了大量资金和精

※　此文是作者 2014 年 7 月 15 日在国家汉办举办的"文化与国际汉语教育可持续发展高级讲习班"上的讲话。

力培养志愿者和老师，培养期和效力期是一样的，甚至于培养了三年只工作两年。当然，"楚人失之，楚人得之"，回来还是为祖国服务，但就国际汉语推广事业来说，却影响了效率和效果，对教师和志愿者本人来说也是很大损失，因为如果长期从事国际汉语教学，就可能成为中华文化的某一方面的专家或者是汉语国际教育的专家，半途中断实在可惜。

挑战二，"传教士"精神。

由于是"临时工"，就容易缺乏"传教士"精神。今天在座的听众绝大多数是培养汉语国际教育硕士的老师和领导。各位在教学中，在学生们本科学习期间，注意没注意到给学生树立一种为某项事业忘乎所以地去奉献的精神？恐怕起码是注意得不够，其后果就是外派老师和志愿者在尽力为所在国人民服务的同时不断暴露出种种问题。

传教士精神表现在什么地方？第一，有信仰，因而对自己所从事的事业有说不明、道不清的一种执着和热爱。有了这种执着和热爱，有关自身的其他问题，包括财富、地位乃至生命，就会排到极为次要的位置。不管是天主教还是基督教，也不管是长老会还是耶稣会，过去传教士绝大多数是笃信的，是以自己的体验去介绍他所要传播的福音。据我所知，利玛窦以后的两百年间，无论是从罗马还是从爱尔兰、美国、法国派到中国的传教士，很多人都在神学院或者国王大学等宗教大学攻读三年以上，有人甚至获得了双学位，他们对所传授的经义形成了自己的体系，有自己的发挥。

对我们的志愿者是不是理所当然地不应该指出其不足呢？是的，本科毕业不容易找到合意的工作，而学习汉语国际教育总有个着落，哪怕是短期的，还可以出国，外语口语能得到非常好的锻炼，有利于回来就业。在当前，这种动机不应该受到责难。但是，如果志愿者和外派老师都如此，汉语国际教育将无法满足世界各国人民的期望。因为汉语和中华文化已经被降低为只是一种知识或技术在传授，而不是中华民族心灵的外在表达。

每年孔子学院总部要处理大量的问题。近两万教师和志愿者，各国人民都给予高度赞扬，这也是世界奇迹。但是这个大团队各种各样的问题不断累积起来，量也不少。我这里特别要指出，中方院长尤其应该有传教士精神，而现在则是奇缺。我不应该也不愿责怪任何人，这是个社会问题、历史问题，但是我们要承认它是问题。

挑战三，缺中华文化。

孔子学院、孔子课堂进行汉语言教学是当然之义，1200多个教学机构、接近2000个教学点，绝大多数必须进行汉语汉字教学。但是这只是入门。各国热情期待建立孔子学院，根本的目的不是只学点汉语汉字。作为学习的个体，很可能为的是从事与中国有关的商贸工作，或者为了来旅游，也有为了兴趣。但是，不管是什么目的，也不管以后要从事什么工作，学习者内心所希望了解的，最终是中华文化。因此，我说中华文化的传播是孔子学院、孔子课堂，也就是整个汉语国际教育的根本目的。但是我们年轻一代缺乏对自己文化的了解，缺乏知识，缺乏理解，当然更缺乏深沉的爱。

有的外国人也许事先并没有想到更多地了解中华文化，但是根据我的经验，在学习汉语汉字过程中，一定会引发出要了解中华文化的欲望，重要原因之一是在汉语和汉字里几乎处处都包含着丰富的文化内容，每个汉字几乎都是一个故事，每个词语都有深刻内涵。不讲清这个故事或内涵，就不深不透，就难教而"难学"。几十年来，中国大陆的教育已经把汉语汉字的教学完全知识化了，只重形式，抛弃了内容。例如，为了计算机处理汉语，当然应该对汉语的句法、词法、结构进行深入研究，但是让全国的中文系全学这个，纯粹是浪费，至今还在浪费。我们这种教学在欧洲19世纪曾经有过。我们是在用适合印欧语系需要的方法分析汉语，而人家已经把这种教学扔掉了100多年，"山寨版"却还在坚持。现在又用来教这种方法源头所在地的学生，会有多大用？我所说的"用"，是对于数以十万计的学生而言，不是对我们的科学研究和技术工作而言。

我在北师大还担任着中文信息处理研究所所长职务，我们进行自动化处理中文信息的研究。目前正在研究的，是中英文专利文本的对译，那就需要很细微的、深入解剖式的、越来越深入的研究，然后进行形式化、数字化处理。全国几百个中文系，需要学生都来做吗？无论从汉语国际教育的任务来说，还是从我们自身的修养来说，本来学生们应该更多地了解中华文化，但是我们走了几乎是相反的路。今后从小学到大学，传统文化的教学比重肯定要增加，增加的幅度还不会小，研究生直至博士后，也要突出传统文化的学习。与此同时，我又有了另一方面的担心：现在全国中小学教文科的老师上百万，教得了吗？中华文化的"脐带"剪断得太早了，对自己文化传统的鄙视、自残，体现在我们民族每一个细胞里，要重新恢复，何其难哉！但是必须做，而且要坚决地做，否则早晚要亡国灭种。对于汉语国际推广来说，不这么做孔子学院就要关门，因为孔子学院里面"没孔子"。"孔子学院"的孔子二字，是孔子的精神、中华文化的符号或代名词。孔子一辈子最重要的是开创了私学教育，但他并不是教学生认字，他教的是"大学"，也就是认识世界、认识自己、提高品德之学，去除庸俗之学，简言之就是精神文化之学。我之所以说第三个挑战是"缺中华文化"，就是因为现在的年轻人普遍缺乏民族文化精华（或曰核心）的熏陶，不知"孔子"这一符号所承载的厚重内涵，当然同时也就缺乏这方面的修养。面对外国学员，岂能以己之昏昏予人以昭昭！

上面我说的三个挑战——职业教师、"传教士"精神和中华文化，三而一，一而三。孔子学院总部前年招录了一批职业教师。这些教师经过培训作为师资储备，有些人已经陆陆续续派到各国，但是远远不够。不是我们不想招，是没有多少人愿意做职业教师。什么原因？最根本的是缺乏"传教士"精神。西方传教士如果没有精神，对《圣经》——不管是《旧约》还是《新约》——就不会笃信、钻研和热爱，因而也就不可能以布道为终身事业。

不要责怪任何人，这是一种社会现象、历史现象。我们民族和列祖列宗血肉联系的脐带切断得太久了，我们这些中华文化的继承者自然营养不足。包括我在内，也包括在座各位以及年轻的老师和同学，都是这种严重缺失下的教育体制培养的人。整个体制和社会环境、文化气氛如此，年轻人可奈何？现在的关键是要意识到并承认社会的危机、文化的危机、国家的危机。在中华文化的营养中，最缺什么？不是文化知识和技能，而是中华文化的核心——伦理道德。人所共知，在超市、街道、家庭和各种集会场所，时时可见的道德缺失的状况，何用一一叙说。我乐观地想象，如果汉语国际教育浩浩荡荡近两万人的队伍多一些"传教士"，对中华文化执着、热爱，同时有比较丰富的中华文化的知识和传播能力，不但可以使汉语国际传播得以永续，还可以反过来作用于我们民族本体，提高国家文化品位，促进社会和谐。从这个角度说，我倒赞成回国的老师和志愿者另找职业，把这种"传教士"精神和对中华文化的热爱带到各行各业去。

刚才我说的，都是我们主观上遇到的挑战和问题，孔子学院总部和世界汉语教学学会就要想尽办法为大家提供服务，"亡羊补牢，未为晚也。"多给派出老师和培养志愿者的老师一点文化养料，举办这个高级研习班就是这个目的。

但是我们还有客观上的挑战和难题，这就是某些国家、某些政客不断喊出孔子学院是在搞价值输出和限制学术自由的声音。"秀才遇到兵，有理说不清。"按我的想法，承认是价值观输出有什么了不得的？他们向我们国家、向别的国家输出价值观还少吗？已经把我们一些人搞得神魂颠倒了，把许多国家搞乱了。他们的哪个电影、动漫、画展不是价值观输出啊？好莱坞有句名言："在我们的任何一部影片里都有意识形态。"我要说，不同民族和国家之间，如果真正成为朋友，就不能老说"好，好，好"，不同的价值观应该相互沟通，也就是相互"输出"，以心对心，彼此是平等的、相互尊重的，不强加于人的。我总说，孔子学院和孔子课堂就类似于卖中国货的商店，里面有"老干妈"，有臭豆腐，也有火腿、咸鱼、小米、绿豆，你愿意吃就来买，不愿意吃就来看看、了解一下。我在这里开店并没有霸市强卖，这怎么叫价值观输出？我没有用对人肉欲的刺激来推销我的产品。现在我们店里还没多少货，却蒙上"价值观输出""意识形态输出"的罪名，冤啊！一旦我们选派的年轻人和有志于此的老师出去了，能够侃侃而谈，能够动情地谈中华文化的时候，那时候说孔子学院就是一个意识形态的"输出"机构，是价值观的"输出"机构，声浪比现在还要大，那倒名副其实了。应该说，他们的有些议员和记者高估我们了，承蒙过奖。这种客观上的难题，我们也不得不高度重视。

　　一谈到中华文化，不管是外国人还是我们的大学生，都觉得摸不着头脑。客观上，是因为中华文化博大精深。我们研究了这么多年，改革开放也三十多年了，现在还没有谁能用最简洁的语言把中华文化的精髓概括出来，让人一看即懂，一听就记住。而人们日常接触的书法、绘画、舞蹈、歌曲、饮食、服装，是碎片化了的中华文化，整合不起来。只有整合起来，抓住核心，才能让人把握全部，探索核心，才能遇到不同的文化现象洞察其本质，也就是能把中华文化的部分枝节和它的核心大体清理畅通。

　　中华民族的思维特点和"希伯来—希腊·罗马—盎格鲁·撒克逊"文化有很大区别，那就是我们理解一个事物常常是整体的，"大体如此"的，而西方文化，受到中世纪宗教教义和自然科学的影响，对什么事都要分析得精确。典型事例之一是我们须臾不可离的字典词书。受西方思维的影响，现在我们的辞典、字典的义释都要下很精确的定义，但却很少有真正精确的。中国人对词语的了解，也就是对主客观现象的理解不是这样，中国人认识到事物和事物间的边界从来是模糊的，包括阴阳之间甚至男女

未达续集

之间都是模糊的，表面上似乎分别很清楚，但内部结构却不清楚。第二性特征出现之前，孩子的男女性是平衡的。谁对谁不对，谁好谁不好，都是相对的，而不是绝对的。精确与含混都有用。在物质世界，需要精确，但也不拒绝模糊；在人体和精神世界，需要模糊，但也不拒绝精确。即使我所说的文化的部分，枝节与核心，也是既含混又有边缘。

中华文化并不神秘。首先，中华文化"重视经验"。我们得出的一切概念，哲学上的一些理念，几乎都是从经验来的。例如，应该如何对待他人、对待自然，中国从史前社会发展到农耕社会，越来越深刻地体会到人和人应该相互尊重，彼此的关系应该"和"，"和"了什么都可以做成，不"和"什么都做不成。对待大自然也是如此。而在西方则不同，处理关系的原则是上帝告诉人类的，要用理性去理解，即用逻辑去推论。比如教育孩子应该和哥哥互相爱护，别学张家兄弟俩打得死去活来，昨天还上医院包扎呢，那好吗？我们常常是这样，能近取譬、以人为师、推己及人。

中华文化是以人为本的，有关文字记载至少在《尚书》上就有了，《左传》上更多，到《论语》《孟子》，也就是春秋战国时期，就形成了理论体系。这和以神为本的文化截然不同。中国人注重"关系"，这里所说的"关系"并不是"到中国办事没关系不行"的"关系"，是中国人很早就意识到任何社会上的个体都是各种关系的交接点。人有多种身份，是爸爸妈妈的孩子、爷爷奶奶的孙子、医院的患者、他人的朋友、学生、老师、顾客等。多重身份意味着多种关系，如何处理这些关系，这是中华文化重视的内容。

任何人都面对着两个世界：物质世界和精神世界。物质世界有的自己可以亲眼看见，有的看不见；精神世界有的自己可以意识到，有的意识不到。存在着的物质和精神，即使看不见、意识不到，依然存在。中国人重视什么世界呢？物质世界是必须重视的，这是生存的需要，民族繁衍的需要；精神世界相对来说更为我们所重视，因为这是人之所以为人的所在，也就是人活在世界上的价值所在，没了它就等同于禽兽。"杀身以成仁""三军可夺帅也，不可夺其志也"说的就是这个道理。对精神的追求不是玄虚的，而是体现在处理种种关系时和日常生活里的。例如，历代文人都在研究"颜子乐处"。颜渊，孔夫子最欣赏最钟意的学生，住在狭窄的死胡同里，一竹篮粮食，一瓢冷水，连热汤都没有，人不堪其忧，而颜回不改其乐。他乐什么？他乐于时时获得新知，日日境界得到提高。颜渊英年早逝，孔子为此而极为悲痛。看来生活太艰苦了也不行，境界再高，夭折了也影响不了社会。但一味追求物质就是追求平凡，追求精神是在追求崇高。今天我们缺的就是克制自己无限度的物质欲望，把更多的精力放在追求精神上面去。虽然现在反此道而行之的事比比皆是，但是老百姓心里的那杆秤仍然是重精神。这就是民族文化中的优秀基因。

概括而言，中华民族对事、对己都是重视整体，重视关系，重视和谐，观察和应对事物时重视反求诸己，讲中庸。中庸不是和事佬、折衷派，是不走极端，近乎佛教的中观。这是儒释道相通的观念。在座的女士们，当你和你的男朋友或丈夫相处的时候，也要实行中道。中道，包含着一个重要内容就是相互必要的妥协。他要给你买个钻戒12万，你说太贵了，买个白金戒指就行了，1万。他不干，不足以表达爱心，两个人友好"协商"，买了个5万的，你勉强接受，皆大欢喜。这就是中国。我这个例子举得似乎有点庸俗化了，事情大体就是这样。动不动就动手，在汽车上，在街市上；国家与国家，动不动就用精确制导导弹、无人机，这样世界能"和"吗？世界上从来没有用武力能让对方和的，签订和约、投降书也是暂时的。世界规律就是如此。

我们饮用水的质量不高，但是一般情况下它包含的有害物质是人体可以承受的，处于一个相对"和"的状态，超过一定程度就有害了。如果市场上出售的纯净水是真的，那就是彻底清除了有害物质，但也去掉了对人体有益的东西，在身体里停留20分钟就排出去了，喝多了还会把体内能量带走，在热带可能导致虚脱。我曾经在最热的天到吐鲁番，维族朋友劝我别喝矿泉水，要渴就喝点酒，因为它在体内停留时间长，慢慢补充细胞里的水分，而且微量矿物质也多。这就是和，和就不可能纯而又纯。和并不神秘，就在我们生活当中，在夫妻、母子关系当中，在我们生活的咸淡冷热之间。

只要在生活中多思考，多问几个为什么，就会对中华文化有所领悟。例如看京戏，其表演形式里就有中国哲学。武将出来，走到舞台中央，面对观众，亮相，打云手，正冠，理髯。青衣出来，走边，不走直线，走曲线，也就是四分之一圆。为什么演员的动作处处带圆？圆最美，圆才和合，圆才中庸，圆是无数的点组成的，每个点都是平等的，距离圆心等距，没有死角。中华文化不是台上的摆设，不是手里的玩件，是用于观察人生和宇宙的显微镜、放大镜，也是我们享受、审美的环境。中华文化从生活经验中来，经过历代学者的研究，慢慢地概括，上升到形而上，又用来指导现实生活。到宋朝，儒家吸收了佛家和道家的东西，形成了十分完整而细致的体系。他们不是靠逻辑推理，而是靠直接的观察和冥思，直观为基础，思辨为升华。

归结起来，中华文化——不管是儒家、道家还是中国化的佛家，以及我们的原始信仰，和世界上其他文明的信仰、宗教一样，都是要解决我从哪里来，我为什么生活，我将走向何方。这就是所谓终极关怀。生活是要追求幸福的，什么叫幸福？幸福从哪里来？人总要死的，死后还存在不存在？将来能不能复活？复活也是一种追求。中国人追求的不是尸骨不朽，不是复活，而是精神的不朽。北京市 20 世纪五六十年代多数家门上有对联，最常用的，也是最俗的，是"忠厚传家久，诗书济世长"。忠厚就是精神境界，诗书是文化水平。

现在讲一下"和而不同"。"和"是什么？"和"字从口，禾声。"从口"，说明其本义与嘴有关。《说文》："口，人所以言食也"，是人说话和吃东西的工具。为什么要特别指出"人所以……"呢？以人为本，体现在语言文字上就是古人重视人兽之别，人就叫口，鸟口叫喙。"和，相应也。"相应就是一人发声、说话，他人回应。音乐上的"和声"就不会是不相应的噪音。在生活里，彼此相应就是和。古代还有一个写法："龢"，也是和声，是指调试众多乐器的音，使之相应相和。古代还有"五味调和"的说法，酸甜苦辣咸，多种味道混成一种新味道，有彼有此，非彼非此，融而无间。

再讲个"齐"字。《说文》："齐，禾麦吐穗上平也"。这是个象形字，三株麦子（以三代表多），底下一个横线，象征田地。禾麦吐穗的时候远看是平的，水、肥均衡，禾麦"齐刷刷"。但近前细看，其实有高低之差。汉语的"齐"是大致的"齐"，允许个性的存在，不是"一刀切"。孟子说"夫物之不齐，物之情也"，就是这个意思。但这句话中的"齐"则是较严格意义上的"齐"。这种认识是从哪里来的？不是思辨得来的。事物本身都有差异，在差异中求齐，不计较细微之异，这种"齐"也就是"和"，"和"就包含着不同。这是中国"和"、中庸的形象说法。

"以人为本""中和"，涉及人和自然的关系。中国人很早就把人看成是大宇宙的一个组成部分，人本身也是一个小宇宙，因此连气功都有大周天、小周天的说法。这一点，从某种意义上、某种角度上说，莱布尼茨的《单子论》有点和中国相近，所以他对中国的《论语》《周易》感兴趣，与此不无关系。最形象地概括了这种对天人关系的认识，就是张载说的"天地之塞，吾其体"，"天地之帅，吾其性"，即天地交和产生万物和人类，天地为我们做出表率，沿着天地之道走，构成了我们的性。天人一致。

现在我们一起看两幅白石老人的画。为什么中国人对生命是尊重的，认为天地是一体的？大家看看右边画是一个小红萝卜，夏天小红萝卜上市，这时昆虫已经成长，人吃萝卜虫吃叶，白石老人的笔下是一幅动、植、人相和的生命之歌。

左面是一个刚刚结成的莲蓬。荷花开始结莲的时候，也是蜻蜓飞满水面的时候。一个蜻蜓在白石老人眼里也是美的。画草木虫鱼，就是在讴歌大自然，讴歌生命的可贵。

下面是古人画的石。在中国人眼里，连石头都是有生命的，因此喜欢收藏石头的人，把收藏石头称为养石。实际上，如果长期细微地观察，石头确实不是死的，它会发生变化。风蚀成粉末人所共知，但需要的时间要以百年、千年计。人能够观察到的，例如石头上花纹的变化，最明显的大概是翡翠上绿色部分的加深扩大，实际是其中的矿物质在氧化。这符合天道、地道，即大自然的规律。把石头作为审美对象，并认为石头是活的，世界上这样的民族不多。

我看到过一块非常漂亮的太湖石，据说一到阴天就从石洞里升出云

气。其实这可能是太湖石的分子结构松散，平时吸纳了水，在一定气候条件下水分蒸发。科学道理可能很简单，但中国人认为它是有生命的。连石头都有生命，都受到关注和尊重，难道不尊重人的生命吗？所以，儒家、道家、佛家都重生命。

　　我们不仅仅重发育正常的、完美的东西，对于不完整、有残缺的事物也是抱着关怀、尊重、爱护的态度。我选了两幅残荷。残败的东西也被视为一种美的民族大概也不多。荷花，它曾经繁盛过、茁壮过，辉煌时期过去了，显出一种老态，但这种老态仍然具有无限的生命力，同时还预示着明年将从它那储存了能量的根部（藕）生长出新荷，而莲子也在孕育着下一代。残荷不意味着衰败，而是预示着明天的繁荣，这就是尊重生命，是整体论和生命无限观。

　　我希望老师们能引导你们的学生在出国之前了解中华文化的整体概貌，从读的书和听的课里抽出纲要，用这纲要去观照种种文化形式，包括宗教、戏曲、风俗等。

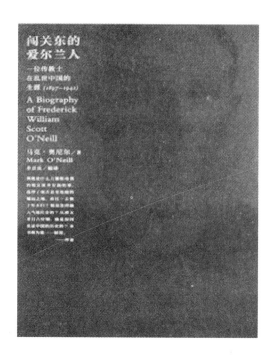

最后，我向大家介绍一本书，上面就是这个本书的封面：《闯关东的爱尔兰人》。写的是弗雷德里克·奥尼尔。他在 1897 年 27 岁生日那天来到辽宁省的法库（满语"鱼梁"）。何为"鱼梁"？在小河上筑个堤坝，留有缺口，缺口处拦上网，鱼游过时候就被网住了。桥梁之梁即由此来。称为鱼梁（法库），说明这里河多水多。1897 年时法库是个小镇，现在是铁岭市的一个县。当时整个铁岭没有一公尺的柏油路，全是土路——如果我们看一些历史照片，就可以知道清末农村的状况。法库当时只有 2 万人，物产丰富，很多人吸大烟，有钱人可以娶五个老婆，没钱的人光棍一生。到处是虱子、跳蚤、蚊子，没有一个医生。就是这样一个不算最贫穷，但是非常落后的地方，奥尼尔来了。他在获得了两个学位后主动要求到中国来，爱尔兰长老会批准了他的要求。他没有挑当时比较繁华的北京、上海、天津，主动到东北，到法库。他首先刻苦学习汉语，一两年后已经能讲一口流利的东北话，而且能写一手非常好、能让今天很多书法家看了汗颜的汉字。他在法库传教，一直到 1942 年被日本人驱逐出境，他在法库住了 45 年。他回到爱尔兰，四年后就去世了。

在法库，他从建房子开始，办了小学、医院，起了中国名字。他有一

个少时的恋人，这时也大学毕业了。他就给她写了一封信，说这里太远了，条件太差了，我们就此告一段落吧。当时从中国到爱尔兰有两条路线，分别需要两个月和一个月。他到铁岭把信寄出后，非常难受，和女友青梅竹马，大学时相爱，心离不开。过了些天，他坐着没有轴承的马车在泥泞的道路上跑了150公里，到沈阳发了封电报。电报内容很简单："你来吧，我们结婚。"上帝常常眷顾有情人。一天她的女朋友听到有人敲门，邮差递给她一封信，她还没走回房间，又有敲门声，还是那位邮差，对她说：小姐，对不起，你还有一封电报。她先看了那封信，再看了电报，马上跑到电报局发了个电报，也非常简单："我来了。"他经过两个多月海上和陆地的奔波到了法库，两人结婚了。他们俩一起下去布道，夏天在泥泞中，冬天零下二十几度，土路满是冰，途中要过夜，就住骡马店。骡马店我是知道的，本人睡过，大屋子里两边都是大炕，人挨人，空气可以想见。这对年轻夫妇就和赶车的、卖苦力的一起躺在那里。骡马店进去两个外国人，而且一个是女人，所引来的目光和议论可想而知。

在法库，他们先后生了5个儿子，两个都因为染上传染病无医无药去世了，至今还埋在法库。写这本书的马克·奥尼尔是他的孙子，1950年出生，现在在香港从事报道中国、沟通爱尔兰和中国友谊的工作。一个偶然的机会，他在北京发现了祖父曾经到过法库的线索，于是多次到法库调查，又回到爱尔兰在长老会的档案里查看祖父给长老会的汇报和报道，他深深地被感动了，冥冥之中接续了中国情结。他的父亲布雷博克·奥尼尔，1916年生，6岁的时候回到爱尔兰。老奥尼尔夫妇已经死了两个儿子，不能都死掉，就把孩子送回去了。当马克·奥尼尔1999年再次到法库的时候，见到了铁岭的一位女传教士张红霞，一说起来，他说我是弗雷德尼克·奥尼尔的孙子，"哦，你的祖父是倪牧师，那可是好人，我们至今法库人都非常怀念他，感激他。我们这里原来都是文盲，他给建学校，建医院，救了无数的人。还有你的祖母。"

我讲这本书，是要说，"闯关东的爱尔兰人"身上具有一种传教士精神，他之所以能够在即使今天也很少有人愿意到那里工作的地方坚守几乎一生，他之所以成功，至今让人怀念，就是因为有着牢固的信仰。

信仰可以是多种多样的，可以信佛，可以信婆罗门，也可以信上帝或是耶稣、安拉，信孔子学说。一个人必须有信仰，应该有高尚的信仰。"我就相信钱，"那是平庸的信仰；"我就相信力，"那是霸权的信仰；"我就相信性，"那是近乎禽兽的信仰。要有信仰就必须了解信仰的对象和"教义"。因此，只有真正了解中华文化、热爱中华文化，同时树立中华文化最核心的信念，我们的心才有着落，才不会像PM2.5在空气中飘浮而没有依归，才活得踏实。也只有这样，才能够迎接现在就有、未来会更为严峻的客观主观的挑战，让越来越多的国家的人民了解中华文化，在我们"商店"里发现他所需要的东西，选择性地购买。

要永远记住，因为有崇高的信仰和对自己祖国文化的爱，我们办这种文化"商店"绝不强买强卖。强卖，首先就贬低了我们的价值。对我们的文化就要有这样的信心。这样，无论是志愿者还是外派教师，都可以无愧色地说，我们是中华文化和世界各国人民之间的纽带，我们是中华文化的大使，也是中华文化的坚守者。

谢谢大家。

200 年河东 200 年河西 未来康庄[※]

这次大会的主题"东学——西学 400 年"是一个很有意思的议题，其中蕴含着，或者说是潜在着这样的期待：回顾 400 年来东学、西学的交流，在前人开辟的道路上更好地继续走下去；换言之，这种回顾是为了当下，为了世界，为了未来。正如怀特海所说，"过去的经验在客观上而非主观上就在现在的经验之中"，只有客观地、准确地、清晰地认识过去以及现在，才能知道未来的路。虽然未来将和过去、现在一样，时时转换，有所创造，但是未来的现实总是和事先的预想存在距离。既然"当下的经验才是上诉的最终法庭"（科布、格里芬：《过程神学》，中央编译出版社，1999，P. 32），那么"现在的经验"自然是我们思考的基点。作为从事人文社会科学的学者，中国的、欧洲的和其他国家的学者，在人类空前需要寻觅解救世界危机药方之际，应该响应"世界汉学大会"基于卓见在 21 世纪的第二个十年里提出思考"400 年"这个议题，因为它完全符合当下时代的特点和需求，很可能将对东学西学未来的对话，也就是东西文化自身，尤其是对中西文化越来越深入的交往起到促进的作用。

东学、西学的交流，离不开这 400 年在世界上发生的种种事件，何况这 400 年正是世界发生翻天覆地变化的时代。地域相隔的两方面学人对对方学术和文化的观察、理解和判断，也脱离不了"过去"和"现在"对我们"在客观上而非主观上"的影响。根据文化的和非文化的事件的历史情况，我们可以看到在这 400 年中东西交往的几次巨大变迁。

※　此文是作者 2014 年 9 月 7 日在"第四届世界汉学大会"上的讲话。

17、18 世纪，就中国和欧洲之间的关系而言，除了贸易交往，由于地域特征的局限和固步自封的政策，中国还没有主动地去了解欧洲的事情，自然对欧洲文化所知甚少。欧洲方面，根据《圣经》传播福音于全世界的启示，开始有传教士进入中国。除了广为人知的利玛窦、汤若望、南怀仁等虔诚的耶稣会士，实际上，从白晋（Joachim Bouvet）、龙华民（Nicolas Longbardi）等传教士和汉学家为莱布尼茨提供的关于中国文化的情况和资料看，当时传教士们对中国文化的了解已经比较深入（莱布尼茨：《中国近事》，大象出版社，2005）。

作为与笛卡尔、斯宾诺莎并列为 17 世纪欧洲最伟大的哲学家，莱布尼茨是以平等的眼光和类似发现文化新大陆的兴趣看待中国的。同时，他和他的学术合作伙伴以自己所信仰的基督教教义和概念，以欧洲式的"理性思维"来理解和分析以儒家为代表的中国文化，因而其所得出的结论与实际情况不符或距离甚远，也就理所当然，不足为怪了。说到这里，或许我们还可以提到马勒博朗士这位著名的神学家、哲学家。在他那里，"以欧释中"的情况和莱布尼茨也是相近的。

这一时期，我们似乎可以称为基本单向的、以欧释中阶段，或者可以称为"合儒超儒"、窥测探索阶段。这一阶段大约经历了 200 年。

17、18 世纪之交，从英国"东印度贸易联合公司"组成和对印度从经济到军事进行全面殖民统治开始，欧洲对印度的兴趣急剧上升，而对中国的兴趣急剧下降。神学界和哲学界从印度教经典中发现了另类伟大的哲学以及和欧洲语言同属一个语系的印度语言，于是研究印度文化的热潮不但远远湮没了对中国文化的关注，而且为后来以黑格尔为高峰的、未经了解和研究就对中国文化加以贬斥的思维定式和舆论提供了背景和条件，也为欧洲中心论增添了火力。与此同时，印度生产的鸦片大量输入中国，为黑格尔去世前不久发生的对世界格局和走向产生巨大影响的中英鸦片战争埋下了导火索。1840 年中国战败，1842 年不平等的、屈辱性的《南京条约》签订，从这时起，对中国文化的殖民统治正式开始了。

一批中国文化的革命先驱型人物，经过痛苦的反思，得出了结论：对外丧权辱国，对内压榨百姓，根子就在政治制度的老朽和传统文化的荒谬。于是，大量知识分子奔赴日本，奔赴西方，几乎是全方位地学习西方的科学、技术和人文。从西方回来的中国人虽然也有人能够在更为深入比较了解中国和欧洲的文化之后，对两方面都既有批评也有肯定，例如清末的外交官陈季同（曾著《中国人的自画像》，贵州人民出版社，1998；参考 Carsten Boyer（曹伯义）《书写东西方文化差异的三位中国作家》的评价，载《世界汉学》12 卷）和人们更为熟悉的辜鸿铭；但是大多数都认为欧洲的文化一切皆好，中国则一切都不行。

与此同时，从欧洲到中国来的人也开始增多，大多数是商人和传教士。前者就是典型的殖民者，居住、活动于特定社区，没有深入中国的社会生活；后者则以"高级宗教""绝对真理"的身份，君临天下，可以说是以"文化帝国主义"的眼光看待中国，并把他们在中国的所见所思向欧洲介绍。这时的欧洲已经从两个世纪前的"闭塞"（只注意或只知道地中海周围地区的事情）状况走出来了，认识到文化的多元本性，但是却以建立在发达的工业、武器、科学和航海，加上基督教的排他主义基础上的以"文化中心"和"权威"自居，这种意识成为当时的主流和正统。这一时期似乎可以称为点滴双向的、不平等的交流阶段，肤浅误解、崇欧抑中阶段。

这一阶段也占据了大约 200 年。

中国有句俗语："三十年河东，三十年河西。"意思是"我"并没有移居，三十年前小河从西边流过，三十年后却在东边流淌——万事万物永远的变化之中，唯有那个"主体"依然故我。400 年来就是如此。

如今第三个阶段到来了，这就是在经过了 400 年之后，我们正在经历的"现在"。

这个阶段大体是从二战之后开始的。两次世界大战，尤其是人类历史上空前残酷野蛮的二战，发人深省。智者们反思：发达的现代技术为什么在带给人们更高的物质享受的同时，也被用于掠夺和屠杀；一直被尊为绝对真理的现代观念，平等、自由、博爱以及人权，不但没有真正得到实现，反而事与愿违。于是，"现代性""现代主义"被深刻地质疑和批判。与此相伴而生的，是欧洲的智者们开始重视人类文化的多样性，开始较为公平地看待"他者"。所谓公平，我是指他们力图摆脱欧洲中心论、文化相对主义，走向文化多元主义。例如孔汉思就把儒家思想视为人类第三个独立的宗教"河系"，称为"哲人宗教"（孔汉思、秦家懿：《中国宗教和基督教》，三联书店，1990）。我们姑且抛开围绕着"儒学是不是宗教"问题的争论（在这个问题上，孔汉思也贡献了许多真知灼见，如他在关于人类伦理、世界责任的许多论著中所论及的），把"第三宗教河系"说和莱布尼茨、黑格尔相比，就能够清晰地看出欧洲认识中国文化的阶段性，也可以透视出近几十年来欧洲与中国文化交流的巨大意义。

文化多元主义标志着人类对自身认识的巨大进步。似乎人类的思想正在回归到轴心时代巨人们那里，同时带来了从 20 世纪 80 年代以来，特别是从世纪之交到现在的 20 多年，活跃于世界多处地方的不同文明对话。这些对话所产生的影响，已经超出了人文社会领域许多学科的范围，涉及国际法制定、环境保护约定、反对性别歧视等跨国事务，同时对 300 年来世界性的思维定式也悄悄形成了冲击。

这个阶段刚刚起步。我相信，这样一个符合人类文化规律和时代需求的交往一定会持续下去。要让未来的路通畅无阻，就需要对在过去几十年中东西交流所遇到的困难和问题做深入的研究。既然现在的经验是我们的基点，那么，我就想参照怀特海等过程哲学家以及哈贝马斯、孔汉思等人的卓见以及东西方众多学者的对话实践，提出一些在我看来应该予以高度关注、需要中东西学者共同研究的课题。

1. 文化"多元化"早已是大家的共识，但是在这一标题下却包含着不同的内涵。我们似乎无须再就文化是否是多元的进行论证了，但却应该清晰地分辨多元文化之间的种种关系。事实上，无论是广大民众的心理，还是一些国家当政者所实施的政策和策略，我们依然可以从中感觉到一种盲目的文化优越感和"文化帝国主义"的残留。而如果不同文化不能真正的、完全地平等地对话，就不会有真正的心灵的沟通，当然也就不能达致彼此间的真正的和平。换句话说，在千百年来彼此隔绝、各自养成了牢不可破的风俗礼仪、宗教信仰后的今天，人们即使在理性上认识到文化应该是平等的，但在心灵深处总会有唯我独优的影子，特别是在当前个人中心主义、民族中心主义泛滥的时代。因此，现在我们开展不同文明对话时，难免遇到"荆棘和地雷"。但是，诚如保罗·尼特（Paul F. Knitter）所说，"前面有危险"并不等于"此路不通"，"危险是实际存在的，但它们是可以避免的，又是需要小心地标示出来，有时需要绕道而行。"（《一个地球 多种宗教》，宗教文化出版社，2003，P. 82）我猜想尼特的意思是，不同文化都应该培育建立在理性基础上的真正平等的意识，其中对所有宗教一视同仁是极为重要的。这个问题我在下面还要有所涉及。

和这个问题相关的是，虽然在世界层面上"文化多元性"已成最强音，但在各个文化内部（也就是在一个文化共同体如民族、国家和地区内部），不同的亚文化的平等地位也应该得到承认和保护。事实上在很多时候，这个很普通的道理常常被忽略。而没有这个领域里的文化平等，国家、民族和地区也就不会有和睦、和谐、和平。

2. 语言的局限和不同语言之间的差异是东西文化交往的巨大障碍之一。这两个问题有时是叠加的。"我们领悟的东西多于文明在语言中能够表达的东西。"（尼特，P. 28）"道可道，非常道；名可名，非常名"（《老子》第一章）、"不可言说"（佛经），说的是同一个道理。希伯来系列宗教（犹太、基督和伊斯兰）从来对他们心目中的实在本体不作具体的描述，也是因为祂是超越的、先验的，"不可言说"的。

不同文化的交流不可避免地要遇到对方用来表达自己内心感和体验的词语和民族特有的叙述方式，也就是说，对方用心领悟的东西本来就难以甚至无法表达，说出来的往往是佛教所说的"假名"；而不同文化背景的人，即其他民族、宗教和信仰的人又须越过不同语言的障蔽，当然就更难以确切理解对方。虽然已经有人指出普遍有效的宗教教义之所以为人们所接受，乃是因为它们的"自明性"，但是实际上如果越过了文化共同体的界限，还是难以自明的。利马窦、莱布尼茨这些先哲的经验就是明显的例证。在这个问题上，安乐哲有过大量论述和实践，我也曾尝试与之呼应（《卸下镣铐跳舞》，《文史哲》2009 年第 5 期）。在我看来个中道理显然，无须赘述。

3. 信仰的差异带给不同文化背景者对话的困难更为深刻。信仰不仅涉及悠久的历史（包括形成某一宗教和信仰时的自然环境、生产生活方式）、风俗习惯，而且和哲学有着表里相糅、皮肉相粘的关系。我同意孔汉思的意见，世界上的各个伟大宗教是不可化约合一的，因为其"质"不同。尽管孔汉思认为"中国的理想境界'天人合一'""正是基督教人和神一致的观念的一种表达方式"，他甚至在引用了海德格尔"道是一切"的话之后说："如果存在的'皆'为道，那么道不就等同于存在?"（《中国宗教与基督教》，PP. 236、154）其实儒、道两家对"天"和"道"的理解还有其他复杂的内涵，和基督教的"天人"和"存在"并不像他所期望的那样密合。

一般来说，在就多数文化形态进行交流对话时，信仰的差异不会成为障碍；即使讨论不同的宗教和信仰，只要不是为了使对方皈依或要证明自己的宗教和信仰是唯一的真理，也不会妨碍交流的进行。我在这里所说的

"带给不同文化背景者对话的困难"，指的是如果要对对方的文化做深入的了解或进行交流，自然要涉及上述的天—人、道—存在等问题，涉及对善和恶的看法，这就已经涉及宗教教义和哲学了，于是难以契合，原因就在于信仰之异。

4. 到目前为止，恐怕谁也说不清每年在世界各地举行多少场不同文化间的种种对话和活动，各国之间，主要是学者和神学家之间的关系日益亲密和谐。但是似乎话题并不集中，对社会的影响并不很大。

不同文化背景的知识精英之间沟通，最终为的是尽快结束现实的冷漠无情、迷茫空虚，促进人类的和平，而不仅仅是为着学理的充实，更不是为了信仰的传播。话题碎片化（姑且这样说）则难以帮助解决当今世界的危机。这不能不说是急需认真思考的问题。

当今世界引发人们忧虑的种种问题，归根结底是那些在久经风雨之后仍然鲜活地存在于社会中、已经证明是正确的各个悠久传统文化的做人标准，也就是民族的、宗教的伦理准则，遭到了严重摧残。寻其根源，只是人心的问题：资本对利润的无限追求，促使它用刺激人的感官和欲望的办法不断推销花样翻新的"新产品"，吊高人们对金钱的渴望，再加上对现代社会开始时形成的基本理念的扭曲和抽象化，于是形成了中国古老典籍《尚书·大禹谟》上面说的"人心惟危，道心惟微"的局面。在这样一个滚滚红尘的世界，只有重塑伦理道德，重新强调人的价值，人类的未来才有希望。

众所周知，自 20 世纪 80 年代起，欧洲一批具有很高声望的公共知识分子，开始大声疾呼建立人类公共伦理。代表人物就是我在前面提到的哈贝马斯、孔汉思、科布等人，昨天光临大会的杜维明先生也曾积极参与其中。他们的理论声音 30 多年来影响日益扩大，以至于联合国发表了《通向未来之桥》，并和其他有关的世界性组织先后在制定一些条约和协定时也吸收了他们的主张。可惜的是，在这一段时间里，中国学者很少或没有参与其中，在涉及中国传统伦理时，主要由精通汉学的欧美学者向世界做出介绍。简言之，在那二三十年里，不同文化间对话的浪潮中基本上没有中国的浪花。讨论人类共同伦理和连带研究"世界责任"时，有着近 14 亿人的古老民族缺席，不能不说是世界伦理论坛的损失。而在接近世纪之交时，欧洲那批公共知识分子所掀起的波澜似乎渐渐减弱了。现在情况有了改变。从上一个十年起，中国学者参加世界性对话的机会忽然多起来了。中国人的参与和新的浪潮的重现，似乎是在接续 20 世纪的那个令人振奋的波澜，同时也证明，不但希伯来系列宗教之间及其和印度教之间可以坐在一起讨论不同文化在伦理上的共性，作为"哲人宗教"的中国文化，同样有这种需求，有这个条件，同样和其他文化有着很多相通之处，因而丰富了论证人类共同伦理的必要性、重要性和可行性。

在东西文化交往的这个第三阶段，我们可不可以相对集中地把构建人类共同伦理作为重要议题，顺其自然地使其成为东西汉学家比较广泛的关注点？世界上的事情瞬息万变，我们的研究需要紧跟上这个生生不息的世界；同时，在这个宏大视野、宏大议题下，有许多需要进一步思考研究的理论问题和实践问题。所谓实践，就是促使各国政府、政党和社会团体自觉地、实实在在地承担起"世界责任"。这也许就是科布所提倡的"超越对话"（《超越对话》，浙江大学出版社，2008）。起步于 20 世纪的那批先行者的成果、经验与不足，都将是我们的宝贵财富，我们把他们手中的火炬接过来继续奔跑。

不同文化就着人类共同伦理进行研究讨论，会受到诸多挑战。的确，挑战和机遇从来是孪生姐妹，是一枚硬币的两面。对应于我在前面所列举的困难，我想提出以下几点建议，或者可以视为"对策"吧。

1. 在研究讨论时，暂且搁置关于信仰的争执，就着不同宗教和信仰所推崇的那些"善"的伦理和习俗进行对话。例如中国的儒家是不是宗教、佛教的"空"和涅槃是不是绝对的存在、笛卡尔的二元论的是与非，这类问题可以放到另一类的场合去讨论。之所以如此处理，是因为前面所说的，这类问题太多，太复杂，已经辩论了几百年，尚无比较一致的认识，暂时搁置，并不妨碍对现实生活的观察、剖析和争辩。因为生活在贫困和苦难中的人们，以及同样遭受了苦难的地球，正在嗷嗷地等待着和谐、和睦与和平。

主要着眼于不同文化的伦理，从中寻找到人类共同的东西，似乎又回到了利玛窦、莱布尼茨的时代。但是，这第三阶段和第一阶段有着"质"的不同，我们已排除了"排他性""唯一性"和"绝对性"，不同文化是在完全平等地对话。不论是对一神教、"自然神教"，还是巫觋信仰，我们不再主要依靠他人转述的第二手资料，也不再以自己的信仰为标准，而是要深入到对方的文化传统和文化现实中去，以"无知"者、学习者和欣赏者的身份，把"他"视为"我"，在对方的语境中去领会另一信仰的概念、心理和习俗，去发现彼此的同与异。

2. 参与者将一起研究如何应对全世界（包括宗教）所正在经受的共同威胁。今年7月我参加了韩国政府举办的一个儒学论坛，我的讲演题目是《中韩同命　携手并进　奉献世界》，意思是两国都在受着工具理性、拜物成风的折磨，应该一起应对危机，对世界有所奉献。事实上现在已经是"全球同命"了。我希望"世界汉学大会"呼吁全世界各个民族、各个伟大的宗教，明确地宣称，在个人中心、金钱至上、技术崇拜、虐待环境这类"恶"的标准所鼓动起的大潮中，谁也不能幸免；唯有形成人类共同伦理，约束自己，监督政府，制衡社会，才是唯一的出路。

我理想中的关于人类共同伦理的对话，应该不断向着"深"和"广"两方面开拓。所谓深，即虽然搁置关于信仰和宗教教义的争执，但并不等于一味回避，而是引进不同信仰的"教义"，寻其根源，证共同伦理之必然。例如关于善与恶的界定、分辨。所谓广，即不仅关注群体（文化共同体）与群体的关系，而且要观照个体与个体的关系，因为后者才是与亿万人们息息相关并受到广泛关注的。只有不断向着深而广前进，未来的路才可能是无限的。

要让人类共同伦理成为全世界人民的共同向往和责任。关键是这一观念需要通过教育、宗教和社区三个系统的积极参与，传下去、扩开来。我们清醒地知道，学者的声音一般只能达到学术圈子的边界，而教育、社区和宗教则可以把我们的成果送到每个人面前。历史经验告诉我们，一种观念要成为千千万万人的内在，决定性的动力在于自己对崇高的追求，而这正是困难之处：需要时间、环境、礼仪和学习。所以，当我们看到孔汉思在《世界伦理手册》（三联书店，2012）中单辟"如何实践世界伦理"一章时，也就不感到奇怪了。

3. 自古至今，所有民族的伦理，基本上都是围绕着构成我们这个世界的两大组成部分而形成、展开、延续的：一是人，二是天——或曰自然。自工业革命以来，人类就以空前的效率破坏者我们的小小地球和无限星空；后工业化时代，因为技术以传统思维难以想象的速度更新、创造，在引来人们高歌欢呼的同时，对环境也在以前所未有的速度和广度疯狂地毁坏。这种毁坏原本基本上出现在率先实现工业化的国家和地区，后殖民时代到来，新兴国家出现，殖民形式变得温柔美丽，于是像亚洲、非洲的很多地方竞相克隆18、19世纪的欧洲，于是灾难也实现了"全球化"。

解决人类生存环境问题应该是人类共同伦理的重要内容。遏制物欲，蔑视奢华，敬畏天地，不同信仰和宗教都有各自的"方便法门"。在伦理的诸多方面中，可能唯有拯救地球是最容易取得广泛一致意见的。但是在其他方面，我们还需要把畅行了几百年、几乎人人知晓并且歌颂的平等、自由、博爱和人权，以及人们时常挂在嘴边的"福祉""正义"等具体化，甚至还有可能需要我们重温卢梭关于"进步"和"文明"的深刻思考。由理性概括的、抽象的伦理概念，容易并已经被一些人填进了许多与之相悖的货色，异化了。当我们回过头重新阅读古圣贤的教诲时，可以蓦然发现，无论是释迦牟尼、孔子、耶稣还是柏拉图，他们在提到那些人人欣羡的伦理时，从来不孤零零地空喊名词术语，总是把自己的理念放在一个具体的语境中呈现。语境，就是最好的解释。让我们学习他们，给予世界一些人人能够理解、欢迎、履践的语言。这也正是我在下面所要谈到的。

4. 重新深入审视和研究"黄金律"。"己所不欲，勿施于人"（《论语·卫灵公》）、"你们愿意人怎样待你，你们也要怎样待人"（《圣经·马太福音》），一直以来被人们称为"黄金律"/黄金法则/金律，为人所称道。但是《黄金法则》一书的作者 H. T. D. 罗斯特（Rost）说："这是一个具有伸缩性的术语，对不同的人意味着不同的东西——它的涵义还随着时间的流逝而变化。"（《黄金法则》，华夏出版社，2000，P. 11）对此，我们是否应该给予关注？是否还需要沿用这一术语？另外，有人把《马太福音》的教导称为"积极的黄金律"，而把孔子对"恕"的解说称为"消极的黄金律"。这样分法是不是合适？孔子所说的"己欲立而立人，己欲达而达人"（《论语·雍也》）又该放在什么地方？怎样理解耶稣所说的"恨你们的要待他们好，咒诅你们的要为他祝福，凌辱你们的要为他祷告"？这和"以眼还眼，以牙还牙"的教诲如何协调起来？这些都有待我们深思。

5. 孔汉思坚持他很有远见地提出的"四项不可取消的规则"：坚持一种非暴力与尊重生命的文化，坚持一种团结的文化和一种公平的经济秩序，坚持一种宽容的文化和一种诚信的生活，坚持一种男女之间权利平等与伙伴关系的文化。（《全球伦理》，四川人民出版社，1997）后来在他参与起草的1993年"世界宗教议会"《世界伦理宣言》中，简约为"不可杀人""不可偷窃""不可说谎""不可奸淫"，他的这一杰出建议的精神也因此而更广为人知。从那时到现在，人类又经历了 20 年的历练，人们基于自己的实践和思考，基于当下的现实，对他的卓见还有没有什么补充？人类共同伦理并不是乌托邦，而是"一种从现实出发的、有望实现的远景"（《世界伦理手册》，P. 74），是人类历史的必然，更是在孤岛悬崖上的唯一生路。但是，理想和现实的距离太大了。这 20 年来人类的灾难非但没有消减，反而更为严重了。我们是否应该探讨：如何才能让五大洲的公众看到孔汉思的四项规则有了开始落实的苗头？

6. 人类共同伦理和世界各大宗教的戒律、启示、教导相符，可以说是世界不同文化伦理的共性或共同基础。通过我们的细化、深化、传播，特别是如果各国政府和各种组织担当起应有的责任，就将给现在乱糟糟的世界带来令人心醉的清风。但是，我们并不是弃理论研究于不顾。实际上也确实有些问题需要多视角的研究，例如，关于善、恶的起源、界定和转化，关于研究对话时的优先性：是不同文化的差异性优先，还是上亿人正在遭受的苦难优先？又如，共同伦理与国际法和本国法的关系；共同伦理和宗教、世俗的关系；在不少宗教那里，通过履践共同伦理而获"救赎"的形式；人类共同伦理对政府、社会和个人约束力；等等。

中国的"尼山论坛"创办五年来，在中国山东尼山和巴黎、纽约、北京一共举办了六次，基本上都是围绕着不同文化的伦理进行研讨和对话，得到了多方面的肯定。今年 5 月的尼山论坛主题即"不同信仰下的共同伦理"。现在正在策划明年在某一世界著名城市举办。在这里，我代表尼山论坛组织委员会向各位朋友，也向世界各国汉学、哲学、史学、神学、社会学等各方面学者承诺：我们一定在构建人类共同伦理的进程中，和大家一起，竭尽努力。我也希望"世界汉学大会"为此奉献力量，并且也走出国门，更亲近地、深入地在非中华文化语境中和各国朋友一起研讨这一有着时代特色、各个文化和宗教所急需的课题，向世界展现并奉献中国人有关怎样做人、怎样处理和他人的关系的古老智慧和现代的思考。当然更欢迎有更多的各国学术组织也加入进来，大家一起构筑一条用新世纪人类的良知、对怎样做人的重新认识和对人之为人的崇高价值的歌颂铺成的康庄大道！

全球语境中的中华文化※

这次论坛以"中华传统文化与香港"为题，是很有意义的。对这个问题的研究不仅仅有助于对整个中华民族这个文化共同体的认识，而且对香港未来的和谐与繁荣也有着巨大的意义。今天我们聚集在香港，当然重在对有关学理的研究——即探究中华文化和香港文化本体的内在本质、规律、沿革、二者之间的关系以及前景展望。我认为，时至今日，这种思考需要现代世界的视域，并且要有关注地球和 70 亿众生的胸怀。

一 世界文化和中华文化的范式正处在 又一次转向过程中

世界已经经历过了几次文化范式的转向。约略言之，从希伯来宗教和希腊—罗马哲学结合，开启了西方的中世纪；文艺复兴的启蒙运动结束了人们所说的黑暗时代，迎来了"理性"地追求真理的工业化的"现代"；现在进入了经济全球化、技术信息化、社会碎片化、价值物质化的"后现代"。就在这最近一次转向的同时，学术领域关于"现代""现代化""现代性""现代主义"以及"后现代"的思考与争辩热热闹闹，至今未绝。有关上述概念的界定虽然众说纷纭，但是在有些方面则是众口一词，这就是：时代转向了，"现代"留给人类的社会遗产背离了，甚或可以说

　　※　　此文是作者 2014 年 9 月 26 日在中国文化院举办的"第二届中华国学论坛"（香港）上的讲话。

是背叛了启蒙时代"理性"的承诺——自由、平等、博爱和人权；世界目前经济和社会发展的趋势不可逆转，却正在走向危险的深渊。人们的分歧主要在对人类面临的危险度高低以及如何才是人类生存之路的不同见解而已。半个月前美国《国家利益》杂志网站刊登了新加坡的约恩·厄尔斯特伦题为《一个可怕的想法：全球性30年战争》的一篇文章。作者针对当前中东的乱局提出自己的担忧和分析。他说：发生在17世纪上半叶的30年战争，是"一个陷入困惑的欧洲谁有权定义伦理、规范、价值观和行为模式"的野蛮争斗，而"当今世界决定性的力量因素是形成观念的能力：定义大多数人心目中的是与非、可与不可、当与不当。换句话说，形成一个基于价值观、吸引多数人的制度——占领自己定义的道德高地！"至于与这一思潮完全相反的弗朗西斯·福山的"历史的终结和最后之人"的结论，在2008年席卷全球的金融危机之后连他自己也已动摇了，究其原因，恐怕不仅仅是由美国爆发继而席卷全球的金融危机，和由此引出的种种社会冲突，核心的问题是，作为"现代性"模范的美国，实际上已经失去了定义观念的能力。

就在这时，一个值得注意的事实是，中国——和几乎所有的新兴国家一样——越过了欧洲14世纪之后那段艰苦的探索、思考、论证过程，一下子跨进了"现代"的最后一班车；接着，工业化尚未完成，就稀里糊涂地被裹挟着进入了"后现代"。例如发达国家所遭遇的种种灾难在内地几乎一样不少。11天前，《人民论坛》问卷调查中心公布了内地社会心态存在的十大病症，依次是：信仰缺失、看客心态、社会焦虑、习惯性怀疑、炫富心态、审丑心理、娱乐至死、暴戾狂躁、网络依赖、自虐心态。依我看，这十大病症并不处在同一个层次上，列为众病之首的"信仰缺失"是问题的根本。信仰缺失，伦理道德何从谈起！

在此之前，中国文化经历过与欧洲不同的转向。如果我们暂且不论由殷商进入周代——文化在此定型和后来儒释道自身转折和新生的叙事（虽然我们从中可以受到文化生存发展的重要启示），中国文化的巨大转向，一次是对传统文化的彻底批判和否定，结果是思想的大解放，带来了社会、政治的大转型，帝制结束，开启了对共和、独立的艰难探索里程。这一转向也给后来留下了文化领域的许多负面后果。大陆的改革开放，是又一次转向。这次与古代和近代转向之不同，即在已经不是基本上局限于华夏之族界域内（虽然此前的事件也受着外部事件的启迪和影响），而是

未达续集

几乎与经济全球化同步，在经济以令世界瞠目的速度发展的同时，中国文化也随着"文化全球化"的节拍跳起舞来。社会差距拉大、环境迅速恶化、人生价值扭曲、社会伦理缺失、奢靡贪婪成性同时而至。但是，自最近一次世纪之交前后开始，"后现代主义"在中国也形成了巨大的思潮，而且势头越来越大。这一思潮的特点，可以用大卫·昂莱的话说，就是"认可后现代，重估现代，回收利用前现代"（《后现代性》，第二版，P. 14）。

我把这种世界的和中国的情况比喻为"赛车现象"：西方——首先是欧洲那辆车起跑，接着是北美的车紧随其后，不久北美的车超越了欧洲的车；中国车启动很晚，但车型较新，迅速地跟上来。前面的车转弯，后面的车跑到那里也必须转弯；前面的车所经过的颠簸处，后车躲不过；前车在某处侧翻，后车如不减速或采取应对措施，必然也要翻车。大家只有时间之差，却没有命运之异。问题出在哪里？就出在"现代性本身就是一个脆弱不堪和远非完美的发明"（《后现代性》，第二版前言，P. 2）这说明，"西方的途径，就是说欧洲和北美的文化，不能再被当作标准和典范了。"（同上书，P. 141）

现在说到香港。如果用世界和中国文化转向的事实比照香港文化的历史，是否可以说，在祖国内地经历第一次转向时，香港已经基本接纳了欧洲文化，从此无意中成了中国最重要的对外窗口、中欧文化对话和相融的试验场。换言之，香港在被殖民的条件下早于内地实现了"现代化"，具备了"现代性"。我之所以说在"在被殖民的条件下"，是因为"现代"所允诺的"民主"与"平等"，在回归祖国之前的一百多年里并没有兑现；但是"现代性"的其他方面几乎都逐步实现了，尤其是社会层面和价值伦理领域。"现代化"本来就是双刃剑。到目前为止，包括香港在内的大中国全境，都在既享受着现代化的科学技术成果，也被这柄剑的另一面割伤，而且伤口不小，疼痛不轻。

所幸，中华文化源远流长，早已在亿万民众的心底形成了文化基因。以往从西方来的文化冲击势头凶猛，国人曾经阻拦甚至抗击过。后来虽然接受了宗教、技术、管理和艺术，但是这种接受是"中国式"的，即在不违背中国人原有礼仪、风俗、习惯情况下的接受，也就是在不丢弃中华文化基因的条件下吸收西方于己有益的元素。香港先走了一步，至今不但儒释道三教共处并荣，天主教、基督新教、伊斯兰教兼容，一些民间信仰，如关公、妈祖、土地、黄大仙等，也遍布全岛。按照西方神学家的说法，这是天启神教、自然神教、圣哲信仰（儒家）和巫觋信仰（占卜、看相）并存于一体。春节、清明、端午、中秋，仍是香港人民的重要节日；"叹早茶"，是原汁原味江南习惯；如果在家里喝茶，喝法基本上是传统的，与喝咖啡相辅相成。这些都和内地并无二致。

正是因为中华文化的基因如此牢固，所以内地近年来，尤其是进入这个世纪的第二个十年，"回收利用前现代"已经成为从城乡公众到学者，到国家领导人，共同关心并参与的事情，而且这三类人渐渐趋向彼此相应与配合。只不过这种"回收"是直接回到轴心时代本民族的智慧巨人孔子、老子、孟子以及虽是外来却已经本土化了的佛陀那里，重新温习并审视他们的教导，寻其根本，汰其适合农耕和帝制时代，但已不适应现代的东西。例如对拜祭祖宗、先师、烈士蔚然成风，而采用的仪轨却大量吸收了欧美的元素。再如根据对20个省的不完全统计，到目前为止，已经涌现出1600多家旨在传播传统文化的书院，既有公办的，也有民间举办的。又如，许多企业，已经把营造企业文化作为重要事项，做得红红火火。在山东许多地方，"乡村儒学"——学者走进村镇，为村民讲述传统文化和本地乡贤、历史——颇受欢迎，民风也在悄悄地变化。如此等等，都说明人们普遍感到祖祖辈辈遗传下来的为人处世的"伦理、规范、价值观和行为模式"最适合自己；一味追逐利润和财富，并没有给自己带来幸福。最近，北京卫视每天播放一档名为"寻找老街坊"的真人真事节目，非常受市民欢迎。节目表现的是，已经住进宽敞楼宇，但邻里间冷漠、生疏、绝缘且彼此防范，因而感到孤独失落，于是想找回温情、平静、和谐的过去。由此看来，谁最有权"定义"人们应该怎样生活？是广大民众自己；谁最有能力"定义"道德标准？是现在依然还没有中断的祖父母或更早的前辈所留下的社会风尚。

二 面对纷繁复杂、波涛汹涌的世界，人类将走向哪里？中华民族出路何在？

众所周知，20世纪80年代欧洲曾经兴起了探讨人类共同伦理的潮流，一批杰出的公共知识分子，包括许多著名的哲学家、神学家、历史学家、社会学家、心理学家，借着后现代主义和文化多元化、文化多样性学术之风，提出了后现代主义所没有顾及的"不同文明对话"和"构建人类共同伦理"的倡议和行动。不同文明对话是方式，是通道，是过程，构建人类共同伦理是目的，是应对残酷的现实、消弭战争屠杀的远景。

哈贝马斯并不否定"现代性"，认为现代性的潜力还没有完全发挥出来，他在认真研究当代思想演变状况后提出了"公共交往理性""主体间性"等一系列概念，为的是把启蒙运动旗帜上所标榜的"理性"进行改造（而不是"改换"），使人类走出困境。他的"公共交往理性"和启蒙时代的"理性"可谓截然相对。例如，他不是以自我为中心追求成功，而是推己及人寻求彼此理解；不是一味竞争零和，而是努力商谈协作（《后形而上学思想》《公共领域的结构转型》《对话伦理与真理》《交往行为理论》等）。

哈贝马斯的论著以语言艰涩著称，而与他几乎同龄的同胞孔汉思，则尽量使用简洁明快的语言表达。孔汉思在长期研究世界所有"伟大的宗教"的基础上（《世界宗教寻踪》），开始为构建人类共同伦理呼吁奔走。他认为，在儒学、佛教、犹太教、基督教的宗教伦理中具有十分相近的要求；如果各个文明真诚对话，使共同伦理形成约束的力量，世界就可以获得和平和友爱。经他和同道者的努力，1993 年在芝加哥举行的世界宗教议会通过了《世界共同伦理》的决议，2001 年联合国发布了《通往未来之路》（杰出人士小组报告：《跨越分裂，文明间对话，联合国报告》）。"构建共同伦理"一时间形成了欧洲学界的热潮。现在，虽然这一讨论的热度由于种种原因已呈减退之势，但他们开辟的道路影响仍在，当年那批学者功不可没。

但是，无论是哈贝马斯、孔汉思，还是与他们并肩奋斗的许多伙伴，都没有解答这样一个问题：他们所理想的回到前现代观念或发挥现代性的潜力，其关键，即人类共同伦理在各个文明世界如何内化为人们和社会的礼俗习惯、自发要求？也就是他们没有明确地把理想的世界伦理境界与个人道德修养的境界结合起来。在这点上，他们的思维进路有些近乎后现代主义。

有感于此，我在今年 5 月 21 日的尼山论坛上重新拾起"构建人类共同伦理"的话题，随后 9 月 7 日在北京举行的第四届世界汉学大会上对此又作了进一步阐述。令我高兴的是，每一次都得到各国许多学者的呼应。

我的想法是由中国学者发起，接续"人类共同伦理"的探讨和呼吁。

三十年来，欧洲学者和神学家们的经验与成果将是接续者从事这一事业的基础和出发点。和前此的浪潮有所差异的是，我们应该更加强调不同文明的真正平等、相互尊重，由生活在不同文明语境中的学者讲述对本文明的反思与展望；同时，还要积极向人们介绍不同文明内在不断提升的经验。显然，在这个论域中，中国学者和神学家们自然要发出自己的声音，而在过往的三十年中，这方面显然是令人遗憾的。

说到这里，我的发言就该结束了。那么，就让我用最后的两分钟时间，再回到这次会议的主题"中华传统文化与香港"上来。其实这也是我发言的主旨。有了上面所讲内容的基础，我的结论就很简单了：整个中国，包括香港，祖祖辈辈形成的优秀文化传统都在经受着"现代性""不完美性"的毁损，只不过各处表现形式和受害程度不一而已；人类的和地球的危机在内地和香港的头顶上徘徊着。那么，我们就应该一起"回收"历代贤哲的教诲，挽救社会，挽救民族；同时，还要一起和世界各国的智者加强沟通，为建构人类的共同伦理并使之在公众中传播、影响政府决策发挥越来越大的作用。

《世界汉语教学学会通讯》新年致辞※

　　春天来到了北半球——当然，这时南半球也是美丽的季节。如果我此时说给学会的全体会员拜"年"，似乎就应该也祝贺南半球的会员们新的一个学"年"开始。不管赋予这个日子以什么样的含义，我们都在迎接新的教学，新的挑战，新的生活。

　　按中国的农历（它的出现距今4000多年），现在已经进入羊年。全世界各个民族几乎都喜欢羊，而在汉字中更是清晰地表现了中国人自古以来对的羊的特殊感情。"羊"字原本就是个羊头的形象，并且把它作为吉祥的词语和符号。你看，"祥"字里不是也有"羊"吗？而表达中国人最好愿望的"美""善""义（義）"等字，也都要"羊"参加进来。这就是因为羊温顺、团结（啊，对了，"群"字里也有"羊"！），吃得极为简单而奉献多多，从不欺侮他者，但也不会容忍侵害，为此长着一对坚硬的角！今年我在自己定制的贺年卡上写了这样两句："美善皆由羊获義，诚敬有畏自呈祥"，就是想表达上面这些意思。

　　拉拉杂杂写了这么多，是什么意思？不消说，就是期盼世界汉语教学学会的朋友们一年吉祥，永远吉祥！也期盼汉语国际教育事业，在全球危机丛聚、并不太平的环境中，能让更多的人——尤其是年轻人——掌握一种与占人类五分之一人口的中国交流的本事，从而多交一些朋友，多了解自己身边之外的世界，大家携起手来，筑成友谊之桥、和平之墙，让全人类过得越来越幸福，这就需要我们的诚、敬，只要我们坚持不懈，就会"遇事呈祥"。

　　也许，这里就包含着我们面临的新挑战吧。

　　※　　此文是作者在《世界汉语教学学会通讯》2015年第1期上的羊年新年致辞。

文明对话是亚洲振兴文化的诉求※

习近平总书记在上海亚信峰会和博鳌亚洲论坛两个国际会议连续两次倡议召开"亚洲文明对话大会",这实际上是对国际社会的郑重承诺。中国的知识界、思想界,以及尼山世界文明论坛应当关注这个问题。我们需要把习总书记提出"亚洲文明对话大会"倡议,放到当今整个世界的思想格局和党中央的战略部署当中来看。从第一台蒸汽纺织机启用到现在的250年里,驰骋于全世界、覆盖整个地球的经济、政治、军事的思想、价值和哲学,是文艺复兴后所形成的"现代主义"。如果说工业革命之前人类遭到的最大灾难是大自然给予的,那么工业革命以后,人类最大的威胁是人类自身所造成的,是"现代主义"的产物:冲突与战争、生态的毁坏和不平等。这些威胁已经全球化,从这个角度看,亚洲各国当前的命运是共同的。通过"一带一路",通过经济交往、基础设施的建设,更为重要的是通过与沿着一带一路诸国的文化交流、互学互融,亚洲人民来创造另一个样子的世界:不是非此即彼、博弈零和、丛林法则的世界,而是你好我也好、合作共赢、和谐安康的世界。建"一带一路"、亚投行、金砖国家基金,举办"亚洲文明对话大会",这体现了党中央、习近平总书记的伟大战略部署。

"文明对话"我们不是首创者,但凭着中华文明博大包容的智慧,我们有信心后来居上。文明、宗教对话活动在国际上已经有二十多年了,一

※　此文是作者 2015 年 6 月 9 日在"亚洲文明对话"座谈会上的讲话,刊发于 2015 年 6 月 29 日《光明日报》(国学版)。

度影响比较大，由于种种原因逐渐式微。崛起的中国和世界交往既要有文化、文明的支撑，同时在与亚洲不同文明对话中，尼山论坛要有"舍我其谁"的时代担当精神。儒家文明是亚洲文明的重要组成部分，现在中韩联手弘扬儒学，是中韩两国领导人的重要共识。作为儒家文明的发源地，中国理应成为亚洲儒学的研究与传播基地，要有充分的话语权。同时，我们也要充分认识到开展亚洲文明对话的复杂性和艰难性。客观上，亚洲的文明比西欧还要复杂，彼此交往的基础欠佳。各国价值观不同，有很多敏感地区，其敏感度不亚于伊斯兰教与基督教、犹太教之间。加上长期以来我们跟亚洲很多国家学术交流合作的基础相当薄弱，很多方面都要重新开始。但只要我们坚持下去，亚洲文明对话大会一定能为亚洲人民做出巨大贡献、产生深远影响，因为它顺应了世界大势和时代潮流。

智者之痛※
——在香港 "和文化" 研讨会上的发言

　　我之所以把我的发言题目定为 "智者之痛"，是因为在中国几千年文化史中，记载着无数智者从纷繁的现实中想起了过去，看到了未来，在琳琅满目的华丽中发现了潜藏着的危机，从百姓的呻吟声里听到了希望。他们可能过着社会底层的生活，也可能衣食无愁，伴随着他们一生的却都是似乎永远解不开的忧愁，为生民，为民族，为世界。如果我把目光投向更为广阔的范围，也会历数出许许多多各个民族愁苦的智者。因此，我对笛卡尔在《传道书》里所说的 "知识越多，悲伤越多，大智慧里藏着大痛苦"，有着深切的感受。

　　现在，各国都有一批智者已经陷入思想感情的忧伤和愁闷之中。他们在科技日益发达、物质日益丰富的背后看到了种种解不开的人和人之间、人和自然之间、当下和未来之间的矛盾与冲突。我是研究训诂学的，将永远是这些智者的追随者、崇拜者；同时受到智者们的熏染，我也有一些思考和纠结，愿意在这里讲出来向各位请教。

　　中华民族是个先天乐观的民族，没有 "原罪" 的压力，相信 "人性善" 之说；不寄希望于 "救赎"，"知天乐命" 的生活之道帮助人们在坎坷中安抚自己的心；不相信 "末日" 和 "复活"，认为未来在于传承，所以庄子用堆积木柴所作的譬喻 "后来居上" 成了全民族的共同理念。与此相应，又有 "未雨绸缪" "居安思危" "人无远虑，必有近忧" 之类祖先的经验提醒人们尽量在事前做好应对不测事故的准备。而在民族心理的

※　此文是作者 2015 年 12 月 7 日在香港的发言。

最高处，可以传承几千年的，则是"天下大同"的理想。如果说，许多至理名言常常着眼于个人和家庭的苦乐安危，那么，"天下太平"则早已超越自己已知的范围，延伸到"无远弗届"，把乐观和企盼径直覆盖到不同历史时期所能知道的所有地方和人类。现在，中华民族的最高追求就在于此。

人们会说，"天下太平"是人们心里对混乱时代的回应，是乌托邦。不错，两千多年来支撑着中华民族的这一理想社会始终是朦胧的，从来没有实现过。但是，正如杜兰特所说，"天堂和乌托邦，就像是一个井里的两个水桶：当一个下降时，另一个就会升上来。"（《历史的教训》）如果我们放眼人类的全部历史，也可以说人类一直是在预设比自己生活的场景更为美好的未来中奋斗的。让我们稍微沉静下来想一想吧！无论是个人还是民族，也无论是为了谋生、求学、工作和婚嫁，不都是怀着一种美丽的愿望吗？预设的东西只是一种可能性，如果要实现，就需要人类不懈的能动性，并随着时间和空间的变换而进行必要的修正和调整。中华民族及其个体从来没有把未来寄托在天之上，虽然佛教、道教和其他外来宗教或明或暗地都有着关于"彼岸"的教义或暗示，但是始终没有成为民族意识的主流，而对天之下的"乌托邦"设想却一直树立在民族努力行进的遥远前方，激励着一代一代的人们朝它走去。"明天一定会更美好"，这是历史的沧桑给予民族的启示。

按照汤恩比的历史观，文明的发展是民族对各种"挑战"进行"应战"的结果（《文明经受着考验》《历史研究》）。"天下太平"这一理念，确实也是中华民族应对现实中的"不太平"而形成并被一再提起的。抛开古代不说，即以当代而言，孙中山先生曾经说过，"中国人几千年酷爱和平都是出于天性"，中国人应该"用固有的道德和平做基础，去统一世界，成一个大同之治，这便是我们四万万人的大责任。"（《民族主义》）他一生题写得最多、流传也最广的是"天下为公"。"天下太平"亦即"天下大同"，是奋斗的目标，"天下为公"是欲达此目的的充足条件，二者相为表里。为什么孙先生在91年前论述中国的"民族"问题时，延伸到世界的"大同之治"？就是因为他亲身感受到帝国主义对中国的宰割造成了中国的衰落和民不聊生，目睹了第一次世界大战给欧洲所造成的破坏和灾难。殖民和战争是对人类良知和理想的公然挑战，因而孙中山先生为此而纠结，而痛苦，而奋斗。在和中华民族固有文化对比之后，他以

"修身——齐家——治国——平天下"的道德准则，展现了悲天悯人的情怀，并作为对野蛮与残忍的回应。从78年前开始，14年间中国遭受了人类历史上和中华民族历史上罕见的灾难。"多难兴邦"，对空前的"挑战"的回应，则是亿万人民心中的"地火"、维护尊严的热血突然喷发，一场思考民族未来之路的运动兴起。"天下为公"，这份民族"遗产"也得到了空前的珍视和发挥。

人类在起伏曲折的历史进程中，不同民族形成了各自的文化传统；这一传统有时会被纷乱的世事所掩盖，或被异族的入侵所冲淡，有时似乎已经死亡；但是，一遇到适合的时机，它便会苏醒过来。拿破仑之把落后贫穷的中国比喻为沉睡的雄狮，说明他已经了解了文化的这一规律。

近一个世纪之前的孙中山先生，有着良好的愿望，但是限于当时世界和中国的情况，他的壮志难酬。世事难料，孰料今日之世界，"工业化社会的旧体制正在其成功的过程中解体"，"在这个阶段，工业化社会道路上所产生的威胁开始占主导地位"（乌尔里希·贝克：《风险社会》《再造政治》）。这种威胁在社会层面显示为信仰缺失、道德沦丧、环境恶化、冲突和恐怖袭击不断，一如中国的春秋战国时期或唐末五代。在经济全球化的语境中，中华民族"天下大同"这一遗产的"复活"（贝克语）和弘扬，乃势所必然。中国政府处理大大小小国内国际事务的方针和举措，虽然天天在被各方做各式各样的解读或扭曲，但是如果不从文化发展，特别是从中华文化发展的角度去审视，恐怕是很难获得确解的。

然而，当今与"天下大同"背道而驰的现象可谓触目皆是，处处惊心。许多国家的智者不断发出人类正面临自我毁灭的警示，越来越多的人从自己的生活中起码感受到了一切都呈现出"不确定性"以及社会的离散和多中心。归结起来，不时爆发的冲突、战争和恐怖活动、日益加大的贫富差距、未见缓解的环境危机，是已经"全球化"了的、足以导致人类灭亡的、最应该引起注意的问题。

但是，比这些"社会风险"更为危险的，是隐藏在这些现象背后的东西。之所以更为危险，是因为它有着美丽的包装，甜美的味道，是将置青蛙于舒服的逐渐加温的水里。

第一，是物质主义、消费主义的诱惑。人类对物质生活的需求本是天经地义，而在适度需求与不适度追求之间没有明确的界线，因而人们往往视为当然，其吸引力远远大于对道德的追求。物质欲望之火已经燃遍地球的每个角落，存在于社会各个阶层无数个体的心中。各种传统文化中那些最适合人类永续生存的精神在花样翻新的肉体享乐的冲击下，必然淡化，乃至消失。

第二，是被神化了的急速发展的技术的崇拜。特别是在前殖民地，因为引进西方模式的工业化和西方对"未开化"地区长期的恶性盘剥而贫穷落后，人们迷信技术可以解决人世间一切难题，于是国门大开，先进的产品和技术挟裹着自由资本主义理念，以帮助其发展为由，按照大国既定规则大举进入这些国家和地区，于是"现代化"所到之处，贫富差距迅速扩大，贪腐盛行，环境污染，危机四伏。由于乌尔里希·贝克所说的"自反性"（《什么是全球化》《自反性现代化》《全球的美国?》等），发达国家自身也不能幸免，在国土安全、隐私暴露、社区解体、宗教式微、贫富悬殊等方面产生了几乎无法解开的难题。培根曾经对主教说："科学是已经被解放了的现代人类的宗教。"（转引自杜兰特《历史的教训》）尽管他已经预料到科学与宗教不可调和的矛盾，但也绝不会想到将近 400 年后，科技崇拜及其负面后果竟然达到如此的程度。任何事物一旦被神化，常常会走向预期的反面。诚如贝克所说，"现代性只有一种形式，即工业社会和民主的混合体，接着便加速了总体衰落。"（《再造政治》）"科技迷信"再加上"价值中立"，可谓人类的迷途和灾难之一。

第三，民族传统的丢失。民族传统是无数代人在许多世纪里积累的经验和智慧，面对技术和物质以超出所有人预料的速度发展，民族对自己的传统来不及反刍、调整和改进以适应新的情况，给予变化了的世界以有效回答——这往往需要百年或更长时间——于是价值混乱、人心浮躁、社会不稳、恶性内耗种种不利于发展的事情层出不穷。人们通常只注意了具体事件及其过程，而忽略了深刻的文化背景，这就更加剧了消解危机的困难。

第四，极端个人主义、自我中心主义。这些"自由""平等"的恶性衍生物离散了社会，消解了法治、国家和民族，甚至宗教和 NGO 也失掉了凝聚力，成群的人们行至崖边而未觉，地震将发还在相互争夺。"批判性"（或曰"建设性"）后现代主义者曾经发出这样的警示：如果现在发生了全球性的灾难，人类将会怎样？

这种种现实是不是如有些学者所说，是"工业社会本身的一个深刻的制度性的危机"呢？是不是"工业现代化的自我应用、自我消解和自

我危害"呢?(贝克《何谓工业社会的自我消解和自我威胁》)

出路是有的。出路在哪里?

1. 幸亏优秀的传统还存在于人们的文化基因中。人类需要回归轴心时代伟大哲人留给我们的元典,开掘其中虽经数千年但仍适用于信息化时代的内涵,用以指导现代的人生。无论是《圣经》《古兰经》和《圣训》,还是儒家的五经,都没有教导我们去贪求奢靡,或眼见不平等、不公正的种种现象而无动于衷。100多年来,社会学家从"落后"部落或民族那里观察到许多在"发达"社会已经难觅其踪的智慧、伦理和经验。例如,对大自然的敬畏,"己所不欲,勿施于人"、爱自己的"邻人",生活以温饱、富裕为满足,以不争不斗、劳作之余饮茶、品酒、歌舞为幸福……自以为"先进""聪明"的人们,是不是应该向这些"落后""愚笨"的人们学习,从他们那里开掘隐藏于其中的几乎永恒不灭的生活真谛呢?

2. 积极展开不同文明的对话。不同文明间对话,对人类危机成因中的主、客观因素进行剖析,探索构建人类共同伦理和近似的幸福观,是遏制零和游戏、个人至上、消除误解和敌对的良药。这是人类万年以上的经验。人类夫妇、子女、朋友、师生等之间的关系不是都靠着对话进行交流和维系的吗?斯维德勒甚至把不同信仰间的对话定义为"一种全新的思维方式,一种领会和反映世界及其意义的方法","是所有人类存在反思生活的终极意义的一种方式。"(《全球对话的时代》)这就是说,在人类学会说"我的""你的"之后,已经把处理与"他者"关系的方法改变了。现在学会与"他者"对话,将促使我们的主观世界发生适应现在和未来的变化,而主观意识和思维方式则是对话成功与否的关键,是影响人类命运的大问题。

人类文化的多样性和应该广泛地开展不同文明间超越信仰的——实践已经证明,这完全是可能的——多层次、多领域的对话,已经成为世界的共识,似乎无须再进行论证了。现在的问题是如何深入,如何在坐而论道的同时付诸行动。全世界在以往举行过无数次的对话活动中也显示出一些需要改进的地方。既然是"对话",就是双方或多方的交互倾听和共同受益的活动。许多学者指出,我们要学会倾听——倾听中包含着彼此尊重和相互学习,"你说,我听;我也说,你也听",而不是虽然对面而坐,想的却只是"我说,你听"。孔汉思在《世界宗教纵览》和其他论著中也多次强调这一点，可能都是有所为而发的。这一建议的理据是，既然对话，就意味着彼此有着差异和不同见解，而任何学说、宗教、个人和民族从没有、将来也不会有谁能够独自占有宇宙和社会的全部真理，当然也就没有教训他人的权力。对话，意味着平等，是追求和平的象征。只有对话，才能增长对话各方对"他者"的知识，消除被斯维德勒称为引发敌视和暴力的火种的误解与偏见（前书），并且扩展我们的视野和胸怀。

一对一的对话（即一种文化和另一种文化的对话）尤其应该得到更多的重视，例如中华文明与伊斯兰文明、儒家文明与基督教文明、婆罗门文明与伊斯兰文明，基督教文明与伊斯兰文明，等等。一对一，更便于深入了解对方，从"你"身上发现"我"之所缺，也有助于为多元对话做准备。

不同文化对话，不仅是人类共同应对共同危机必不可少的过程，也是不同文化在新的时期或阶段——有的学者称为"第三次工业革命"或"资本主义全球化"时期——得到新的营养，促进各自文化的发展。

3. 探索形成全球的、具有约束力的社会契约和市场规则。通过对话，会让我们更深切地体验到"我"和"你"进而和"他"是一体的，仅仅为了一己之利和依据主观思维所制定的规则都不适用于当代，也不会适用于未来。

杜兰特说："财富集中是自然和不可避免的，可以借助暴力的或者是和平的部分再分配而得到周期性的缓解。"（《世界文明史》）他所论述的，是更为古老时代的情况，显然不完全适用于现在。在今天，靠暴力进行再分配不可取，和平的途径应该是唯一的，也就是以共同制定和遵守共同的规则取代由少数国家给"他人"立下规矩，甚至用武力作为强制实施的后盾。共同伦理是自律，共同规则是他律，二者不可或缺。

说到这里，似乎我已经接近于"世界主义"理论了。但是世界主义者希望将来建立"世界政府"，而且他们似乎把事情看得过于简单容易了，有人甚至预计十年内就会出现这样的政府。我则认为，人类的历史在相当长的时期内，国家（包括民族国家）还会继续长期存在。在可见的未来，我们应该做和能够做的，也许只是由全世界一起制定共同维护自律和他律、监管国际关系诸方面、保障"非零和游戏"具有约束力的协定。庶几各国据此而联手应对环境、冲突、不平等之类的危机的挑战。如果在若干年内能做到这一点，就已经是世界各国人民前所未有的福祉了。最近在巴黎举行的世界气候大会，已经朝这个方向迈出了一小步，这是值得庆幸和称道的。

在这一过程中，各国的公共知识分子所要做的是，向广大民众讲述不同文明对话的必要、可能和方法，向各自的政府提出加强这一对话的可操作的建议。这就是我在前面所说的，我们在坐而论道的同时应该采取的行动。

我殷切地希望，"智者之痛"将在积极的行动中转化为"智者之乐"。

谢谢诸位！

未

达

续

集

中国文化如何影响世界※

中国文化影响世界的三大板块

中国文化对世界的影响，主要靠三个层次、三个板块来实现。

第一个板块，是国家之间、政府政党之间的交往。因为各国的政府和政党掌控着外交的手段、人员往来的关卡，以及军事和警察的力量。为了稳定局势，必须进行国家与国家、政党与政党之间的交流，这种交流中渗透着文化因素，并对世界产生影响。但是这个影响背后的第一支撑力是经济、军事实力，即哈佛大学教授约瑟夫·奈所谓的"硬实力"。如果今天的中国还没成为世界第二大经济体，那么世界上其他国家是不会理我们的。当然经济的背后也需要有军事的支撑。

政府和政党之间的交往也需要软实力。近年来，习近平主席出国访问，李克强总理以及其他领导人出国访问，在国际事务中我们拿出的方案都是本着中华文化的精神。例如 2014 年 7 月，伊核问题六国（美国、英国、法国、俄罗斯、中国和德国）终于和伊朗就伊核问题达成全面协议。长期以来，美伊关系处于敌对状态，双方剑拔弩张，弄不好可能引起地区性的和世界性的大战。在谈判过程中，中国坚持和平解决的方向，发挥积极斡旋作用，弥合各方分歧，为最终达成和平协议起到了不可替代的

※　此文是作者 2015 年 12 月 28 日接受《人民论坛》的采访稿，发表于该刊 2016 年第 3 期。

作用。

再如东海问题、南海问题，这两个问题大家知道得更多一些。这几年日本在钓鱼岛问题和历史问题上的错误言行让中日关系出现严重困难，围绕钓鱼岛等东海问题出现紧张局势。但是我们中国怎么处理东海问题的呢？2014年北京APEC会议期间，习近平主席应约会见安倍；2015年11月1日，中国总理李克强在首尔应约会见安倍；11月22日东亚峰会开幕前，李克强与安倍站着进行了约5分钟的简短交谈。这说明，虽然有争议，但我们仍然希望缓和与日本的关系。斗而不破，这就是中国的文化。在南海问题上，第一，我们底线亮出来了；第二，还是搁置争议共同开发。我们背后有经济实力、军事实力，可是我们拿经济、军事实力做后盾来和平谈判，而不是要诉诸武力。

至于说我们和英国、法国、德国、印度、非洲国家发展友好关系，和我们周边的缅甸、老挝等国家一贯坚持以邻为友、以邻为善的理念，这都体现了中华文化。这一点非常重要，直接关系到国际关系的稳定和不稳定。

第二个板块是学术研究。学术归根到底是讲"理"的，习近平主席这么做，背后的理是什么？李克强总理背后的理是什么？都要靠学者研究来提供。但这些学者不是一般的学者，用西方的话叫"公共知识分子"，也就是除了关心自己的研究小领域之外，还关注现实问题，关注国计民生，关心天下大事的学者。

这个板块也非常重要，向上可以影响到政府决策，最典型的是智库，但是又不限于智库。约瑟夫·奈不是智库成员，但他的"软实力"理论就起了作用，影响了克林顿、小布什以至奥巴马政府的对外政策。向下，公共知识分子可以引领社会思潮，影响大众。

学者和学者之间需要彼此之间的交往和对话。对话交流的前提是承认对方、接受对方，当然最好尊重对方。尤其是中国人，更应该在对话当中学习对方，用他们的长处来补充我们的不足。

第三个板块，是广大民众之间的交流，通过商贸、旅游、通婚（虽然少数但是很重要）、留学等方式广泛接触与交流，这是两个国家文化交流的民意基础。

三个板块说完了，简单评价一下。现在做得最好的是政府板块，中国对世界影响最大的是政府。但政府后面的"根"不深不广，学术板块还比较弱。除了国家的智库，我们一般学术界发表的论文，有多少可供中央参考的？有多少学者把自己的高深理论、研究成果向大众普及了？这是需要改进的地方。

第三个板块问题也不少。因为我们中华文化在民间普及得不够，所以，当大众交往的时候，中国百姓、中国游客给外国人看到的，只是我们文化中另外一部分，例如"土豪"、没文化、没素质等让人家看不起的一部分。

总体来说，由于经济的崛起，世界已对中国刮目相看，但同时，世界上反对、质疑等声音多于对我们的认可。应该说，这种现象也有历史的原因。中国最近几百年一直处于自我封闭或被包围、被封锁状态，世界对中国太不了解了。现在我们虽然开放了，但仍然被西方国家包围，"好事不出门，坏事传千里"，很容易被丑化。所以目前中国对于世界的影响，还主要是靠政府的经济实力与外交政策，后面两块跟不上。相对于西方对我们的影响来说，中华文化对世界的影响，还是相当微弱的。

世界文化格局近些年来有哪些趋势性变化

从大的形势看，当今世界还是一个西方文化——尤其是美国文化统治的世界。中国坚持走中国特色社会主义道路，但是中国也不可避免受到了西方文化尤其是美国文化的侵蚀。人性本来就有善恶之分，西方文化助长了人性的恶，而且给出了理论依据。例如过分强调个人主义，走到极端就是个人中心主义，"我是世界中心"，"我想怎样就怎样"。流行在社会上的很多不良现象，几乎都和这有关系。再看看国外，IS（伊斯兰国）坐大，巴黎恐怖袭击，马里爆炸，美国枪击案……包括西方文化自身和现在的美国，也深受其害。

在西方的学术界，有学者已开始意识到文艺复兴以来所形成的现代化、工业化传统所导致的严重问题，这些问题使人类面临自我毁灭的危险。他们有一批智者觉悟了，于是对这些传统开始质疑、批评，这就是后现代主义。这是在冷战结束之后的一种新的趋势，主要集中在欧洲。

其实真正反美最强烈、最深刻的、时间最久的，不是朝鲜，不是中国，而是英国、法国、德国等欧洲国家。所以2015年中国倡议的亚投行，英国率先加入；在习近平主席访问英国之后，法国总理奥朗德和德国总理默克尔接连访华，都是这个历史趋势的反映。现在中东、北非的乱象，IS的出现，又进一步促使欧洲的大众意识到了，是前些年美国小布什捅了马蜂窝，造成现在几百万的难民。美国远隔大洋，难民过不去，全都涌入了欧洲。虽然这不是事情的全部和本质，可是这个具体事情也加入到了新的趋势里来。

在这样一个情况下，中华文化走出去意义重大。人类要实现自身的永续发展，最重要的是处理好四个关系——身与心、人与人、人与自然、现实和未来的关系。对比其他国家的文化，中华文化能够最恰当地处理好这四种关系，最适合人类生存、发展、繁衍，使人类走向幸福。

身与心，也就是人的动物性和灵魂追求之间的关系。人是动物，古人讲"食色，性也"，饮食和繁育后代是动物性的表现。但人区别于动物的东西就在于灵魂，有思想、有道德。人需要从思想、道德中体现人性，通过灵魂的追求超越动物性。人与人的关系，包括个体间、群体间的相处。中华民族意识到，一个人生存于社会之中，只有和其他个体、群体和谐互动，才能实现个体和集体的共同发展，并由此形成了完善的伦理规范。人和自然有着密切的联系，但今天人们往往忽视了这种关联，对人在天地间的角色有着错误的认识，造成了对生态的过度索取和肆意破坏。中华民族在长期的农耕生活中，和大自然有着丰富深刻的互动，在细致的观察和深入的思考中，形成了世界上最独特的哲学。我们视天地万物为一体，将山川草木、日月星辰、整个宇宙都视为自己的朋友，形成了尊重自然和保护生态的传统。在现实和未来的关系中，既包括对生和死的探究，还包含对人类未来命运的展望。中华民族不仅仅关注当前的发展，还关心着子孙后代，并把最珍贵的品德代代相传，写成了几千年延绵不绝的历史。

中华文化是全世界文化里最富的"矿"，为了中华民族真正能实现几千年前的梦想——大同世界，为全人类的福祉，我们有资格、有义务，把它介绍给世界。

可是西方人大多不了解中国。西方学者了解中国古代传统文化还有一批人，有人连古代也不了解，更不了解现代中国，而我们恰好不会叙述现代中国和古代中国的关系。虽然越来越多的学者发现中华文化蕴含着适合人类发展的智慧，但中国要成功地同世界分享中华文化，仍然面临大量挑战。我们不能只用抽象、标语口号式的话语去宣传中华文化，而需要靠三个板块的共同努力。

中国建设文化强国、增强文化软实力，最需要做哪些工作

第一，国家层面需要做好文化建设发展的顶层设计。十八大以来，关于中国文化发展，习近平同志已发表了很多精辟的论述。但是中央还没有专门下发有关文化建设发展的红头文件。现在各省市都在努力发展文化事业，也在推广中华传统文化，而且有很大进步。但是总览全局，可以说是"各有千秋"，也可以说是"毫无章法"。各省也没有顶层设计，党委做出与文化发展有关的表态或者决定，也多属于就事论事，缺乏系统性。

顶层设计，这是中央要做的工作。顶层设计之后并不等于是 13 亿人齐步走，应该是根据不同时间、不同地点、不同文化传承，各有特色，百花齐放，百家争鸣，各显其能。根据习近平同志一系列重要讲话，我觉得这个顶层设计是"待之欲出"了。为什么"待之"呢？因为目前中国经济下行压力很大，周边安全形势仍很复杂，腐败问题还没有最后解决，中央要处理这些比文化更紧迫的事。所以我觉得要"待之"，耐心等待。

第二，应该鼓励、支持学者关注当下、关注世界、关注未来，而且形之于文字，声之于口头表达；要学会讲述中国故事。

习总书记 2013 年在全国宣传思想工作会议上的讲话，提到"四个讲清楚"："宣传阐释中国特色，要讲清楚每个国家和民族的历史传统、文化积淀、基本国情不同，其发展道路必然有着自己的特色；讲清楚中华文化积淀着中华民族最深沉的精神追求，是中华民族生生不息、发展壮大的丰厚滋养；讲清楚中华优秀传统文化是中华民族的突出优势，是我们最深厚的文化软实力；讲清楚中国特色社会主义植根于中华文化沃土、反映中国人民意愿、适应中国和时代发展进步要求，有着深厚历史渊源和广泛现实基础。"什么叫中国特色社会主义？中国特色在什么地方？我个人认为，特色就在于中华文化，"中国特色社会主义植根于中华文化沃土"。包括共产党领导，一党执政，多党参政，民主协商，也是体现了中国传统文化。"协商"这种用法已经有几千年了。由于历史传统、文化积淀不同，我们的政治制度必然跟西方的制度不同。

重拾文化自信，学界需要从两个方面努力：一是走出书斋，到民众中去，用贴近百姓的语言讲清楚传统文化，激活存于人们心中的文化基因；

二是对传统文化资源进行系统梳理，挺起民族文化的脊梁，在对外交往中讲好中国故事，占据文化传播的主动权。中国的学者要和国家战略同频共振，以中华文化的理念托起"一带一路"，并沿着"一带一路"走出去，服务于这个伟大的时代。我们要和世界的智者们一道，在不同文明的对话中，带领世界走出西方对立、对抗思维的局限，抛弃"零和游戏"和"丛林法则"，为构建世界新秩序而努力。

此外，现在又是信息多元化时代，真正看《人民日报》《光明日报》的人已很少，更多是靠网络、手机接收信息。这个时候更需要学者会利用新媒体方式讲述中国故事。

第三块，民众方面，只有提升普通民众的文化素养，才能将中华文化的优秀成分而非糟粕展现出来，打开不同文化交流的通道，建立友好和睦的情感纽带。

如何向广大民众普及中华优秀传统文化，提升民众素养，塑造中华民族之魂

当今中国，文化普及工作既是关键，又是难题。百年来，中华传统文化遭到了巨大破坏，但文化基因仍然存在于每个人的心底，需要我们去唤醒。我认为，要靠"三个系统"来向广大群众普及中华优秀传统文化，塑造中华民族之魂。第一是学校系统，第二是社区，第三是宗教。

学校教育是塑造一个人最系统、最有计划、最好的环境。如何把我们的教育回归到人类建立教育制度的初衷去，至关重要。中国传统教育讲究"传道、授业、解惑"，"传道"是第一位的，也就是对人生方向、人生价值的指引，其根本是灵魂的塑造。自1906年清政府正式废除旧学，兴办"洋学堂"开始，中国的教育传统被西方工具主义逐步侵蚀，并最终彻底断绝。学校越来越注重对知识、技能的训练，忽略了对信仰、伦理的培育，并且整个社会也忽略了这一点，造成了今天中国的文化断层。

青年是民族的未来，也是文化的种子。重振中华民族的文化，要从学校抓起。一个好的学校，最核心的是一种良好的氛围，为受教育者创造一个适于学习、思考、辩论、合作，充满欢乐的空间。这就要靠教育的改革，目前教育这个小领域也没有顶层设计，也是"待之欲出"。

第二，社区。社区是指具有稳定互动关系的组织，包括企业、机关、

军营、村镇、居民小区等。社区是我们的生活空间。看看我们从前的社区，在一个村子里，村东头来个客人，村西头都知道，没准还端碗饺子过来；谁家有事情，盖房子、娶媳妇、死人了，全村都来帮忙。城市的社区，不管是上海的弄堂，还是北京的胡同、大杂院，彼此的关系也很融洽，一般都是不锁门的，即使是锁门防贼，常常也是把钥匙交给邻居的。现在的社区怎样呢？大家住在像鸡笼子一样的楼房里，房门紧闭，你不管我，我不管你；不仅如此，有时还要你防我、我防你。我们应注重建设社区文化，把原子化的个人重新联系起来。要引导社区中的人，在生活和工作中体会与践行伦理道德，人与人之间重建信任，让社区成为"守望相助"的温馨环境。

第三，宗教。宗教几乎和人类同龄，所有宗教归根结底都是对人的关怀，都聚焦于终极关怀，也就是人生最大的事：关于生与死的思考，人生如何从痛苦中解脱，以及对宇宙的关注。宗教是直接作用于人心的文化，是各民族文化中的重要组成部分。

中国本土宗教只有道教，但中华文化包容、和合的特质，使得佛教等外来宗教共存于华夏大地之上，并相互交融。宋代之后，儒释道三家互相融合，共同构成中华文化主体。儒家文化中的尊祖敬宗、利己利他，以及仁义礼智信等观念，被佛道二教吸收；佛道二教的哲学思辨，对自然的敬畏，对死亡的淡然也影响了儒家文化。对于人类社会来说，宗教具有两面性，即促进社会和谐的一面，和不利于和谐的一面。中国历史上的强盛时期，都能既充分发挥宗教的积极作用，又制约其消极性。如果我们能以史为鉴，充分发挥宗教的积极面，就可以为中华民族的文化建设增添巨大的力量。

一般来说，一个民族的文化转型需要百年，世界的转型时间更长。首先看我们自己怎么做，做的成果如何。现在我们国家倡导的"一带一路"、亚投行、上海合作组织等，都是在努力构建一个让我们能够充分进行文化交流的环境，这为中国文化对外传播创造了条件，但是我们自身先要做好。现在国内有很多偷奸耍滑的、碰瓷讹人的、肇事逃逸的，这些人要参加到"一带一路"来，定会一块肉坏了满锅汤；公司和公司之间，如果弱肉强食、唯利是图，人家是要把你赶出来的。所以，首先自己要做好。

可以理直气壮地说，中华文化是最适合中华民族乃至全人类生存、繁

中国文化如何影响世界

衍、发展、幸福的文化，我相信，中华文化的影响会越来越大，接受者会越来越多。只要是半壁江山，全世界 70 亿人有 35 亿赞赏中华文化，世界面貌就改变了。

（人民论坛记者周素丽采访整理）

未达续集

其　他

道教的未来[※]

一

　　道教，和世界上一切伟大宗教一样，其所以出现，是要回答人们最重要的、最切身的关切，包括人是从哪里来的，最终要走到哪里去，以及如何解释和解决现实生活中的苦恼与灾难。实质上，是人类为了回答这些问题而创造了宗教。2500 年前的伟大智者老子和稍后的庄子，以及 1800 年以来道教众多的先行者张角、张鲁和历代高道，都根据他们那个时代的渴望和需求，用自己的智慧和实践为世人提供他们所能给出的答案。他们先后相承，形成了道学道教顺应自然、尊重生命、关注人生的传统。第三届国际道教论坛的分议题，围绕着诚信、慈爱、养生和生态，以及笼罩着这些议题的总主题"行道立德，济世利人"，在我看来，都符合先圣先道的学说和理念，且与当前地球上的形势相合。

　　如果我们重新审视 2000 多年来的道教历史，是不是可以说，道家思想和道教都是在社会危机极其严重的时代出现的；道教兴衰相间，大体也是与国家文化与精神的失据和繁盛相应的。现在地球上的情况呢？我以为颇为类似中国春秋时期和魏晋六朝时的情形：物欲横流，"奇物滋起"；朴真毁弃，狡诈遍地；腐鼠成金，奢泰流行；强梁称雄，冲突不断。面对

　　※　　此文是作者在第三届国际道教论坛上的讲话，刊载于《中国道教》2014 年总第 144 期。

全球的乱象，深受老庄和道教影响的中国人，很自然地、符合民族思维传统地，要回到先圣先哲那里寻求几乎已经"冷藏"了的民族智慧。道教之呈现复兴之势，不能不说与此有着密切关系。

但是，道教也因此而需要应对一系列挑战，主要有以下两个方面：一是后世道教渐渐与老庄之学的核心理念和宗旨在一定程度上有所疏离；二是世界已经进入现代和后现代，科技高度发达，文化多样性逐步为人所知并认同，相应地，人文社会科学和哲学也发生了重要的转型。这对道教从宇宙观、神仙道到符箓、斋醮形成了无形的压力。

先说第一个问题。老庄之学的核心，简约地说，就是人们耳熟能详的《老子》的"人法地，地法天，天法道，道法自然"和"道生一，一生二，二生三，三生万物"等精辟论说。关于现象界的描述的虚拟，包括庄子恣肆驰骋、无御遨游的想象和对世俗束缚、名利龌龊的厌弃，无不由此生发又得到极大升华。原始道家的出现与形成，就是因为"以身观身，以家观家，以乡观乡，以国观国，以天下观天下"而"知天下之然"，也就是洞察了人类自走出原始状态后，就被日益膨胀的一己之私迷惑着、折磨着、相互残杀着，而人类却身陷炼狱而自鸣得意。老庄自赋的使命就是唤醒世人，回归天道。换言之，他们始终关怀的，是当下社会，是现实人生，是人们的心灵，是人类的未来。

时隔近 10 个世纪，历经了种种曲折而诞生的道教，由于当时社会动荡不已，人们深感人生之无常，于是顺应其势，逐步将教义的重点偏移到个人的长生久视，同时又吸纳了自古就有的巫觋信仰和神仙之说，于是对宇宙/地球的关怀、对社会本质的分析和对人类的挽救逐渐淡化。时至今日，这种状况与世界宗教界、学术思想界的走势有着相当的距离，而且似乎距离越来越大。现在，世界已经进入后现代，人类对宇宙、对社会、对文化、对宗教的反思越来越广泛、越来越深入，不仅对有些宗教的创世说、原罪说、救赎说等根本性教义发出质疑的声音，而且对自文艺复兴以来形成的所谓绝对真理，包括自由、平等、博爱以及人权都进行了解构和批判。这一浪潮中的出发点，也是当下和未来的世界、社会和人生。相对而言，这一趋向反而越来越近似于老子和庄子的初衷。

至于第二点，即世界科学发展对道教形成的压力，也需要高度重视。近代天文学、宇宙学、力学、物理学、生理学、医学，地质学、考古学、人类学、历史学等的成果都在对各个宗教教义的"合法性"产生很大影

未达续集

响，其过程是一个否定——肯定——再否定的曲折回环的道路，至今没有终结。受此影响，近几十年来希伯来系列宗教，包括犹太教、基督宗教和伊斯兰教都在不同程度上进行改革，从对元典的诠释，到介入社会生活的方式方法、场所建设、服饰仪轨，都在逐渐演变。我们从美国著名神学家约翰·F.威尔逊的《当代美国的宗教》、德国犹太教哲学家赫尔曼·柯恩的《理性宗教》和汉斯·昆（孔汉思）的《作基督徒》（汉译《基督徒》）等著作中可以窥其一斑。综而观之，似乎这种改革的理论和实践在美国境内所呈现的力度以及在社会层面收到的效果，要比欧洲和亚洲显著。美国宗教的这股变革之风已经波及非希伯来系列宗教范围，例如墨西哥、亚洲移民所带进去的各种宗教和信仰。这也许是欧洲宗教日渐衰落，而美国信仰宗教的人和虔诚教徒增加较快的原因之一吧。

现在是不是中国的宗教也要考虑这一问题了呢？

从世界思想界的走向看，现代科学越来越理解到，宇宙的事物间有着极其复杂的、微妙的关系；研究任何事物都应该注意它与其他事物的关系，有人甚至提出研究事物要首先分析它所涉及的"关系"。又如，科学证明"时间"（历史）并不像有些宗教所认为的那样，以某一事件为起点，以另一事件为终点，而是无始无终的，可能还是循环往复的；历史的发展也不是线型的，而是有跳跃、有回流、有反复、有平行的。在诸如此类的问题上，似乎科学的新成果正在引导着人们缓慢地向着中国哲学，具体地说，向着道家哲学移动。在我看来，这种情况对道教提出了两道考题：一个是如何用科学的进展进一步解读道教教义，特别是老庄和后世高道大德的智慧结晶；一个是如何对待民间依然存在着并且有此需要的巫觋崇拜，如何在陈撄宁先生研究的基础上重新解释神仙道，既要顺应并引导信众的心理，又要随时符合并运用世界范围内科学研究的假设与结论。在我看来，虽然如威尔逊所说，"宗教关于世界的看法，无论它们为何种传统或来自何种传统，便在个人和社会中保护民众免受通常被称为现代性腐蚀酸的侵害方面，有着极其重要的意义"，但是如果忽略了或漠视了世界的变化和动态，我们就将拉开与不断变动着的时代的距离，疏远了受到越来越多科学技术训练的人们，特别是年轻人。换言之，正如菲利普·克莱顿所说的，科学与宗教之间的对立使得人类无法回应人类的危机。

二

道教如何应对剧烈变动着而且灾难深重的现代世界？道教如何参与对世界灾难的拯救？我认为，关键是进一步改革，更大更深的开放。我所谓的改革和开放，落在具体面上，可以概括为三个拟人化的"对话"。

1. 古今对话

为建起古今对话的通道，首先回归元典，即更深入地研究和大力弘扬老庄原著的精义。所谓深刻，是指以今天的视野和各领域的知识诠释其原理。哲学家告诉我们，每一个时期的历史都在对以往的历史叙事进行过滤，也就是后代对以前的遗产总会遗漏或丢弃了什么，同时也会添加进一些后世人的发现和创造。在道教元典的深入研究中，根据先圣先哲所没有领略过、思考过的现象发现他们的先见之明和未及顾上论述的东西，也就是有所创造，超越传统。同时，要像老庄那样，用同时代人极易懂得的话语进行表述，以回应当下社会和人们的关切，否则，也就违背了"道"生生之厚的本质追求。

2. 教—科对话

道学道教留给后人的经典，是历代大德高道根据他们面对社会和自然观察和冥思所得出智慧之果。现在我们不能丢弃他们的实践经验，只在遗产文本里生活，对现代科学技术的迅速发展而视而不见。"道""太极""自然""冲和"等这些道教最根本、最普通的理念，实际上在不同程度上、从不同角度在印证或质疑着那些更为古老的教诲。今天，我们在关怀社会的时候，特别是在面对受过较多正规教育的人群时，需知人们的苦恼几乎都是内心背离了道家的教诲、吞下了备受诟病的"现代性"恶果的结果；他们更易接受的，是现代科学的所谓最新成果。如果宗教与科学技术的动态发生隔膜，就无异于我们远离了最需要关心的人群，而这也是不符合老庄以及道学道教的原旨以及所有宗教都应具有"终极关怀"的品格的。例如，由道教所哺育和滋养的中国道医，用西方术语说，是人体科学、病理学、传染病学、环境科学、气象学、宇宙学、哲学、心理学、伦理学等的综合性学问，可能会成为道学道教与现代科学对话既便利又适宜的载体和通道。现在中医正在走出国门，我们是不是应该积极参与？

3. 中外对话

世界在变，各个学科在变，各个宗教也在变。任何宗教和学科只有高度关注各国相关领域的动向，与国外同行对话，甚至进入他国社会、文化和宗教生活，相互尊重，相互理解，才能比较透彻地了解正在发生的种种事情，把握他者的新思考、新成果，以供道教进一步改革和开放、适应当下的参考。在对话中，我们完全有资格奉献道学道教的伟大智慧；我们自古对自然、对地球、对宇宙的关怀，完全可以成为人类共同挽救地球的精神支柱。又如，我们"法自然"式的自由，可用来纠正新自由主义的偏差。如此等等，都有赖中外的对话。同时，就像我在前面已经谈到的，世界所有著名的古老宗教从教义到外部形式都在静悄悄变化着。它们为什么变了？怎么变的？在变化过程中，它们依据的学理和实践体悟是什么？一旦对这些问题有了我们自己的答案，一定会有助于对自己宗教的反思和提高。

现在，"中国应该承担起超常的责任"的声音不绝于耳，但政治家和一些学者在发出这一声音时，只想到了政治，最多再添上经济，其中甚至有"中国应该顺从世界既有的秩序"的暗示。作为宗教家和学者，我们深刻地懂得，政治，其实也是文化的重要组成部分，而文化则是政治最坚实的基础。因此我们认为首先应该想到的，是在人类道德重建过程中中国应当而且可以有的担当。5000年的中华文明，2500多年的道学智慧，1800多年的宗教体验，足可以担当起挽救世人之心，挽救地球之灾的重任。

这次论坛主题中"济世"的"世"，应是"世界"之"世"；"利人"之"人"则是"人类"之"人"。这样，道教自然不仅是中国的，也是世界的。

道教的未来

文化之道[※]

　　11 月 26 日，第三届国际道教论坛举行三场电视论坛。与会嘉宾围绕主题"文化之道"，"天人之道"和"养生之道"各抒己见，深入挖掘道教文化的历史沉淀，阐释道教思想的现实启迪，为观众带来了丰厚的思想文化盛宴。

　　11 月 26 日下午，"文化之道"电视论坛举行。全国人大常委会原副委员长许嘉璐先生，台湾大学哲学系教授、北京大学人文讲席教授陈鼓应先生，美国亚利桑那州立大学国际语言文化学院教授、著名汉学家柏夷先生做客论坛。他们通过阐释道家思想中"水之道""辩证思想""生死之道"，勾连出道家文化对中华文化的重要影响，以及在今天的作用和价值，使观众对道家和道教文化有了更深层次的认识和理解。

　　中央电视台刘芳菲主持论坛。

　　刘芳菲：我想先请许嘉璐先生给我们解读一下，这次的 APEC 峰会，我们用水为主题来迎接各国来宾，这背后的寓意是怎样的？

　　许嘉璐：上善若水，为什么是用水来比喻上善，就是在人世间，你所感到的一切高贵的品德，可以说在水里都有了。水是生命之源，不仅仅人要喝水、畜要喝水，农作物以及土木建筑等人的一切生活都需要水，而它不取任何的回报。水是趋下流，不去争高，它下流的目的也是广泽大地，造福于宇宙。

　　如果一个人行善，一个宗教行善，也应该像水那样，水只有遇到了阻

　　※　此文刊载于《中国道教》2014 年总第 144 期。

碍才发出声音，但是它还要越过礁石继续流下去。上善如果都像水，天下太平。

　　刘芳菲：在我们道家思想当中，跟上善若水经常连在一起说的就是"水善利万物而不争"。这个"水善利万物而不争"，在您来看，在今天的社会生活当中应当如何解读呢？

　　许嘉璐：争，这个字很有意思，如果看古文的话，甲骨文，它就是上下各一只手当中有个东西，就是抢夺。不争，是指没有对立的东西。不是求我要胜你要败。人自己要和自己争，争在哪里呢，比如说我们三个人一起考刘芳菲的博士。我不是和鼓应先生争，我也不是跟柏夷先生争，我是拿我的学识和分析能力以及自己的见解去跟导师所要求的标准去争，我朝这个目标努力。实际上它等于是我们的百米赛跑，谁先冲到终点，谁是胜者。而就在练习的过程当中，每个人都得到提高。因为不去争，把所有的注意力、思想和力量都用在我内在的提高，也就是道德的提高，这样的话，天下没有什么能跟他争的。因为他占据了道德的最高点、人生的最高点、人类的最高点。至于比财富，不在道家的探求范围之内。道家认为一个人的价值、一个民族的价值，最根本的是道德的价值。

　　刘芳菲：提升内在的道德。陈鼓应先生，对于这个不争，您如何来解读？这个不争是什么都不争吗？还是说有些东西该争，有些东西有应当争？

　　陈鼓应：在《老子》最后的一章，最后一句话就是"为而不争"。所谓"衣养万物"或者是"利万物"，就是为的意思，它的不争，是从两个面向来讲的。那么至于您刚才说，哪个该争，哪个不争，具体问题要具体分析。就说不争，用现代的话，一般的情况就是不要把非分的东西拿过来。但是，有的时候不争则无以成功，所以该争的时候争。比如说钓鱼岛是我们的，这个该争就争。

　　刘芳菲：许嘉璐先生，在这个社会当中，对于这个不争，如何做到，您有什么看法呢？

　　许嘉璐：归结起来，应该还是用《老子》来解决。"（罪）莫大于可欲，祸莫大于不知足。"就国内一些三甲医院的报告，近年来因心血管疾病而过世的，以及猝死的，以中年人为多数。中年人大约是在45岁上下，这些人中，40%是企业家——年轻企业家，40%是中层干部，比如处级、局级干部。什么原因？劳累、超负荷运转，再加上生活不规律。所以最后一点就是，记住"身与货孰多"，身还是最重要的。要节劳，节制自己的生活欲望，也就是个人对物质的占有欲，包括名，名和利是连着的，这种无止境的贪求是造成争的一个根本动力。

刘芳菲：来自美国的柏夷先生起了一个非常具有中国传统韵味的名字。我首先想问问您，为什么会对中国的道家思想感兴趣呢？

柏夷：我年轻的时候正好是越南战争时期，我历来反对战争，那场战争我特别反对。因为那个时候不但是我的邻居，还有我的同学，在战场上牺牲了他们年轻的生命。如果那些人还在的话，他们可能在社会上做出一些贡献。但是他们是永远不能再见了，所以那个时候对我的影响非常非常大。

刘芳菲：生命的代价引起了一部分人的反思，像您就开始思考东方的哲学了。

柏夷：我看到老子《道德经》，他有一句话在那个时候给我留下深刻印象，那句话就是"天之道，不争而善胜"。因为那个时候美国的舆论讨论的问题是我们怎么在东亚打一个胜利的战争。但是我觉得不争而善胜，这个道理是比较好理解的。所以从那个时候起，我开始研究道家的东西。

刘芳菲：道家思想非常重要的一个理论就是辩证思想。中国著名的塞翁失马的故事，我们都知道下一句接的是什么呢？焉知非福。从道家思想，这个故事它所体现的一些应当被后人所理解的道理是什么？

许嘉璐：首先，这个故事出现在《淮南子·人间训》。大家都知道《淮南子》主体的思想是道家思想。《淮南子》讲这个故事是要引导人们深思，它的根本问题在哪里，里面有福祸相依的辩证，是吧？这个大家都能理解。但是，能以一个很平淡的心境看自己的福、看自己的祸的人太少太少。换句话说，道理都懂，知而难行。我们就应该把这个体现在我们的行住坐卧、日常生活当中。

第二点，人们只注意里头的辩证了，没注意到其他的内涵。我觉得这个塞翁，他的马丢失属于自然，就像我们山区家家户户养的猪有时候也跑出去。它往哪里跑？一般是往远处跑，有同类的地方跑。跑出去一匹马，带回来的是一匹骏马，那就又符合自然。第一，老马识途，它认家，同时这一定是匹母马。也就是，出去的是雌马，带回来一匹雄马，又符合自然。同时还有一层意思。这位塞翁，虽然自己的马跑了，无动于衷，跑了就跑了，回来也不特别喜悦，仍然顺其自然，因为后面跟着的可能是另一次祸。所以读这个故事，多次吟咏你会发现，不仅是辩证，它还体现了道家的顺其自然。

刘芳菲：我们经常说"祸兮福之所倚，福兮祸之所伏"，经常从塞翁失马这个故事引申到这句话。那么陈鼓应先生，我想问问您，像我们道家思想当中的这种福祸观，在现实生活当中对我们有什么样的意义呢？

陈鼓应：举我自己的一个例子。1966 年，我的老师殷海光教授被台湾当局认为思想有问题。他就写文章批评当局，然后我作为学生就被解聘。在台湾白色恐怖时期，因为老师的关系，我们三个不同的同学在不同的大学教书都被解聘，就叫清算殷党，小规模的。那个时候还年轻，刚刚在大学教了 3 年书，刚刚结婚有孩子，突然失业，一紧张就胃溃疡，然后也没有工作，只有到别的地方兼个课。第二年有机会在台湾大学专任，系院都通过，但是安全单位——就是情治单位——把我的资料拿走，说思想有问题。那么又等了一年，到 1968 年，系院又接受我的专任。到学校以为没有问题了，可是一个长辈告诉我，开完会说你又不行了。我就在台大的行政大楼门口走出来，缓缓地走过椰林大道，觉得天地之大却无处容身。然后又等 360 天，在这个时间，台湾商务印书馆让我写《〈老子〉今译今注》跟《〈庄子〉今译今注》。

所以，有时候这一生真的是祸福相依，你遇到祸的时候，真是像叔本华讲的，这个船啊，要有石头压下去才能一直和谐，如果你没有遇到一些困境、困难，没有石头压，你就会飘飘浮浮的。

刘芳菲：柏夷先生，像我们道家思想当中这种福祸相依的辩证思维，西方朋友们能接受吗？

柏夷：是可以接受的。福祸相依的思想，早已经在西方有一些例子，我给大家举一个。有一个小孩子，他的父母在他的生日给他一个气球，这好，但是却不好。因为他拿着绳子，气球开始飞，就助他到天上去了，然后他飞到很远的地方。这不好，却又很好，因为他从上面看地球觉得很美很漂亮，觉得可以飘到全世界的各国去。但是忽然之间气球坏了，把他扔到一条河里，这不好吧？也不是不好，因为他掉在一个鳄鱼的头上，正好是掉在不能咬到他的一个地方。所以这是好吗？不太好。因为那个鳄鱼把他带到河边，在那里有一只老虎要吃他，这个故事就这样续下去。

陈鼓应：祸福相依，这是所谓辩证怎么转化的问题。辩证关系有两个不同的面向，是一直变动的，怎么把正转反、反转正，祸怎么转成福，福也给你一个警惕，你再继续往前走，你要注意哪一些。我觉得《庄子》里边有一个故事很生动，就是《庄子·山木篇》。庄子到楚国，然后在路上看到砍伐木材的人在休息。这个正在休息的伐木者身边明明有一棵枝叶繁茂的大树，他却不去砍伐。庄子问其原因，伐木者告诉他，这棵树根本不适合做木材，没有用处。庄子感叹道："这棵树因为它的不成材而得以终其自然寿命。"

然而，随后在朋友家中，朋友要杀一只鹅来款待庄子，家中刚好有一只鹅会叫，一只鹅不会叫，朋友便吩咐把那只不会叫的鹅杀掉。第二天，弟子忍不住向老师庄子提出了疑问："树木和鹅因为它们的不成材，却遭受了不同的命运，那么，我们在这两者之间究竟该如何立身自处呢？"

老师要怎么办？所以老师想一想，走中道路线。可是他又想，"似之而非也"，虽然好像对，但是也不是很妥当。然后他想，有两个基本原则，一个是一龙一蛇，与时俱化，一上一下，以和为量。一龙一蛇，龙跟蛇是一显一隐，你要掌握时机，前进跟后退要掌握人际关系上的和谐。所以，有的时候要考虑到客观环境，要掌握住，主观的能动性也要发挥。

许嘉璐：我想补充一点，他是秉承着真理与正义，这一点是福祸转移的一个中轴。如果不是，说我就喜欢抢劫，我就喜欢给同事背后打小报告，得了祸别想转为福——他吸取不了教训。如果他吸取了教训，不这么做了，就可能成先进人物——关键还在这中轴，由不太善转为善了，这是一个很关键的点。

刘芳菲：接下来我们要和大家谈的这个话题可能是很多人都关心的，就是关乎生死。庄子的妻子去世了，庄子鼓盆而歌，这是一种不敬吗？我们请许嘉璐先生给我们解读一下，庄子鼓盆而歌背后的人生哲学。

许嘉璐：这是一个寓言故事。但是我想放到庄子的身上也恰如其分。因为他就是一个不依赖外界任何条件，任我驰骋，能够飞到天上关照地球、关照人生的人，在这样的一个博大的胸怀当中，他看透了阴阳互转的规律。妻子即使再活 20 年，还要走，这是一个必经的过程。有生就有死，有死就有生。而她的死就可能开始了一个新的生命，她的精神的生命。另外，她的死也可能意味着她回归自然之后，自然再生出新的生命，这个世界、人生就延续下去。所以不必哀悼痛哭，就让她走吧，我想这应该是准确的。但是也许我的境界不如庄子当时的高，我不能够在自己几十年的伴侣去世之后敲着杯子唱歌，唱不出来。

不知道我是应该修炼到他这种程度呢，还是应该有点保留。总而言之，圣人无常心，以百姓之心为心，同时以德为最高的境界。那么，一切都淡化，包括个人的生命。可以面对自然的死亡，也可以在遇到国家民族危难的时候，杀身以成仁，这才是一个完整的中国人的追求。

刘芳菲：陈鼓应先生，刚才许嘉璐先生说，他是做不到像庄子这样鼓盆而歌了。那您呢，您研究道家道学这么多年，能做到吗？

陈鼓应：我讲《庄子》，很欣赏庄子，可是唯一就是死亡的问题还是看不透。我53岁在北大西门，突然心动过速，心脏病犯了，我以为我就要走了，当时在脑筋里边转：我女儿要我买一件衬衫，有"中国"两个字，我现在来不及给她了。但是，后来医生还没有来，已经好了。我53岁心动过速能活到现在79岁，心动过速了十几年，也还是没把它治好。所以，我遇到死亡还是怕。我跟我太太讲，我说我怕死，死掉就没了。我讲庄子，我太太看到鼓盆而歌，她说如果她死了，就用白花、她喜欢的美的音乐，这样来送她走上最后的一程。我太太很实际，她能够接受庄子鼓盆而歌的这种送行方式。所以常常我在讲道理，但是她实践。

刘芳菲：道家的生死观在西方社会，跟西方传统宗教当中的生死观，应该相去比较远。

柏夷：我的国家多半是基督教徒，所以很多人相信他们死的时候会上天堂。但是，现在因为各种原因，我们老年人比以前多得多，所以美国的社会开始考虑生死的问题。我们在媒体，还有电影、小说里探讨这个问题比较多一点，比以前多得多。所以我想，如果要采取道教的态度，现在正好是时候。

许嘉璐：这个生死问题，刚才柏夷先生谈到西方，他不仅仅认为亲人走了是上帝把他的儿子招回去了，而且他坚信，他一生所做的都是善事，因而他不是下地狱，他会进入天国。因此，它对生是有一种要求——因为死，而对生有一种要求。这点跟中国的传统文化儒释道是不一样的。

但是如果我们把天主教、基督教的教义，把天堂换成别的——就是自然，它们不是一样的吗？我们来自自然，最后回到自然，我想这个道理如果能再传播开来，进入千家万户，那么家里有亲人过世，就不会把重点放在大办丧事，建坟地，呼天抢地。那么把重点放在哪里？看他这一生做了哪些好事，我们后人继承；他做了哪些不当的事情，我们要避免。这才是真正的孝、真正的忠，我想这会改进社会风气。

今天，实际上我们正是悖《逍遥游》的主旨，以相反的方向在生活。所以，道家就是要从具体社会当中，把给人带来的种种束缚，一一地去解开，包括我刚才说的鼓盆而歌。这样一解开，就放得开了。放的是什么？放的是狭隘，是物欲，是与道相悖的一切思想和行为。都放开就空了，掉到佛教那里去了，还要收回来，收回来的是人的本性，这种本性，是法地的，进而法天、法道、法自然的。

刘芳菲：接下来我们请现场的观众朋友和场上的嘉宾面对面地交流。

观众：三位老师，《道德经》里有这样的描述，就是"小国寡民"，而且"民至老死，不相往来"。我们今天大家都是互相交往，中国也是要走出去，走向世界，这个"民至老死，不相往来"是不是一个错误的观点呢？

陈鼓应：《老子》八十章是为小国设计的，他自己的一个方案。但是他更多的是为大国，比如说《老子》六十章"治大国若烹小鲜"。然后接下来有好几章都是为大国，所以小国、大国，老子都提供了方案。

许嘉璐：我很同意鼓应先生所说的。老子既谈到大国，也谈到小国，但是他谈大国的多。因为在当时为非作歹、兼并他人、屠城掠民的，全是大国。可是那个朝代，所谓万国之国，一个城市就是一国，有大国也有小国，所以他要解决如何处理大小国的关系。对于小国怎么说呢？不要贪图变成大国。穷兵黩武、使劲刮地皮来充大国，古代不是没有，特别是老子生活的国家宋，是商的后代，想称霸，是五霸里最无能的霸。他说最好是中立，像瑞士一样，鸡犬之声相闻，老死不相往来，你过你的太平日子，你要参与争霸，准灭亡。

他并不是认为这个社会要倒退回去，我们都变成五千人一国，然后整天老死不相往来，于是天下太平。我觉得重点不在这里，是面对当下——他的当下，为大国想，为小国想，为处理大小国关系想，求的就是一个中和。

致香港观音文化日祈福吉祥大法会贺信[※]

观音文化日祈福吉祥大法会，

香港佛教"此岸—彼岸"弘法会，

尊敬的宽运法师，

尊敬的诸山长老，

尊敬的各位嘉宾：

　　承蒙大会盛情相邀，逢此吉祥善会，乃功德福报，不意前此日程已定，不克应邀附骥，唯祷法会圆满，诸位康宁，社会安祥，璐于此间默颂佛号以代亲与其事矣。

　　今之世界陷于种种苦厄，智者知之，忧之，痛之。寻觅祸患之根，则孔孟、释尊、老君已揭橥于西元世纪之前，三者相济相生，同以启迪人心为己任。我中华民族之屡经磨难而益壮大者，三者之功伟矣。人类自有私产，贪欲日滋，巧取豪夺，争战频仍；近世，复有资源枯竭、环境恶化之困厄。救之之道，唯人人识破蕴蔽之害，发慈悲之心以克私欲，怀感恩之心以灭愚妄，奉利他之旨以倡共济。如此，自身亦离名利之困，得大自在。是我中华文化乃挽救人类心灵、社会危机之正道，故为世界贤哲所重，我辈得不珍惜之、弘扬之？

　　观世音菩萨，自佛教中国化后尤为亿万民众所崇仰，实亦我民族恻隐、是非善心之寄托。今香江高僧大德悲智齐发，弘愿是举，功德无量。善哉，善哉！

※　该大法会于 2015 年 10 月 29 日在香港举办。

璐既不得与会，仅以此短笺略表心迹，不得已也。虽隔千里，犹如一堂。

恭祝法会圆满成功！

许嘉璐谨上
2015 年 10 月 22 日

未

达

续

集

外为中用　开展博雅教育[※]

非常高兴能够参加第八届中美博雅教育论坛！见到这么多老师、同学，特别是远道而来的美国朋友，请允许我说一句：欢迎！

我不想在这里回顾历史，即使刚才吴清辉校长已经谈了 2003 年的事情，我不想跟随他的脚步再回到过去。当时我的想法是能够让我的两个母校联起手来，生下一个未来，这就是 UIC。这一页我们已经翻过去了，现在应该多想想未来——回顾过去也是为了未来。但是，我可以在这里向美国朋友和 UIC 的老师、同学袒露一下我当时的心境和忧虑。

我看到了世界范围内的不确定性越来越严重，我也看到了欧美宗教信仰实际上在衰退的现实，当我回身看我的祖国时，发现人们似乎也已经把过去的信仰忘却了。我在思考，什么原因造成这种局面？这样下去，人类会怎么样？我想，物质主义、享乐至上可能是一切问题最根本的原因；乃至于中国的教育，也深陷到为了生产物质而培养人，为了能更好地享受生活而送自己的孩子去上好的学校、好的大学的泥沼中。这样下去，中国同样会出现种种危机。于是我想，我的第一个母校北京师范大学已经有一百多年的历史，她在人文社会科学方面，在中国处于前列；我的第二个母校香港浸会大学，身在香港，却面对着全世界，她可以更便捷地获取世界教育、学术领域最新的信息——香港是一个中西文化结合的特殊地方，积累了很多相关经验。中国作为一个有 13 亿人口的国家，只有当它培养的人

　　※　此文是作者 2015 年 11 月 19 日在"第八届中美博雅教育论坛"（广东珠海）闭幕礼上的讲话。

才摆脱了享乐主义、科技迷信和物质至上，才可能持续地发展、永续地发展，同时也能给世界做出更大贡献。

于是，我充当了一个"婚姻"中介人的角色，促成两个母校结合了。婚姻介绍所，大概是中国特有的。其职能在于搭桥，待男女双方结成伴侣后，就没有它的事情了。没有想到，我这个介绍人，介绍两个母校结合、生出一个可爱的娃娃后，还不能甩手而去，一直在做着"幕后家长"——UIC 董事会主席。确实，十几年来我和 UIC 结下的不解之缘，这十几年是我这一生中最有意义的时光。我们的校长、副校长、全体教授、老师——不管是大陆的、香港的，还是世界各国的——齐心协力，勤勤恳恳，为培养新型的人才付出极多心血，这样才有了 UIC 的今天。我们本着 UIC 的理念，始终做一个开放的大学，吸收各国卓有成效的教育经验和中国的情况相结合，走出一条自己的路。所以我说，UIC 非京、非港，非中、非外，是一个在探索中出现的全新的婴儿。在这个过程中，我们得到了在座的各位外国教育家给予我们的无私支持，我想借这个机会再次代表 UIC 对你们表示由衷的感谢！

刚才我们欣赏了同学们的精彩表演。大家看，左边的琴是中国古代传下来的，已经有两千年的历史；右边的同学，把"小提琴"放到腿上来演奏，那是大约一千年前我们从中亚学来的。这场演出本身就是中国固有文化和外来文化美好结合的最好展现。右边这一乐器，中国的名字是二胡，也就是第二类的"胡琴"，为什么叫"胡琴"？公元前三世纪二世纪时，中国称中亚一带的人为"胡人"。胡琴胡琴，胡人之琴。但是，刚才同学演奏所用的，已经不是一千年前胡人所拉的琴的原样了。据专家考证，当时中亚拉的琴，琴弓和琴弦是分开的，也就是像小提琴一样，类似现在内蒙古地区的马头琴那个样子。后来琴弓跑到两根弦当中去了，让它跑不掉，就像 UIC，有北京师范大学和香港浸会大学加持着一样。胡琴演奏的格调，据我所知，由于中亚主要是游牧地区，长期处于不断征战当中，曲调常常是低沉、哀怨的慢节奏。在我访问阿塞拜疆、亚美尼亚这些国家的时候，还能听出他们传统音乐的格调，就如我刚才所形容的那样。但是，刚才同学所奏出的曲子和琴声，却是深沉的、思考的、活泼的、内敛的。这就是在吸收了他人的成果之后有了新的创造，充实了自己，丰富了世界。

UIC 既然是开放的大学，不断吸收各方面的营养，又绝不是克隆、照搬，而是经过我们咀嚼、消化，最终形成一个非中、非港，非欧、非美的

未
达
续
集

新生儿。但是，人还要不时地做逆向的思维，是不是还可以把刚才的话翻转过来说：我们也是亦中、亦港，亦美、亦英，因而亦世界。

博雅教育是构成 UIC 特色的很重要的一个方面。我们似乎是从国外学习了博雅教育，但是我相信它既符合基督教教义，也符合婆罗门教教义、伊斯兰教教义，符合中国儒家的教义。我之所以说它符合各大文明，是因为教育的本质就是要培养尽可能完善地为社会服务的人，这种尽可能完善的人不是只靠知识和技能堆积起来的，更重要的是培育灵魂——高尚的灵魂。由此我想到，我们和世界上很多国家一起开展博雅教育，各自的形式可能有所不同，方法可能有所差异，但大家的目标是一致的，就是培养能够应对今天的世界和未来的世界的人才。

我记得我曾经对同学们说过，你们每个人既是中华人民共和国的公民，也是你生长的某一省某一市的公民，但千万不要忘记，更重要的是，你要成为世界公民，也就是你们肩上有着为人类而奋斗的使命。这样的人才通过什么途径去培养？我想，博雅教育是中国和西方共同探讨出来的有效途径，也是学生愿意接受的方式。当然我也知道，开展博雅教育，无论是在中国，还是在欧美国家，当前还存在很多困难和障碍。但是，学者与教授——我这里所说的是人们常称为"公共知识分子"——有着几乎共同的性格，这就是，当自己认识到一个真理后，就会坚持，会不断地向前走。因此，虽然当前人类遇到了种种危机，可是只要我们抓住教育——教育的普及、提高、博雅，我相信，人类的前途是光明的。面对着当前我们遇到的困难与障碍，我想最重要的解决办法就是我们联起手来，不断地探索适合今天、有益于明天的博雅教育的内涵、外延、方式和方法。

最后，我想说两句话。第一，祝贺 UIC 第八届中美博雅教育论坛的成功。第二，我作为 UIC 校董会主席，想向 UIC 校长、副校长和其他朋友提出一条建议，请予考虑：能不能从 2016 年开始，由 UIC 主办"世界博雅教育论坛"？这不仅会使 UIC 自己受益，论坛的所有成果，将使所有与会者、与会大学共享我们的成果。刚才我说了，我们在实施博雅教育的时候，受到了在座的各位朋友、各个大学的大力支持和帮助，现在到了我们回报朋友们的时候了。这个回报就是：请在座的朋友明年再来，请更多的朋友明年一起来，共同为了未来、为了孩子，来打造更好的博雅教育。让我们相约明年！找一个风和日丽的日子，我们来欢迎大家。

祝大家一年顺利，期望明年在 UIC 再次相会！

防沙治沙　恢复生态　放眼未来※

　　我这次来的主要目的是到现场验证我对甘肃防沙治沙、生态治理和河西走廊星火产业带建设的一些想法是否符合实际，是否可行。前几天在民勤和武威调研时已经谈了一些想法，征求了当地干部群众的意见；今天省委、省人大、省政府、省政协和有关部门的同志都在，我再把想法谈出来，听听大家的意见。所谓调查研究，就是经过调查，形成意见，继续研究。所以，我说的不一定对，大家长期在一线工作更有发言权。

　　这次调研对我来说既是了解情况，也是学习。我不仅增长了很多知识，而且甘肃干部群众艰苦奋斗的精神再次对我的人生观、价值观、工作作风给予了启发。多年来，甘肃人民在历届党委、政府的领导下，自力更生、艰苦奋斗，不仅把甘肃的经济建设和社会发展推上了一个新台阶，而且在生态保护、防沙治沙方面做出了巨大的成绩，特别是在环境保护方面，为全国做了巨大奉献。河西走廊以民勤为代表，是国家北部四大风沙源之一，这里少起一粒沙，关内就少落一粒沙，这种奉献是难以用数字来统计的。所以，我带着向甘肃的各级领导、干部和各地群众学习的态度，做了这次考察。同时，在考察过程中也得到了国家林业总局的同志和其他有关专家的帮助，大家在我来之前就帮我选了点，我在民勤看的 13 个点，几乎都是关键点、有代表性的点，从这些点可以窥见民勤严重沙化、近来治沙的全豹。

　　多年来，省委、省政府非常重视防沙治沙。我和前几任省领导也交谈

　　※　　此文是作者 2007 年 4 月 10 日在甘肃考察时讲话的节选。

过甘肃的生态情况，我深深感受到，甘肃人民和风沙做斗争已经形成了一种传统，一种弘扬民族精神、立足武威胸怀全国、关注当下心想未来的时代精神。在大家的启发下，基于这次考察，我有以下几点想法，供大家参考。

一　生态环境问题，无论就全世界看还是就中国看，人类对它的重视从来没有达到这样的高度

从全球来看——这是横向观察——环境恶化是全球性危机。从纵向看，自人类诞生以后，环境就开始遭到不同程度的破坏。我们思考生态环境问题，需要把横、纵观察结合起来。我在武威看风沙口时说过，人类最早的胞衣是海洋，人类的摇篮是森林。当第一棵树被砍倒的时候，人类诞生了；当人类走出森林的时候，就进入文明了；当地球上的最后一棵树被砍倒的时候，人类就灭亡了。在这漫长的过程中，人类获取生存所需物质的最初手段是采集狩猎，这对环境的破坏速度低于大自然生长和恢复的速度。进入游牧时代，环境的破坏和自然的自我修复基本持平。农耕和畜牧时代，烧山、垦荒、争战，破坏的速度已经超过了人与自然的平衡点，但还是比较缓慢的，基本上是随着人口的增长而扩展的。到了西方进入工业化阶段、其他国家先后跟随着发展工业的时代，对环境破坏的广度和速度猛增为农耕时代的千百倍。现在，除了地震、台风和海啸不是人为造成的，印尼的泥石流、菲律宾的水灾、印度的干旱、中国近80%江河的污染，无一不是工业化和与之紧密相连的现代化生活造成的。人类在毁坏自己的家园，近代社会经济、生活的进步是以破坏自然为代价的。

就全球总体局势而言，环境的恶化目前是难以制止的，在一个时期之内还要加剧。资本主义，尤其是垄断资本主义，以获取高额利润、对股东负责为唯一目标，以高科技为载体，以盘剥发展中国家廉价劳动力为手段，至于环境，特别是他们资产、技术和设备转移地的环境，根本不在考虑之内。这一趋势至今还没有减速的迹象。

从这样一个全局背景、从全局与局部关系的角度反观民勤，为什么民勤近几十年沙化加剧了？要把民勤的沙治好，先要弄清这个问题。

我觉得民勤的生态问题主要是由于人类在民勤以及石羊河上游、中游活动得太厉害。50年代民勤只有10万人，现在已达30多万人。这些人

就是不种地，吃喝也能把上游流下来的水耗尽。人口增加了，爆炸式的增长和80年代拥进来的移民有关。要生活，就要开垦荒地，于是把地面的沙痂破坏了，在烈日下由毛细管蒸发的水量大量增加。石羊河上游8条河流域也都在发展经济，石羊河历史上记载流量是14亿立方米，现在并没有减少；原来流入民勤的水最多时达到5.4亿多立方米，70年代还有3亿，现在却只有0.61亿了。30多万人吃什么？喝什么？种什么？只好打机井取水，原来打1米多、2米多、3米多就见水了，现在要打13米、28米、30米。30米见水，连根深的杨树都要枯死了。为什么来水少了？不是母亲的奶汁少了，而是孩子太多了，上游分流了。我想甘肃其他地方也跳不出这个总规律。我去看过疏勒河、黑河，情况基本上还可以，但危机也在潜伏着。石羊河的急迫问题在哪里？就在这个流量问题。最近几年石羊河的流量已经突破14个亿，曾达到过17亿。是老天看到我们水少多给了吗？不是，是因为雪线上升，融化的多了，现在水量增多，意味着更大的灾难就要到了。我要说的是，要从自然规律和人类活动规律的全局来看民勤，找到问题的根本所在。

二 这次专门到民勤和武威，固然和温总理的12次批示有关，同时也有我自己的一些想法

　　甘肃全省沙化面积一共1203万公顷，其中流动沙丘195万公顷，半固定沙丘122万公顷，遍布大部分地区。温家宝总理为什么对民勤做出这么多次批示？我一直在领会批示背后的思想。我觉得可能跟我的一些判断是吻合的：在环境保护中，民勤有着特殊的战略地位。可以说，民勤是河西走廊防沙治沙的堡垒、生态建设的战略要地。在石羊河流域，民勤本来是一个位置很突出的绿洲，东面是巴丹吉林沙漠，西面是腾格里沙漠，这两个姊妹沙漠，现在正在从空中、地面向民勤进犯，而民勤又由于人口众多的原因，不得不逐渐增加汲取地下水的总量，这实际上是在进行自我毁灭啊。这样，已经形成了空中、地上、地下的三维联合进攻。人们已经看到两大沙漠有的地方已经合拢，民勤南端有的地方还没有合拢，但是二者相距已经不远。如果南端也合拢了，就形成了对民勤360度的包围圈。沙丘是流动的，很自然地要向低洼的地方、下风的地方去，民勤这片可爱又可怜的土地就要被淹没。空中呢，每年4月风起，治沙专家观测到在沙漠

南部 1 米宽的空间里，每年路过的飞沙达到 9 吨多，到了沙地边缘地区剩 5 吨多，到了市中心剩 2 吨多。科研所的同志说，实践证明固沙种草是有效的。这意味着什么？其实有 3 吨多的沙子落在沙漠边缘，另有 3 吨多就落在了绿洲，算来一年有多少沙落在了绿洲？地下 1.1 万眼机井在抽水，我们去西渠的煌辉村，那里水位已经下降到 20 多米，村民不断外迁，现在只剩下了两户。这些地方的地下水已经无法饮用，连牲畜也不吃，盐碱化、矿化了，从地下往上翻。

沙进人退，民勤一旦沙化，两大原始沙漠联起手来，就把武威暴露在沙漠最前沿。就像敌我对阵，我方一个集团军插在敌军两支军队的结合部，左右两翼的敌军就不敢轻进；一旦这个楔子——插在结合部的我方部队后撤或战败，结合部密合起来了，巴丹吉林和腾格里合起来肆虐，就会直扑武威。

河西走廊也好，撒哈拉也好，埃及沙漠也好，都有绿洲。何为绿洲？就是沿着一条河发展出的村落、居民点。既然有居民，自然就要植树、种庄稼，所以石羊河是武威的命根子、母亲河。温总理几次讲到，绝不能让民勤成为第二个罗布泊。这话的潜台词就是民勤有可能要成为罗布泊。因此，民勤这个战略点的治理迫在眉睫。就在我们目前防沙治沙、植树造林的时候，实际上沙化的面积还在扩大，因为人类用来治理的力度同大自然报复人类的力度不相称。一旦民勤这个古老的县失守了，武威就受到威胁，河西走廊就难保了。曾经辉煌过的、创造了人类文化瑰宝，也是中国最早的开放口岸的武威和河西走廊就会从地图上消失。这将是人类与自然斗争史上可耻的一笔。

为什么温总理还提到敦煌？敦煌在环境问题上对全省和全国的影响没有民勤大，但是敦煌是人类所赖以生活的另一个要素——文化的代表作，知名度太高了。一个壁画变了颜色都要引起世界文化界的关心；月牙泉没了，敦煌石窟就会沦陷在沙漠中；沙子进了洞，会成为世界性大新闻。因此，河西走廊三大水系的治理，不仅仅关系到几百万人的生存生活问题，还有重大的文化意义，甚至政治意义。退一步说，如果河西走廊实在保不住了，400 多万人民，国家拿出上千亿来大移民，不是做不到的，但是老祖宗留下的遗产，一个世界著名的文化带，就这样让它在 21 世纪消失？何况河西走廊真的沙漠化了，陕西、四川、河南、北京等地生态环境将要受到多大影响？沙尘会不会吹到上海？所以，民勤、嘉峪关、敦煌一线的干部群众是在为祖国的生态治理站岗坚守。

三　下一步如何防沙治沙，保护生态，搞好石羊河流域治理

还是从民勤说起。打蛇打七寸，救人找命门。民勤是河西走廊治沙的要塞。保民勤也要着眼于全局，必须考虑整个石羊河流域，从祁连山发源地到青土湖，全线治理。单单着眼于石羊河的终端不行。石羊河流进民勤的水应该经过若干年努力至少恢复到 3 亿立方米。现在花了几十亿元从黄河 16 级提水，流到民勤的才 3000 多万立方米，远水、少量水难解近渴。那怎么办呢？

第一，祁连山植被要恢复，增强水源涵养能力。植被不仅有涵养能力，还可以吸收二氧化碳。现在贵州有一个碳交易所，搞碳交易，每吨 120 美元。发挥森林释氧吸碳能力，既环保又可以增收。培育森林涵养水源能力，这样无论是祁连山的雪融化下泄了，还是山上降雨了，乔木、灌木、草类可以降低水速，有效防止水土流失。1958 年以前，贵州没有因大炼钢铁疯狂砍树的时候，两千米的山上下一场雨，水流到山底下的河里需要一年；等树都砍光了，只需要两星期。因为原来的雨水先被树木减速、吸收，慢慢地再释放出来，所以山上山下都是清澈的溪流；现在雨水没有遮拦地往下砸，造成了严重的水土流失，大雨过后又往往出现干旱。他山之石，可以为错啊。石羊河中游地区，包括古浪、金昌，都要加大结构调整力度，发展高效节水农业。原来我对这方面没信心，听了徐省长的介绍，单武威去年一年就节水 5000 万立方米，效果十分显著，这让我增强了信心。所以，要在全流域推广节水措施，让节约下来的水更多地自然流到石羊河，流入民勤。

第二，民勤本地和武威怎么办？要搞产业结构调整，这就和星火产业带建设衔接起来了。张掖、酒泉和嘉峪关等地可以照方抓药。河西走廊一向是甘肃和全国的商品粮基地，近年来又发展成为制种基地。这两个基地的确定是有历史背景的。五六十年代粮食短缺，每个省都努力实现粮食自给，甚至还要调入关内，进入国家粮库，进行全国调剂。我以前去定西、庄浪，随机停车去了几个农民家，哪一家都有七八千斤粮食存着。我问他们，家家存这么多粮食不怕老鼠吃吗？为什么不卖些粮，买一些发展生

产、改善生活的设备呢？他们异口同声地说：我们饿怕了。这些地方的老百姓饿怕了，整个中国都饿怕了。在这种情况下，我们把河西走廊定为粮食生产基地，利用日照时间长、昼夜温差大的优势发展制种产业，都是应该的，都给国家的发展立下了丰功伟绩。但是，这是有时代性的，全国的经济建设以及治国理念发展到今天，就不能再按照 50 年代到 80 年代的思路来走了。昨天在听张掖市的同志汇报时，我特别提到，你们制 1 吨种子需 800 方水，等于把 800 吨水运到那些不缺水的地方去了。我想，今后河西走廊的主体是不是还要解决粮食问题，可以研究。我觉得今后民勤可以不搞粮食生产，转向耗水少、效益高的产业；从事生态建设，从生态里发展经济，例如在梭梭草下种植锁阳、苁蓉等名贵药材。没这个气魄不行。世纪之交，中央提出科学发展观，把人与自然的关系提到了理论高度，提高到了自觉的高度，在这种思想的引导下，我们的发展就不能只是"啥能赚钱就干啥"，而且要考虑啥对环境有利，啥既环保又赚钱就干啥。如何科学地利用自然环境来赚钱，我觉得无论是民勤还是整个河西，都要抓住自己的优势。优势在什么地方？第一是太阳，第二是沙。沙有两个含义：它和海洋不一样，吸热放热快，温差大，这对有些作物是最合适的生长环境；沙产业相对世界大部分地区是"你无我有"，这就是优势。要用最好的肉苁蓉、锁阳，就到甘肃来找。怎么减少种粮和制种呢？就是要通过产业结构调整。可能因为我是学文的，爱想象，对民勤我有个大的想法：民勤现有 30 多万人，今后是否可以减少到 15 万，其余的人一概就地产业移民。留居的 15 万人中约有 6 万劳动力，以防沙治沙为职业，发展林下经济，不断增加收入。现在民勤年人均收入是 3100 多元吧？按 5 口之家算，全家约为 15000 元。如果一家有两个劳动力，按防林护林的标准每人每月 500 元计算，两口人年收入 12000 元，再加上房前屋后小规模种植，发展林下经济，加上政府补贴，日子会比现在好得多；随着林下经济的成熟、拓展，收入还会逐年增加。这样调整下来，每年还可将约 3 亿立方水还给地下，使地下水位逐步上升。当水位上升到 3 米时，树林就成形了，两年大旱都不怕，这时民勤的旅游业就又会成为另一个支柱产业。沙地对城里人是很有吸引力的，可以开很多旅游项目。舍不得孩子套不住狼，非得下大决心不可。这几天在民勤我看到一望无际压沙固沙的麦草方格，场面之壮观、想象实施时的艰苦，让人感到震撼。听绪胜书记说，压沙时老百姓开着三轮机车，带着干粮和水，手上划开了一道道口子，还在干。市里把所有的劲都用上了，群众把该用的劲也用上了。这是伟大的创造，伟大的拼搏精神！但是，单凭这种方法还是跑不过沙丘的，因为即使今后每年退耕 6 万亩，也需要一段很长的时间，而沙是不会等我们的。所以，我们在坚持发挥创造、拼搏精神的同时，还要及时调整治理的思路、措施，要跟大自然抢时间。

第三，要将石羊河流域的治理上升到国家行为。综合治理石羊河不是河西走廊的哪个县、哪个市自己能够办得到的，不是河西五市联手能够办得到的，也不是省里能够办得到的。去年甘肃全省 GDP 和张家港市差不多，而张家港仅是个县级市。治理是要大力投入的，需要国家投入，关系到全国的事应该由国家主导。可以试着按照西南地区石漠化治理的药方抓河西的药。

西南地区有雨无土，这里有土无雨，对石漠化和荒漠化这两个问题的思考我是同时开始的。但是，精力总是有限的，调查和思考自然有先有后。前几年我在西南地区石漠化治理上花的功夫比较大，不是对甘肃感情浅，而是因为那里的情况"紧急"。广州、香港、澳门连年水质咸化严重，每年都要从广西、贵州等地调 10 亿左右立方米的水引到珠江，补充广东的水库，供应三地淡水，同时把海水顶回去。造成珠江三角洲这种现象的原因是珠江上游来水减少，而根子则在于珠江上游贵州等省许多地区石漠化所致。多年来中央各部门对这几省的贫困地区投了不少钱，给了不少项目，但是效果不大。十九年前胡总书记担任贵州省委书记时提出科技扶贫、生态建设、控制人口的思路，这就是现在大家熟知的"科学发展观"的雏形。中国要可持续发展，也离不开这三条。为西南地区的石漠化治理，我今年年初给中央领导做了汇报，认为必须提高到国家层面上做，中央和地方、中央各部委联手，一加一大于二。现在西南石漠化治理已经纳入"十一五"规划，作为一个特殊工程，设立一个办公室，11 个部委参与此项工作。我想，石羊河流域综合治理也要这样来实施。只要我们提出的建议符合自然、科学、经济和社会发展规律，中央会虚怀若谷，从谏如流，是会接受的，是会纳入国家规划的。

第四，在整个防沙治沙过程中，要充分发挥社会主义制度的优越性。我们生活在社会主义国家，常常会"入芝兰之室，久不闻其香"。这种优越性之一，简单地说，就是邓小平同志所说的，可以集中力量办几件大事。现在大事之一就是西部大开发。西部大开发加上科学发展观，就不能不管生态环境的建设。温家宝同志在全国人代会甘肃代表团的讲话传达后，武威的干部群众马上就干起来了，统一规划，统一协调，统一指挥，充分发挥了社会主义的优越性。我期望我的建议有效，建言一次不行来二次，一定要把这件事拿下来。现在从县区到市、到省，已研究了几次，这就为国家制定规划打好了基础。

第五，要科学部署，有先有后，有轻有重。可先把保卫民勤作为保卫河西走廊的第一场战役，一块骨头一块骨头地啃。现在国家财力有限，河西走廊的全面治理，拿不出太多的资金，那就先从石羊河、民勤着手，把确定的项目实施好，力所能及地做好能做的事。至于退耕还林、沼气池建设、医疗卫生、教育等方面，也要积极争取国家投资。

四　几点希望

一是要在全省特别是各级领导中提高认识，统一思想。只有把河西走廊生态建设需要提高到战略高度，使这一思想变成每个群众自觉的思想，各方面的积极性才能充分发挥出来。例如民勤移民 15 万，难度会很大；要把这项工作做好，就需要群众真正理解这样做对自己、对国家都好，不管是移民还是留下，现在做的一切对现在、对未来，都开辟了更好的前景。因此，规划实施的过程，也是广大农民摆脱小农经济思想的一个机会。

二是要一如既往地发挥自力更生、艰苦奋斗的精神。从建议的提出，到研究论证，再到制订方案，需要一个过程，在这个过程中我们要不等不靠，先干起来。

三是要做好规划修订的准备，把甘肃的做法、经验纳入国家的规划中去。

四是要加强有关沙科学研究，做好有关流域管理、生态恢复的科学研究。这方面我是外行，但是我知道在这个领域里的空间很大，涉及的学科也很广，有很多问题我们还没有涉足，在这方面花些钱是值得的，是生活在新时代的我们在为子孙后代"开启山林"。

我不是沙科学研究者，也不是生态学家、水利专家，以上所说难免谬误，还请各级领导和专家批评指教。

防沙治沙　恢复生态　放眼未来

序　文

《百年佛教高僧大德丛书》序※

释教之来中土，逾二千年矣。自汉迄唐宋近千年，而与中华文化相融。中华文化之支柱，可谓有三，佛教其一也。后世或径称"中国佛教"，实乃异域文化"中国化"成功之范例。

云何释与儒得以相通、互融、共生、同荣？盖二者均重人生、重众生、重伦理、重内修故；其于伦理，倡自利利他、胸怀宇宙、为众生可舍身故。华夏于思辨、逻辑略缺，佛家之来，适以助之；西土之于人伦，不若儒家之亲细，足可救之。"终极关怀"之寄于"绝对"，何若着眼于现世？二元对立之思维，应参一即一切、一切即一之原理——此则释、儒所共有，足可供人类探寻未来参照者。

虽然，佛教之传承、弘播，亦多波澜，此异物进我体之所必然耳。儒释之所谓"和"者，非无矛盾冲突，亦无须回避之，乃以"和"之法（认同知异、求同存异）处理之，以达大同小异之境。释尊八万四千法门，即由此而设也。

纵观中国佛教二千年，可知国运旺则佛教兴；反之，佛教衰则国家弱——此所谓弱，非以货币计也。何以故？无国家护法，佛教无以立；缺宗教助人明性，国家凝聚欠强。反思清末以来百年之跌宕，岂不然耶？

凡有利于国、有助于民者，虽经劫难，亦必伏而复起，落而重振。而贯彻始终者，皆持"真信仰"（杨仁山文会语）而不移，虽知其不可，而犹拼力为之。即以佛教言之，高僧大德如虚云、太虚、杨文会、欧阳渐，

※　　此文是作者为《百年佛教高僧大德丛书》所作的序。

乃至晚近之印顺、圣严、赵朴初、吕澄，俱挽狂澜之志士，存沉沉一线于民族，以助乾坤之流转，其留功德于佛教史，可谓巨矣。

因果之说无差。鱼肉黎民者、鲸吞吾国者，终得业报；巍巍中华、东方文明，卓尔而立；先哲所留薪火，重现光明矣。当此时也，能无追忆往昔乎？

辛卯秋，中华佛教文化研究院等举办"首届中华佛教宗风论坛"于香港，纪念"百年辛亥"。与会僧德，畅述百年佛教之衰而兴，追忆先贤理行之艰以韧；感国家之昌明，证佛法之广被。遂共推高僧大德二十三人，欲众生知其人，仰其德，明人生，晓当为，此亦一大功德焉。

嗣后，中华佛教文化研究院辑"百年高僧大德"论著，成《百年佛教高僧大德丛书》二十三册，凡五百万字，刊布于世，广赠海内外。出其资者，居士杨钊也，其捐资修复兰若、资助学子无数，世所咸知；今辑高僧大德行迹著述，继往事、昭后来、促人觉、开新风，则又一大功德也。主其事者，宗风论坛副主席王志远教授也，其深研佛理，遍访名刹，为知、行、证合一者，辑书、刊印，事繁身劳而乐为法施，可敬哉！

今岁三月，余突发腰疾，几不能举步。六日，杨钊居士、王志远教授枉驾存问，且以"丛书"之序相嘱。事关弘法，复有杨、王感召，岂可以微恙违命？于是勉力简述先哲之伟业及"丛书"辑刊之始末，姑忝标之为"序"。

2012 年 3 月 14 日

于日读一卷书屋

《李奇茂九秩华诞书画集》序

　　余也何幸，隔海得识书画一代宗师奇茂兄！初面，即似旧识；既而，竟如兄弟。既不得时时欢聚矣，复相会必惧移晷，然常以胜于参商自慰。何以故？相知不在朝朝暮暮也。今岁仲春，欣闻两岸友朋将为其九秩华诞寿，喜何如之。主其事者中华画院庄君汉生，嘱璐赘数语于册端，此余又一幸也，遂曰：

　　《孟子》云："颂其诗，读其书，不知其人，可乎？"今读奇茂公之画，赏其字，亦当先知其为何如人也。公驰骋艺苑逾世纪之半，五洲两岸何处无其足迹，颂赞之文不知凡几矣，则璐何以置喙？然余犹愿略述己之所识、所思，以就教于公及两岸友人。

　　公生于公历 1925，岁次乙丑，生肖为牛。孰谓生肖与人生无涉？公自幼酷喜丹青，埋首于斯，无论寒暑，未尝稍懈。其非唯己精益求精也，奖掖后进，奔走南北，不遗余力，俯首遍竖桃李。其画既承前贤，复勇于逾越矩矱，山水虫鸟之外，凡目之所接，均采入画，彰显天地人之美。岁云暮矣，鬓毛衰矣，至耄耋矣，犹不歇笔。唯知耕耘，奉献全身，此非牛之性乎？或曰："尔何以知其然耶？"曰："公长璐'一轮'，余倾心于典籍，虽着力之勤不敢望公项背，然亦常窃以牛自砺，是以洞悉其心耳。"

　　《孟子》继曰："……论其世也，是尚友也。"释者以为，此谓欲知古人，当论其世，始得如知当世之人；如是，乃得与上善之人为友。余则以为古人既不得复见，遗风亦已难寻，欲知古人，公或即其余响，攀之以为友，非幸而何！

　　璐犹有说焉。以余观之，公乃一老顽童也。

童稚不知年，以为日日如是，可嬉戏无限。公亦不以增寿为怀，犹时时颠沛如昔。璐尝以其年寿讽谏，公唯一笑。

童心好奇，以为新者奇者必有趣焉。公每至一地、观一物、接一人，皆兴味盎然，必询究竟，笑声朗朗，如童子然。

童言无忌，喜怒白黑，不知讳避。公亦爱憎判然，直抒胸臆，旁若无人。

童必依偎母怀，恣其所欲。公每言及萱堂，必容敛声颤，一如晨省，仿佛依依。

如是，公诚皓发幼童也。尤可贵者，"老"而且"顽"——有所拣择，坚如盘上之松，他力无如其何，一似愚钝嗤嗤。

既述璐心中之奇茂公矣，而尚无恭贺之辞，岂可冒之为"序"？洵愿公童趣永葆，姑以成句以为吾兄寿：

"称彼斯觥，万寿无疆！"

《〈筑成我们新的长城〉图文集藏册》序[※]

长城，经历了两千多年的风风雨雨——大自然的和人世间的风雨。大自然已经让她老态龙钟、满身伤痕，但她还在昂首挺立着；人世间曾以她为帝制暴政、民族封闭的标记，但她还是在叙说着后人并未深知的故事。

长城无言。

她年复一年地在风雨中挺立着。

直到一代一代、一砖一石构筑她伟大身躯的民族遇到了空前的灾难、面对将要亡国灭种的危机，她的巍峨，她的胸怀，她的精神，她的刚毅，霎时让无数的人们懂得了"要废除一个民族的传统并不那么容易。当我们努力忘却过去时，它总稍作'伪装'便偷偷地回到了我们身边"（汤恩比，1947），化进千百万人的胸膛。"不愿做奴隶的人们"奋起了，沉睡了千年的雄狮苏醒了！

70 年了。当年胜利的狂喜和欢呼已经不为今天的人们所能想见，"用我们的血肉筑成"的"新的长城"，还在吗？中华民族的儿女还需要她吗？

难道这还要讨论吗？

君不见 70 年来中华民族面貌的几番变化，都是朝着同一个方向：向着太阳，向着真理，向着正义，向着和平。这就是新、老长城精神的实质。

"新的长城"在哪里？在 13 亿人的意志中，在民族不断奋进的脚步

※ 此文是作者为《〈筑成我们新的长城〉图文集藏册》所作的序。

里，在为全人类不再遭受我们曾经遭受过的荼毒的努力中。

或许有一天地上的长城已经难以寻觅，我相信，"新的长城"仍然会屹立在中华大地上。

永远的长城！

《筑成我们新的长城》大型实景公益演出，是对往事的纪念和敬畏，是对牺牲者的追思和崇仰，是对"新的长城"的艺术阐释。她不过是依傍着长城绽开的一朵山花。而这本书，则是那朵山花的照片，以供欣赏过和没有机会欣赏演出的人们留作对苦难与胜利的纪念。

感谢所有主创、编导和演职人员，感谢慷慨赞助的中国华信能源有限公司和其他企业，感谢所有给予无私支持的朋友。

未
达
续
集

《具茨山与中华文明》序※

2013年11月2日，"具茨山与中华文明学术研讨会"在京举行，随后，部分专家的论文摘要在《光明日报》刊登，引起学界广泛关注。应广大读者要求，参会论文已结集。翻阅书稿，一股莫名愉悦油然而生。黄帝故里的具茨山渐为人知，中华文明一个重要源头的面貌逐渐清晰，岂不让我振奋！主其事者嘱我作序，岂能拒绝？

新郑，黄帝故里、祝融之墟、郑韩故都，文化储蕴之丰自不待言。相传农历三月三为黄帝诞日，每年当地都要举行盛大的"黄帝故里拜祖大典"，两岸四地、五湖四海的同胞蜂拥而至，肃穆虔敬，其景其情，感天动地。我有幸多次与会并恭读拜祖文，每次自有一番说不出的震撼。这就是对祖先的追思、感恩和敬仰，是对祖国文化的酷爱和珍惜吧。

黄帝是中华民族的人文始祖，作为其出生和最初活动之地的新郑，古往今来的遗迹反映着华夏先民四五十个世纪之前的生活、生产和社会面貌。近年来发现越来越多、研究越来越深的历史遗迹恰和有限的文献记载、延绵未绝的民间传说相互得到印证。具茨山是黄帝活动的重要地点，主峰就在新郑。具茨山岩画的发现给学者的研究带来了重大契机，深入探索具茨山岩画，阐释其表达的丰富信息和内涵，对于研究岩画和汉字初文的关系，以及了解先民的生活和社会构成，都具有重要的意义。随着论文集的出版，具茨山岩画微腐蚀断代研究也将拉开帷幕，具茨山岩画面纱的进一步掀开或许指日可待。

在这本论文集中，荟集了李学勤教授、李伯谦教授以及众位专家学者，围绕具茨山、具茨山岩画及黄帝文化等方面，以多学科（历史学、考古学、文化学、社会学等）的角度和方法所发表的精彩论述，给了我们知识和思辨的享受。更为可贵的是，专家们提出了综合研究的思路，这些真知灼见必将产生深远的影响。

弘扬炎黄文化，传承中华文明，凝聚民族力量，是所有炎黄文化研究者的共同使命，也是每一个炎黄子孙的神圣责任。新郑市的负责同志和相关部门，特别是新郑黄帝故里文化研究会的不懈努力，促成了这次会议的召开；不辞辛苦的学术大家的支持和参与，促成了这些高质量论文的产生；更有幕后许许多多同志默默的付出，才使得论文得以结集出版。感谢专家们和所有的朋友！

是为序。

2014 年 6 月 29 日于

日读一卷书屋

《多元文化与宗教对话》序[※]

  学诚法师新著《多元文化与宗教对话》即将付梓，予得先睹，何其幸也。拜读而获益，愿简述阅时所感以就教焉。

  多元，乃文化生而俱有之本性。然则何需今人之絮絮，以证多元之必须也？盖以世有欲以一元代纷繁多彩者在也。对话，乃人之为人之所必；宗教、信仰，亦以对话而生、而长、而扩：耶稣、释尊、穆圣，以至孔圣之言仁，苏格拉底、柏拉图之论神，若无对话，则何得集古今之智以成说，而时人、后世孰能知之、行之、证之？然则何需倡宗教对话也？以时至今日，犹有以兵戎为宗教"交往"之"利器"者在。呜呼！今之多国苍生不得安宁者，以贪渎凶残者舍多元、拒对话故耳。

  学诚者，当世高僧也。探赜教义，谨持佛戒；慈覆无缘，悲及无边；法施多端，归者无数；精进不已，力登十地。其既以菩萨行度一切苦厄为究竟也，故其所念者，非止神州，其所虑者，竟极三世；洞观宇宙，透视所以，遂本佛法，广结善缘，弘多元之论，务对话之实。深知他教之理，掘根剔须，故所言往往中的；宣我佛之义，法门多端，故闻者时时心折。学诚法师之所事，善哉，难哉，钜哉！

  学诚所为，非特为受盘剥荼毒者言，亦欲深陷恶业者悟也。世界经逾百年战祸之苦，西人于其自身求解脱之道而不得，转而面向东者逐年益增，多元观念、倡导对话之声日见其强。然则学诚依时而动，顺势而为者也。

  ※ 此文是作者为学诚法师《多元文化与宗教对话》一书所作的序。

噫！释尊之求法，志在清静世间；清静之道，在觉无明。其时所谓世界，限于西土；所谓众生，囿于梵地。然释尊以其一切智智，尽悉三千大千世界，通晓过去、现在、未来。设若其弘法于末法之世，则恐亦必以五大洲70亿生灵为虑，苦口婆心，度无量有情，成阿耨多罗三藐三菩提。然则学诚岂非直承佛心者乎？吾唯愿日见其进，世乱不止，对话不息，慈悲喜舍，无远弗届焉！

谨序。

2014年7月12日黉夜

匆笔于梵净山

未达续集

《 "雪龙号" 纪实》序[※]

很久了，我告别了文学作品，当代的和古代的，中国的和外国的。虽然我是中国语言文学系出身，虽然我时时感觉到学习和研究传统文化——包括枯燥艰涩的训诂学和哲学——离不开文学，但是以老迈"半残"之身，既然要回应时代的急切呼唤，就只能拣客观最急需的东西狼吞虎咽地去吸吮，文学，先放到一边吧。

感谢山东籍作家殷允岭先生，是他"逼"我临时回到文学爱好者的行列——他的新作《雪龙号》即将问世，命我为之序。我慨然而忐忑地接下了这突然而又非我所长的任务。我之应允，是因为雪龙号、东方红号、南极、长城站，一直是我关注的神秘世界。我也曾有过聊发少年狂的想象：如果有一天能乘坐中国人自己的航船，经历一次印度洋、南太平洋和大西洋狂涛恶浪的洗礼，在万年冰地上仰望纤尘不染的南半球星空，去和南极企鹅亲近亲近，该多惬意！尤其是有一年夏天访问阿根廷和智利，进到宾馆不得不立即换上皮衣的时候，甚至觉得南极已经近在咫尺了，于是向着西南极目而眺，唯见茫茫大海与蓝天，原来离得还远。看来此想只待成追忆了，不成想，殷允岭先生以他的大作把我的心带到了那个纯洁神圣的世界，一补身不能至的遗憾。

纪实文学《雪龙号》的印制还没有开机，我看到的只是今年发表在山东的文学期刊《时代文学》上的部分篇章。

"雪龙"，多么好的名字！万千年来一直盘旋、升腾在东方温润大地上，中国人心目中神圣、亲切、尊严而活泼的中华之龙，如今要到万里之

※ 该书已由中国青年出版社、山东人民出版社联合出版。

外的冰雪世界去圆百年之梦，一显它的气度、胸怀、风采和活力了，怎能不让所有的中国人激动！从它试航那一刻起，多少人和我一样日日关注着它的动向。但是，从媒体上所能搜寻到的只是简短的消息，即使雪龙与惊涛骇浪的奋战，人与轮机故障的较量，也只有寥寥数语。经殷允岭先生之赐，《雪龙号》要给我们以详尽的纪实，快哉！

甫一开卷，我就被作者所记述的，他多次巧逢的"幸遇"吸引住了。他的那些热情、豪放、憨厚、能干的小老乡"侄儿"们、似乎什么危险场景都经历过的摄影家郭广生、抛掉能"来""千把万儿"生意却到南极日日操弄几十人四顿饭的小老板朱宗泉、福建独生小伙儿邢豪、"引龙主角"吴军，以及聪明、秀美、多才、敢于创新的科学家"慧敏女子"……在作者那质朴鲜活、轻松幽默、大江东去与小桥流水无缝衔接、大起大落的笔锋下，一个动而静的英豪群体栩栩如生。这个群体是"雪龙号"的灵魂，也是《雪龙号》的脊梁，一个个活泼泼、平凡而伟大的船员穿插于种种故事之中、故事与故事之间。允岭先生让我们看到了一组"大丈夫"群雕，高大、亲切、鲜活；也让我们读到了一张比他家乡梁山泊好汉座次表更能激起人们自豪、钦羡的英雄谱。这些船员用焦虑、疲惫、汗水和欢笑，书写着南极精神、中华民族精神、龙的精神。

开始读《雪龙号》的时候，我误以为作者要从头到尾写出他在"雪龙号"度过的日日夜夜、亲身经历的风风雨雨；因此也曾为他担心：那不就成为航海日志了？虽然纪实文学不忌讳按照时间顺序款款道来，但是这种写法难以充分施展作家对主人公们的记述、描绘，也不便于突出作家打算着以重墨的地方，否则容易横生枝权，结构失衡，而读者则可能感到沉闷乏味。但在我往下读之后发现，我过虑了！允岭高！实在是高！他写雪龙，却超越了雪龙，从东方红一号的购置，归国，直到雪龙试航，考察船载着一心奉献、创造奇迹的年轻小伙儿们30次走进南极、扎根南极的全过程，乃至南极这个"小联合国"里显现的人类所渴望的和平、奇闻逸事、古怪而让人起敬的捷克老头，视人为友、可爱至极的动物精灵们，都尽收于其笔下。他还引用了不少篇船员们的日记、诗歌，故事中套着故事，激情中套着温情，读来不仅觉得津津有味，甚至让我无法掩卷。

在阅读稍憩时，我尝闭目自忖：作为文学作品，此书是什么吸引了我？里面没有貌似诡谲的情节，没有故设的悬念，没有无中生有的"三角"，一切皆是真实、真情、真话。噢，原来抓住我的是作者及时记下、如实叙述的冰雪、狂风，危险、拼搏，血性、从容，是贯穿其中的他和南极勇士们对祖国、对队友、对家人、对人类的深情和对大自然的由衷热爱和深刻理解，是在南极那个缩小了的"世界"里，弥漫着的孔孟"和而不同""四海之内皆兄弟"伟大思想的实现。而他的笔法，时而大写意，时而工笔，时而雷霆万钧，时而柔情似水，也如龙一样变化无穷，更增添了我的兴味。

一个时代有一个时代的精神。对此，人们各自的解读可以见仁见智，而作者的解读，未见诸硬贴的文字论述，而是不断地从他的笔端涓涓淌出。近20年来，他写焦裕禄，写雷锋，写孙家栋，讴歌了蕴含在领导干部、普通士兵和科学家身上那充满大爱、永不言歇的高贵灵魂。据此，我懂得了他为什么千方百计要成为"雪龙号"之一员，要去南极，要写《雪龙号》。他要在一个为了崇高而不断与危难博弈、以探索宇宙奥秘为荣的群体中体验"侄儿们"身上的时代精神。

《雪龙号》给了我许多启示，我想在这篇忝称为"序"的短文末尾写出其中的一点，以就教于殷允岭先生和读者。这就是，在南极那个充满生死考验的"狭小"范围里，大自然迫使国与国、人与自然之间有了本该如此的关系；人，不管是个体还是群体，也许只有走到"穷途末路"时才肯"静言思之"，才懂得自己和人类的渺小，才能领会到"同胞物与"的真谛，才可能愿意和他者联起手来寻找彼此的共性，尊重他人的异点，才能懂得，不如此，则灭亡。放眼全球，今天的人类岂不是已经面临这样的处境？环境的毁坏就像冰山融化对考察者的威胁，人类的不平等与11级大风对探索者的狂袭无以异，而突然袭来的铺天盖地巨浪岂不就是不知何时就会射出的核弹吗？为什么多数人还在安之若素？那只不过是物欲诱惑的慢性宰割和侵蚀，遮住了人们的眼睛和神经。近年我在拼命地呼喊"构建世界共同伦理"，希望人类寻回古老的智慧，应之者固已渐多，但就全球日闻的聒噪而言，这种声音还是极其微弱的。或许还应该在长城站也举行一次这方面的国际论坛？请各国学者在那严酷而美丽的大自然中少一些思辨，亲身感受人与人、人与自然、身与心之密不可离，从中体悟时至今日南极精神、龙之精神之可贵，大家一起向五大洲发出强有力的理性声音？——一不小心，我又乱发少年狂了。就此止笔。

2015 年 1 月 2 日于

日读一卷书屋

《「雪龙号」纪实》序

《阅世录》序[※]

去年盛夏，我为海峡两岸大学生"文化体验营"之"汉字之旅"开营，小住郑州。即将返京，夏林先生突然来访，相见甚欢。把谈之际，他拿出一部书稿，一再要我"指点"，并邀我作序。惶恐间，我未敢接受重托，便随手翻阅，原来是他所著的名为《阅世录》丛书付梓前之部分清稿；稍详浏览，知其书旨在弘扬中华民族传统文化，不禁一喜：原来他是中原这一古老文明集中地又一位与我志道相合者。

夏林先生告我，他撰此书已近十年。其间，观察社会、环顾世界、深思冥想，时有所悟，便写下内心真实感受，欲以与人共享，以扬正气；日积月累，集腋成裘，现在竟然已有数十万字。我深为他对社会伦理缺失的痛心、对生命应有价值的深思和对民族文化的酷爱和信心所感动。细想想，原来我们是"同行"：先后都在人大工作，为改变社会道德状况而呼吁并不是我们的"本职"，充其量只是志愿者。就在这种遇到"知音"的兴奋中，没有再争论书序是不是由我写的问题。没承想，夏林先生当真了，年前来信索稿了。

"阅世"是篇大文章，也是门大学问。"世"上万物，纷繁芜杂，瞬息万变，人与人、物与物、人与物的关系，千丝万缕，纵横错综。要在"阅"中把握其纷攘混沌、虚实真假当中的隐性中心，并作系统思考，难！也许有些哲学家可以"阅"透千变万化现象界的奥妙？但是关于人应该怎样活下去，应该迎接什么、拒绝什么，他们似乎也没有给我们多少

※　该书已由光明日报出版社出版。

切实可行、闻见即晓的指导，所以写出来的东西总好像和我们有个万把里的距离。加之如今浮躁、浮华、浮肿遍地，金钱崇拜、技术迷信、工具主义、感官挂帅之风狂吹，很少有人——包括相当多的哲学家——愿意稍稍歇脚或闲淡沉思，观人省己，以自己的"道德理性"率先垂范。

翻翻《阅世录》，反而是这位"业余"作者通过切实的省察和体验，直接触摸着那个带有"普世性"的问题：全球物质不断丰富，人类精神却走向荒漠，在永不满足的欲望驱动下，个人成了世界的"中心"；许多国家和地区碎片化了；人类将走向哪里？路在何方？迷茫啊！夏林期望他这部竟十年之功，用心写成的《阅世录》能够成为笼罩着心灵的重度"雾霾"下一支燃烧着的蜡烛。依我看，他做到了。

《阅世录》没有长篇大论，三五行，乃至一两句，明白如"示诸斯（掌）"，且不乏格言式的隽语，从人生到社会、从生活到自然、从生命到情感，不厌其细，不拒其宏。读之者可以坐而细品，也可于饭后睡前信手翻阅，我相信都能体味到"开卷有益"这一古老成语用在这本书上实不为过。我尤其希望读者最好还能够感受到在其似乎平淡的语句中所蕴含着的激情、深情、睿智和浓郁的时代色彩。

我不知道这部书在书店或图书馆里将归于何类，属于"国学"？它不重在文献的征引、归纳和阐释；算哲学？没有抽象、推理、演绎和曲折艰涩的语言。而"国若不在，家我何存"的儒士精神、"以形寻道，以道御形"的道家风骨和"莫执著，能放下"的佛门胸襟，非儒非道非佛，也可以说亦儒亦道亦佛——其实它是时代的声音，是人格应该而且可以不断向上提升的终极关怀，是面向当下、面向世界、面向未来的呼唤。

未及细读，聊述所感，夏林先生以为然否？谨以此为其书即将面世之贺。

2015 年 1 月 4 日夜于

日读一卷书屋

《阅世录》序

《中华传统文化简明词典》序[※]

任何民族的文化，都起源于该民族远古的生活、生产以及所处的自然环境。在其漫长的发展征途中，必不可少的条件有二：1. 犹如树木，随着年年四季轮转，叶落而复生，枝新则益高，但新叶新枝都是从原有的根和干上"长"出来；2. 不断接受外来的肥、水和花粉，这样才能不断苗壮。中华文化就是这样在几千年或风和日丽，或风雨雷暴的历史中兴而衰，衰而兴，延绵至今，仍具极大活力的。唯其如此，中华文化才能超越时空，为历代亿万人民所认同，形成国家永不枯竭的合力，也才能被外人所尊重。

中华文化在历史上有过几次极其重要的转型。从上一个世纪之交开始了最近一次、也是最为剧烈的一次转变，几经曲折，到现在为止这一过程还没有结束。眼下人类对和平、友谊、安全、幸福的渴望，世界政治经济状况的复杂多变，中华民族面临的历史性机遇，人们对传统文化的回顾与留恋，都在呼唤着中华文化又一个发展高潮的到来。

在这样的时刻，学者们正在面向当下、面向世界、面向未来，殚精竭虑地进行研究、争辩、修正、创新，各行各业越来越多的人们在设法多了解一些传统文化，观察着文化发展的动向。

任何民族的文化，都是个极其复杂而庞大的系统；而中华文化，确如人们常说的博大精深、源远流长。文化研究，需要多种学科的共同努力；一般的读者如何简便地、一目了然地大体把握住中华传统文化的筋脉？如

※ 该书已由中国青年出版社出版。

何在人们听、读古典文献遇到一些问题时可以自行解决呢？出版一部传统文化的简明词典不失为一个挺好的办法。

有感于此，曾经编纂过不少优秀字词典的一批专家，由李行健先生领衔编写了这部《中华传统文化简明词典》，在我看来，这不啻为这些专家在象征着吉祥的乙未年到来之际奉献给广大读者的一份文化之礼。

任何文化在历史长河中都沉淀下了许多自己专有的典籍（包括口传的）、概念（包括名词、术语）和重要的人物、事件和掌故，这些就可以作为踏入文化大观园必备的导游图或索引。《中华传统文化简明词典》就是这样的角色：翻看了它，可以知其梗概，要想详细深入，即请按照它所提供的信息"按图索骥"。

中华民族文化自古就是由居于中华大地上的所有民族、部落共同创造、哺育、保护、发展起来的。汉民族文化只是其中的主干而已；即使在我们所称说的"汉文化"当中也有许多来自非汉族的内容和形式。因此，"中华传统文化"理应包括汉族以外所有民族文化的内容；我理想中的《中华传统文化词典》一类的工具书也应该包括汉族以外所有民族文化内容。但是，编纂这样一部词典谈何容易？可以想见其工程之浩大。李行健先生他们之所以在所编的这部辞典名字中嵌一个"简明"，大概也隐含着待机而编一部内容更为全面的词典的意愿吧？若真如是，那么，就让我们翘首以待。

《段玉裁全书》总序[※]

段玉裁懋堂之《全书》，于其辞世二百载之岁问世，恐为其生前所未料者。段氏著述宏博，版本多出，搜集不易，遴择尤难，撰著叙录俱须竭虑而作，纷然诸事，端赖段氏乡人之后学，实为学林之佳话，而亦非偶然者也。

编纂《全书》始末，已见诸赖主编永海先生所撰《缘起》，兹不赘；段氏诸著之绍介剖析，则由各书《叙录》详述之。予所欲请益同道暨购此书、阅此书、爱此书诸公者，一、《全集》之核心，二、段氏之学问，三、段学之传承。

窃以为《全书》之核心，在《说文解字注》一书。段氏之治小学及经学，即如其门人陈奂所引段氏述戴东原语："以字考经，以经考字"；复如戴氏序段氏《六书音均表》所言："训诂音声，相为表里。训诂明，六经乃可明。"段氏一秉师训，惩于"语言文字未知，而轻凭臆解以诬圣乱经"，故不逃其难，发奋为之。观段氏年谱及东原之序，可知段氏《诗经小学》、《书经小学》等作，皆相继先出。然则段氏乃精研五经，以与《说文》相考，而实以《说文》之学为器，以六经之旨为道；其《说文解字注》则与论《诗》《书》《礼》《春秋》之"小学""考""订"诸作为表里。诚如卢抱经所言，《说文解字注》"非独为叔重氏之功臣，抑亦以得道德之指归，政治之纲纪"。

乾嘉以降，语言文字之学渐趋独立；延及近世，西学汹涌，"纯学

[※] 该书已由江苏人民出版社出版。

术"至上，经学屡遭误解，甚或视同敝屣，于是读经典可不谙文字训诂，研语言文字未尝游于经典，表里隔绝，此两败俱伤而国学之所以不振之一端乎？

《说文解字》，吾国之古奇书也。民族之凝聚、传统之继承、施政之畅通，皆赖语言文字之统一（华夏地博，方言多歧，故文字之划一尤为重要，所谓语不通文通也）。故秦政力推"书同文"，然秦祚不永，即官吏用字亦未能如其所愿。六国虽灭，异字犹存；至汉，非特官府用字多歧，乃至"诡更正文，向壁虚造不可知之书，变乱常行以耀于世"所在多有。许慎出，"博问通人，考之于（贾）逵，作《说文解字》"。自此，汉字传承始有所依，虽经隶、楷、草诸体之变，未离其本；既历分、合、南、北，多朝兴替，政令未滞；迨及后世，治古学者几近案头必置，释典籍、辨甲金，须臾不可离。许慎之功，伟哉！

自汉及今二千载，许书屡经传抄、刊刻，水火、兵燹，古本难觅，面目已非。延至乾嘉，小学大昌，段玉裁懋堂先生竟数十年之功，成《说文解字注》。清季虽先后有桂氏（馥）、王氏（筠）、朱氏（骏声），用力于《说文》，均为大家，各有所专；而段氏非重在钩稽、梳理，抑或以音义经纬诸字，如今世字典然。其集校勘、考形、究音、析义（含许慎之释语），几至其极；故王念孙序之曰："盖千七百年来无此作矣。"卢文弨亦曰："盖自有《说文》以来，未有善于此书者。"确为谛评。而念孙所尤赞者，为段氏之以音寻义，"正义借义，知其典要，观其会通"，且其谓"沾沾自谓得之"而实"于转注假借之通例，茫乎未之有闻"者，与段氏"浅深相去为何如邪"，则其亦就知以音寻义与否为说；至如江沅之后叙所谓"许书之要，在明字之本义；（段）先生发明许书之要，在善推许书每字之本义而已矣"；卢文弨所重段书者，则在能断大徐不如小徐。是其时诸家皆据己之所长以论段书，于是各赞其一端；然段之为注，实乃覆帱近世诸多学科矣，非一言可得骡括，唯合上述诸家之评骘，乃得约略得窥段氏之苦心。故读《说文》必自段氏注始，探研古之语言文字，常以段说为导引。段氏之功，巨矣！

呜呼！后之学者得无深思懋堂之所以为懋堂，以启来者邪？薪火之譬，非但谓人去人来也，乃重学统、学风、学道之登层楼耳。此则参与编纂《全书》之役诸公之初心也。

《全书》即将付梓，能不感慨系之！忆昔与师友相议编纂段氏全书事，已逾三十载。徐老士复（复）及挚友辈相继西去，唯同庚许兄惟贤与予尚在，亦皆冉冉老矣。而斯役之得告成者，诸后来之力也。懋堂诸书向为单行，即《经韵楼集》刻印亦经多时，《说文解字注》自起笔至刊布几近四十载。先哲之著述也，勤矣，苦矣。而今《全书》之成，竟亦历三十寒暑，经两代学人，此即"小学"之"宿命"也与？

赖先生永海，宗教学之名家也；前此璐尝拜读其鸿制，感佩无已，后乃知先生钟意于段学，慷慨以助成《全书》之出版，不禁惊叹。噫！古昔文士之于宗教，释道之于凡俗，皆互通其学，且俱有造诣；其互通也，非但不损其所宗，且有益于其专精。是先生颇有古君子之风，见地远超于俗矣！今此义举，或为小学及经学、宗教学亦将复兴之征兆也，凡我同道，能不于长叹小学遇寒之后，为之一喜乎？昔日文士必具之小学，今已近乎绝学；有志于斯，默默圈点、寻根究底、不以晚成为憾者有几？既知小学之重要者渐增，绝学不绝有日，士复夫子及诸亡友，当可颔首于地下矣。

卢沟桥事变70周年之日
谨序于日读一卷书屋

《淮安地名史话》序[※]

　　厚厚一叠书稿，放在案头已经数月；虽然也时时披览，但是始终没有一个较完整的时间细细阅读，慢慢品味，理理思绪。因此，每当想遵乡亲之命在书崀写点什么的时候，久久难以下笔。这书稿，就是在襁褓之中的这本《淮安地名史话》。

　　访台归来，周末挤得一日闲。在即将退去的暑气中，重新打开书稿，一股浓郁郁的陈香伴随着活泼泼的律动，滚滚而来。那陈香，来自祖先从远古走来一路留下的、令世界叹为观止的足迹；那律动，分明是祖国崛起、震撼地球的节奏。这就是淮安，这就是故乡。

　　一个地名，是一串故事；一个城市，是一部大书。

　　这本《史话》，恰好是这一"公理"的生动证明。书中的每个地名都会勾起"老淮安"的深情回忆，也许偶尔会引来他们子孙好奇的追问。青莲岗、邗沟、韩信城、漂母祠，似乎过于遥远了；平桥、河下，留在当下的，也许仅仅是美味豆腐和蟹黄包？管夷吾、鲍叔牙，两位春秋时期的齐国人，只是因为曾经在盱眙停歇过，于是"老淮安"留下了管镇、鲍集两个地名，以示这里的人们对他们"知己之交"的敬佩，现在知道那段感人故事而且愿意处世如彼的人还有几许？对近代以来淮安的名人大家，或许人们有时还要提起，至于曾经受到举国赞颂者，如梁红玉、关天培以及沈坤等彪炳千古的英雄，他们的祠堂、故居，是否已经沦为只是等待外地游客的景点？苏轼、米芾、赵子昂、刘鹗、阎若璩呢？他们超人的

　　※　该书已由中华书局出版。

才华、对世事的关注、不断创造的执着，正有待今天和明天的淮安人理解并接续。

一个地名，是一串故事！一个城市，是一部大书！

时间是洗刷历史陈迹的扫帚，扫去的往往只是污渍和不重要的细微末节；而地名后面的故事、城市所形成的大书，则不应该也许不可能被洗刷掉，因为里面蕴含着的是一个地方、一个民族、一个国家的灵魂。无须论证：其中的故事，要讲！这样的大书，要读！

任何一个后代著名之地，最初吸引并留住人类的，是山丘江河、平原沟壑，因为人类需要适宜的地方垦殖、生活；待人群饥寒所需略备，山川之秀就启动了人之情思，于是赞叹之，歌咏之，继而在自然风光上逐渐增添了人文色彩的缤纷；最后，自然风光因人文色彩而益美，人文则借风光而传播，人与自然完美地结合了。这就是为什么在中华大地上，凡人迹所到之处，大多有亭台碑刻，或有关文人墨客、帝王将相的掌故和逸闻。久之，这竟形成了中华文化的特色之一。

淮安的山河、湖泊、田野，今天是何等地富庶、宜居！遥想万余年前，河汊密集，草莽满目，蛇虫遍地，蚊蚋狂舞，无数代先民付出了何等的艰辛与牺牲，经历了多少冲突与融合，"筚路褴褛，以启山林"，这才有了后来的良田和城池，人们也才从过往的成功和失败中领悟出，什么样的信念和伦理最适合在这块土地上生活和繁衍，于是形成了屹立数千年而不倒的中华文化巨树。即使到了我们曾经亲历过的近代，又有多少先驱英烈把满腔鲜血、一生汗水洒在了这块土地上，浇灌到巨树的根系，这才有了眼前的一切。

从哪里去寻觅前人所走过的风雨泥泞、坎坷曲折的漫漫长路？请到淮安来吧！那里的一街一巷、一楼一阁都会叙述可歌可泣的无尽往事。祖国那么多城镇，难道只有淮安独秀其中吗？当然不是，但是像淮安如此悠久、全面、深邃而深沉的，恐怕不多。

以吾言为虚邪？那么就请翻阅这本《史话》吧。它就是在讲述淮安的故事，是要用一本小书引导人们去读那本大书。书虽小，但是淮安的山川聚落、建制沿革、公署古楼、园林码头、寺庙祠堂、故居古墓……繁复而缕析，言简而意丰；至少在我，读后颇以家乡的文化为自豪之情已油然而生。当然，人类早就懂得"辞不达意"、"名可名，非常名"的道理；俗语亦云，"百闻不如一见"。或许要真正读懂淮安，还是需要走一走那里的路，过一过那里的桥，看一看淮安的今天，发一发思古之幽情吧，你也许会感受到，今天在淮安大地上支撑着那栉次鳞比的高楼的，是历经几千年夯筑的文化基石。

是为序。

乙未七月初九处暑前一日
当 2015 年 8 月 22 日匆笔

《马克思主义与儒学丛书》总序[※]

　　读者眼前的这套学术丛书,是国家社会科学基金特别委托项目"马克思主义与儒学"的研究成果(批准号11@ HZ009)。本项目自2011年6月正式立项以来,课题组举行了一系列学术研讨会,发表了一系列阶段性成果(包括一系列学术论文及其论文集);在此基础上,陆续撰成了这套丛书。

　　项目共设计了六个子课题:除沈顺福教授负责的文献资料集成"马克思主义与儒学关系研究资料集成"外,包括下列五部专著。这些子课题之间,存在着某种逻辑关联:

　　1. 何中华教授负责的"马克思主义基本内涵及其历史形态研究"课题

　　要搞清楚马克思主义与儒学的关系,首先要分别搞清楚马克思主义和儒学各自的真实面貌,澄清误读,还原真相。为此,我们设计"马克思主义基本内涵及其历史形态研究"和"儒学基本内涵及其现代性因素研究"两个子课题。

　　对马克思主义的误读,存在着两种情况。一种是"合理的误读",这主要是由于跨文化交流中误读的不可避免性。在马克思主义的世界性传播中,各国的马克思主义者在解读马克思主义时,必然会受到本国的当代社会生活方式、历史文化传统、当前社会实践需要等方面的影响,这种影响有时是不自觉的,有时甚至是自觉的。这种影响既有共时性的一面,也有

　　※　该书正由天津人民出版社陆续出版。

历时性的一面，这就需要研究马克思主义的国别形态和历史形态。另一种误读则是真正的误读，这主要是由于对马克思主义原典了解得不够全面、不够系统深入。事实上，许多马克思主义者对马克思主义原典的了解和理解确实是缺乏全面性和系统性的。无论以上哪一种误读，都需要我们重新研读马克思主义原典，以还原经典的马克思主义。

2. 黄玉顺教授负责的"儒学基本内涵及其现代性因素研究"课题

上述误读，同样存在于对儒学的了解和理解中。误读主要有两个方面。一方面是对儒学基本原理的误读。例如，儒学不仅具有"形上—形下"的观念层级，还有更具本源性和本真性的观念——生活或存在的观念；唯其如此，我们才能理解儒学何以能够既一以贯之、又可以穿越历史时空。又如，"仁义礼智"要么被解读为形而上的先验人性论的"德性"，殊不知先验人性论并非儒学的全部；要么被解读为形而下的伦理道德性的"德目"，殊不知伦理道德规范仅属于"礼"的范畴，而"仁义礼智"是一个立体的理论结构系统。另一方面则是对儒学与社会生活之关系的误读。一种常见的误读表现在中国哲学史研究领域，儒学被解读为一种西方哲学模式下的脱离现实生活的纯粹概念游戏；另一种常见的误读则表现在中国思想史研究领域，儒学被解读为一种实证主义史学模式下的琐碎的"流水账"，或者被解读为一种被误读的马克思主义历史观模式下的"封建主义意识形态"。这类误读导致了儒学真实面貌的遮蔽，尤其是儒学的现代性因素的遮蔽。事实上，儒学有不同的历史形态，如王权时代的儒学、第一次社会转型期的儒学、皇权时代的儒学、第二次社会转型期的儒学和民权时代的儒学；后面两种儒学形态对于我们探索儒学与马克思主义之关系问题具有关键意义。

3. 杨朝明教授负责的"马克思主义与儒学之关系的历史与现状研究"课题

马克思主义自传入中国之日起，便与儒学发生了关系。这种关系颇为复杂，且经历了若干历史性变化。大致而论，这种关系有时被理解为负面的对抗性关系（这种理解在五四新文化运动时期最为突出）；有时被理解为正面的吸纳性关系（如有学者认为中国文化与儒学也是马克思主义的来源之一）；还有一种"中道"的理解，认为两者之间存在着非同质、然而可融通的关系（今天持此观点的学者越来越多）。对上述马克思主义与儒学之关系的历史与现状的研究，对于本项目"马克思主义与儒学"的最终目标来说，具有提供历史经验教训的意义。

4. 颜炳罡教授负责的"中国共产党领导人之儒学与传统文化观研究"课题

众所周知，中国共产党历代领导人关于儒学与传统文化的观点是有所不同、有所发展的。那么，这种发展变化是否存在着某种规律？其间是否存在着某种一以贯之的东西？这对于正确理解党和国家的历史与现状、党的建设和中国式发展道路的探索具有怎样的意义？回答这些问题，是本课题的任务。

5. 何中华教授负责的"马克思主义与儒学的内在关系及其融合之可能性研究"课题

本项目的最终目标，是探索马克思主义与儒学之间的某种内在关系、及其相互融合的可能性。这是一项极其重大且紧迫，然而却非常艰巨的任务。其重要性在于：中国的和平崛起必然要求马克思主义中国化，而这种中国化逻辑地蕴含着马克思主义与作为中国文化主流的儒学之间的某种融合；否则，马克思主义中国化就是不可能的，从而中国的和平崛起也是不可能的。其紧迫性在于：当前，中国的改革开放、和平崛起已经进入了一个关键阶段，唯其如此，儒学已然成为党和国家的重要的叙事话语；然而，儒学与马克思主义之间的关系问题仍然没有得到适当的、遑论充分的阐述。而这项任务的艰巨性在于：马克思主义与儒学究竟怎样融合，这是一个十分复杂的理论课题。不论在哲学存在论的层面上，还是在伦理学、政治哲学的层面上，以及在其他社会科学的层面上，"马克思主义与儒学的融合"这个课题都需要丰富的感性、充分的知性、深刻的理性，乃至深邃的悟性。用老子的话来说，这个课题既需要"为学日益"，也需要"为道日损"。这个课题需要学术大家和学术大师；而我相信，这个课题也能够培育出大家和大师。

鉴于此任务的艰巨性，本项目的研究成果仅仅是一种初步的探索，抛砖引玉而已。

附　　录

唤醒中华传统文化的基因[※]

"中国特色社会主义植根于中华文化沃土"，"培育和弘扬社会主义核心价值观必须立足中华优秀传统文化"，十八大以来，中共中央总书记、国家主席习近平的讲话，将党内对中华优秀传统文化的认识提到前所未有的高度。他提出，"要讲清楚中华优秀传统文化的历史渊源、发展脉络、基本走向，讲清楚中华文化的独特创造、价值理念、鲜明特色，增强文化自信和价值观自信。"

弘扬中华优秀传统文化成为未来一段时间的任务和目标。我们应该如何梳理、提炼、传承中华传统文化的思想精华和道德精髓？全国人大常委会原副委员长、中国文化院院长许嘉璐教授就相关问题接受了《瞭望》新闻周刊的专访。

从重振传统节庆文化说起

由中国对外文化交流协会、中华炎黄文化研究会、中国广播电影电视报刊协会和东方华夏文化遗产保护中心联合主办的中华"春节符号"全球征集活动，日前已进入尾声。一个蕴含着民族感情和时代特征的"春节符号"，将从 17356 幅参赛作品中产生，并于 2 月 11 日在人民大会堂举行的"民族梦·中国梦——中华'春节符号'全球发布盛典"上首次揭晓。

※　此文刊载于《瞭望》2015 年第 6 期。

在许嘉璐眼里，这次"春节符号"的征集，既是重振传统节庆文化之举，更是顺应了当前对复兴中华优秀传统文化的需要。

毋庸讳言，中国人最重要的传统佳节——春节，原称"大年"，简称"年"，流传至今，其吸引力和丰富性已远不及以前。在农耕时代，人们会在过年的时候特意慰劳自己，吃点好的，穿点好的，可如今生活水平高了，有人说"天天跟过年一样"，这也意味着"过年"载体的标志性在消减，也有人感叹"过年越来越缺乏年味了"，人们对春节的期待和参与度正在下降。春节尚且如此，对端午节、中秋节、重阳节、清明节等其他传统节日，人们的参与度更是等而之下。有调查表明，在有些高校，大学生对圣诞节、情人节等西方传统节日的参与热情甚至高过中国传统节日。

然而，传统节日是中华传统文化的重要载体。按照许嘉璐对于文化的分层说，文化可以分为表层、中层和底层三类，表层是"物质文化"，围绕衣、食、住、行，反映人的喜、恶、取、舍；中层是"工具文化"，指制度、法律、宗教、艺术、风俗、礼仪、习惯等；底层是"精神文化"，包括一个民族的世界观、价值观、伦理观、审美观。其中，底层文化决定中层和上层文化，上层和中层文化映射着并反作用于底层文化。据此，许嘉璐认为，传统节日的时间、仪式、符号等其实蕴含着先人对于人与人、人与自然、未来与现在、生与死等关系的感悟和思考。

比如春节，被设定在农闲之后、春耕之前的冬日，且是在岁末年初，意为辞旧迎新，其中便蕴含着"终即是始""无始无终"的哲学观。还有，春节期间全家团圆，拜天、地、祖先，暗含对天、地、人的敬畏之心，同时反映中国人对"天人合一"、协同和睦观念的坚守。再如中秋节的月饼、除夕夜的团圆饭、元宵节的汤圆等"圆"的符号，也有着和谐、圆满、通畅的寓意。

"中华文明之所以历经沧桑而从未中断，最根本的原因是其具有明确的、全民族共识的底层文化。"许嘉璐说，只要深挖表层文化，就能找到支撑它的底层文化。比如"圆"是节日常见的意象，若用现代几何学解释，圆由无数点组成，圆上的每一个点都是平等的，距离圆心的距离也是相等的，因此"圆"的底层蕴含着中国人追求的"和"里蕴藏着的"平等""均衡"的价值观。

遗憾的是，当前文化学术领域对中华传统文化的研究还多限于表层和中层，研究"枝"的多，研究"根"的少，对底层文化观照严重不足，以致很难讲清楚中华传统文化的思想精华和道德精髓。

许嘉璐希望以"春节符号"为载体，发动全球华人找寻那些已经被淡忘的共同精神追求，集合全球华人的智慧，深入挖掘那些被深埋着的中华优秀传统文化基因，同时用当代人的创新思考，让传统节庆文化焕发时代活力，让传统文化精华成为涵养社会主义核心价值观的重要源泉。

"吞西方激素太多了"

对中华传统文化的底层观照不足，阐述不清，表面上看似与学术、教育有关，可许嘉璐认为，深层原因则与近百年来中国人对待自己的传统文化和西方外来文化的态度有关。

有学者指出，自19世纪中叶以来，面对西方的侵略，中国屡战屡败，使中国的知识分子对于一切国粹都失去了信心，传统的价值标准、审美标准、伦理标准都被搅乱了，风俗、礼教、政法等古老的东西被一再抛弃，其中包括两千多年来曾经在民间和意识形态领域占据正统主导地位的儒家文化。

许嘉璐忧心忡忡地说："我们的文化毁了100多年了，我们自己骂自己，也骂了将近100年了。从1911年辛亥革命，到'打倒孔家店'，再到'文化大革命'，我们学界对于自己传统的东西，绝大多数人持彻底否定态度。"

20世纪初，就在主流声音质疑并批判中华传统文化的同时，西方文化的"洪流"向中华大地汹涌而来，中国人如饥似渴地大口吞食着西方的"激素"。许嘉璐说，这激素，就是被描绘成或被误解为完美无缺的、绝对真理的一整套"希伯来—希腊·罗马文化"。"激素"有两面性，盲目吞食则弊大于利。

受此影响，中国人对自己的传统文化，在较长时期里采取告别的姿态，最为严重的是，传统文化的学脉（也可以称为学统）断了，于是逐渐形成现在的局面：年轻人中，无论是幼儿园的孩子，还是已经为人父母的博士生、博士后、总经理，对中国的历史、文学、哲学知之甚少。

近几十年来，随着对外开放，西方的人文理念，和资本、设备、管理技术等一起涌进来，而已是残缺不全、岌岌可危的中华文化传统难以招架，再次受到打击。尤其是物质至上、个人主义、金钱万能等思想的涌入，让更多人失去了对历史、文化、精神的追求，导致道德滑坡、诚信缺失、群体争斗等有违中华传统美德的恶性事件。

"我们吞下西方的激素太多了，它们已经附着在中华文化肌体的每一个细胞壁上，包括文化传承与创新的主干力量——教育系统，因此我们的大学丢了我们教育传统的灵魂。"许嘉璐说。

中国传统教育讲究"传道、授业、解惑"，传道是第一位，培育灵魂是教育的本质。中国古代的学校，官学培养官吏，私学发展学术和文化，中华民族的思想大多是从私学里出来，然后成为全民族的。私学的特点之一，是在继承的基础上不断创新，是寻根究底，是提倡思想自由、人格高尚。

随着传统教育被彻底断掉，今天人们看到的现代教育鲜少研究人的灵魂，注重的是传授"纯知识"，培养"纯技能"，不但"价值中立"，而且学科间彼此不搭界，"隔行如隔山"。如学理工科的不懂文科，学文学的不懂哲学，学哲学的不涉猎文学，学历史的与哲学、文学决裂，学西方哲学的不懂东方哲学……本来密切相关的事物被切割得零七八碎。现在需要讲清楚中华优秀传统文化，可是所急需的融汇文史哲、儒释道、社会科学与自然科学的大量"通才"却极为缺乏。但是，这又绝非短期能够培养出来，怎么办？必须加大力度培养，努力做，但又急不得。

唤醒人们心底的文化基因

不久前，许嘉璐应邀为3000位企业家做有关中华传统文化的讲座。企业家们希望在转型期、迷茫期，从中华传统文化中摸寻到前进的方向。

"这是一个好兆头。"许嘉璐从大批企业家对中华传统文化的渴求中看到了传承与发展中华文化的信心和未来。他说：工业化之后，西方在不断放大物欲的路上走了200多年，追求零和游戏和利润最大化。近几十年，一批批先知先觉的西方学者意识到问题的严重，开始对自己的文化提出质疑、批判和重构。

相比之下，中国的市场经济才走了30多年，一批企业家已经悟出诸多"不对劲儿"，并主动从文化意义上探寻深层次的解决之道，这说明中国人身上留存着的中华传统文化基因何其厚重。不仅如此，在广大城乡居民的心里，"仁、义、礼、智、信"的传统美德依然存在，只是有的被物欲遮蔽，亟待唤醒；而有些人已在思考深层次的人生问题，走到了"悟"的边缘，这时如果缺乏点拨，就可能走到另一极端，甚至酿成悲剧。

每当想起这些，许嘉璐便越发倾情于弘扬中华传统文化，已77岁的他，还在深夜伏案，四处奔走，乐此不疲。他对本刊记者说："中华民族真是太伟大了，不管别人怎么说，都值得我付出；中国人太可爱了，值得我付出。似乎这个时代现在还需要我。"

至于如何把传统文化向社会大众讲清楚，许嘉璐主张，当务之急是开掘精华，研究系统，将儒、释、道和诸子百家的精华，也就是中华民族的精神追求是什么，用简洁的语言归纳出来，让人一看就明白，一听就记住。

为此，学者们应该走出"书斋"，进入百姓生活，了解老百姓的生老病死、所思所想，从中发现并提炼中华传统文化的精神动力，然后用老百姓的事例、语言去传播所获，这将丰富中华文化的内涵。

限于当前的教育体制、机制对下基层调研的制约，学者们可通过培养"文化志愿者"的方式，请他们深赴农村、工厂、社区，普及中华传统文化，让研究成果走出校园，走进寻常百姓家。同时，辅以新媒体传播。

另外，还要利用学校教育系统、社区（包括农村、城市的居民小区、企业、部队）和宗教三大通道来传播优秀传统文化。而在具体实施层面，许嘉璐强调要重视依靠民间力量。"春节符号"全球征集活动就是学者、大众结合，提炼和传播传统文化的典型实践。他说，中华文化的传承，自古以来就是以民间力量为主，现在也应该如此。当今社会不同区域、不同群体对文化的需要是不同的，民间力量可以发挥灵活多样的作用。无论是民间团体和企业，还是社区和乡村，都可以通过行动唤醒人们心底的文化基因，这样就会让整个社会有越来越多的人觉醒，多一个觉醒的人，社会就多一份力量。

时代赋予使命，UIC 效应犹可期[※]

——UIC 成立十周年访谈

作为一位耕耘不辍的教育工作者，许嘉璐先生对 UIC 这个年幼稚子无疑是偏爱的。他出现在 UIC 的每一个重要时刻，更不吝给予赞美之词，例如引用率颇高的两句话："UIC 的成立将为中国高等教育开辟一条新路"，"如果我年轻 50 岁，一定会报考 UIC"。

第一句出自 2005 年许嘉璐先生在 UIC 成立暨奠基典礼上的致辞，第二句则是 2010 年学习资源中心（图书馆）落成时许先生的感慨。如果说，前者饱含着许先生对 UIC 的期许，那么后者则道出了他在办学五年初见成绩后的欣慰。

时间来到 2015 年，在 UIC 跨越第一个十年的节点，许嘉璐先生又会给出怎样的评语呢？

一 UIC 的创办是时代赋予的使命

许嘉璐先生在北师大从教五十六年，其间曾经从政，但始终没有离开讲坛。他多次出访五大洲国家和港澳台地区，走得越远，越深刻地感受到，中国的教育必须改革，用他自己的话说，"跳出原有体制的框架，我开始思考怎样推动中国教育的改变"。

有没有一种可能，在我们自己身边建立一个前所未有的高校，把别人在课程设置、教育方法、管理机制方面的好东西引进来？答案在 2003 年

※ 此文是作者 2015 年 6 月 27 日接受北京师范大学—香港浸会大学联合国际学院（UIC）创建十周年的访谈。作者为该校校董事会主席。

终于有了。这一年，在许嘉璐先生的推动和参与下，《中外合作办学条例》颁布实施。次年，北京师范大学和香港浸会大学签订合作协议。2005 年 4 月，北京师范大学—香港浸会大学联合国际学院（UIC）获国家教育部特批成立，成为国内首家内地与香港合作创办的高校。

"像 UIC 这样的学校在中国办晚了一些，这不是后悔，因为如果中国改革开放不到一定阶段，如果教育事业发展没有遇到困惑，就不会有中外合作办学，我们要认清事物发展的客观规律。这是时代赋予的，不由人做主。"许先生说道，"希望 UIC 的孩子们认识到这个机遇来之不易，他们赶上了好时候，应该珍惜。"

一方面中国内地高等教育有迫切改变的需求，另一方面香港浸会大学也在思考为祖国的教育做一份贡献，大家不谋而合，UIC 应运而生。

UIC 从设想到创立再到办学，首先要感谢北京师范大学和香港浸会大学两个母体。浸大在教学资源、人力资源和经验方面，都给予了 UIC 很多支持，而北师大的校领导和教授们对 UIC 这样一个新生事物的宽容，这本身就是一种很大的支持。在政府层面，UIC 也同样受到了礼遇。对此，许先生也心存感激。

"要知道 UIC 当年申请办学的时候，是全国中外合作办学的第二家，第一家是宁波诺丁汉大学。一个新生事物怎样允许她出生，以后又怎样爱护她、帮助她、管理她，这些都没有经验。但是，教育部、广东省政府以及珠海市政府顺当地通过了审批手续。每一次 UIC 有需求，三级政府都能按照法律法规，尽力支持、给予方便。例如，UIC 新校园的 300 亩地就是珠海市政府的大力支持，他们也希望这所大学能给珠三角、中国乃至世界，培养高素质的优秀人才。"

二　现代大学有三个趋向：个性化、国际化、社区化

身处于一个多元开放的世界，所有大学都在寻找自己的发展趋向，以应对当下和未来世界日新月异的变化。在许嘉璐先生看来，现代大学基本都具有三个趋向：个性化、国际化、社区化。

"第一是个性化，就是每个大学要有自己的特色。这个特色原来人们认为只在于专业设置，其实不尽然，管理、氛围以及专业都该有自己的特色。第二是国际化，即使欧美大学已经和世界其他地方有了密切联系，现

在也在努力走向国际化。这里的国际化兼顾东方和西方，思考、研究全球问题。第三个趋向是社区化，就是学校要走出校门，进入社区、为社区服务。"

许先生以 UIC 为例说明，"成立至今，我体验了很多由学生主办的很有创意的活动，这些活动不仅舒缓了学习的压力，也锻炼了学生的能力。这也就是 UIC 说的全人教育、四维教育、博雅教育，这三者合起来，UIC 的特色和个性开始渐渐显露出来。"

而对于 UIC 这个内地和香港两地联姻的新生儿，怎样在保有个性化和国际化的同时做好社区化，无疑是一个新课题。"内地和香港在处理事情上确实存在一些差异，包括法律法规在内。太过内地化，就会没有独特的风格；完全按香港模式办，又会不合国情。因此，我们只能立足珠海，尽力为当地社群做好服务。这是京港融合的切入点。"

UIC 学生时常去珠海当地的中小学、福利院做义工；学校在社会管理、食品安全、环境保护等多方面为珠海政府建言献策、提供培训；毕业生也会留在珠海工作或创业，等等。许先生强调说，"社区化是未来大学必走的一条路。"

三　UIC 的博雅教育以中国文化为主体、广泛吸取世界的好东西

UIC 从创校之初就怀着办成一流博雅型大学的理想，十年办学，不忘初心。"我们要做出这样一种博雅教育：以中国的文化为主体，广泛吸取世界各国所有好的东西，让孩子们既博又雅。"许嘉璐先生如是概括。

在他的理解，"博"是广博，让学生能够有广泛的知识和最大的视角；"雅"是高尚，精神的高尚，举止的高尚，生活的高尚，要培养孩子视野广阔，知识丰富，又有高尚的追求，快乐幸福地度过一生。实现这样的目标，需要学校、老师以及同学们长时间的摸索和努力。"在这个过程中，可能会有很多不同的评议，这种评议本身就是财富，我们可以广收博取、兼收并蓄。中国文化的特点就是包容，多元之间相互学习、彼此补充。"

四　教授治校：管好大事，兼顾效率

近年来，"教授治校"和"去行政化"成为中国高等教育界的热搜词。大家都在探索：教授如何在治校上发挥更大的作用？而在 UIC 这个行政色彩本来就不浓的学校，教授治校更关乎学校的管理模式。

对于这个问题，许嘉璐先生也有自己的看法。"在我访问欧美的顶尖大学时，发现他们也面临同样的问题。大家都了解，教授的个性很强，都有自己的见解，那么如何兼顾效率？我理解的教授治校应该是教授管大事，因为每位教授都有自己的教学和研究任务，时间不充裕。比如 UIC，由教授组成负责不同领域的委员会，在大事上做出决议，提供给校长抉择，领着行政人员去做。我想这就达到了教授治校。"

采访临近尾声，当被邀请对 UIC 过去十年给予评价时，许嘉璐先生稍稍停顿后说道，"中国的高等教育不改革是没有出路的，但是不能心急，改革涉及观念，观念体现在习惯上。我期许的 UIC 不仅要培养内地、香港和世界需要的人才，我还期望产生更大的效应——推动内地高校的改革。这个愿望目前还没有达到，但是 UIC 的影响会越来越大，对照参考的学校会越来越多，我对我的期望是有信心的。"

文：吴艳

把最好的内容传授给一线语文教师[※]

——在受邀任语文出版社修订版语文教材总顾问时的谈话

本报讯（特约记者 郑伟钟）2015 年 12 月 15 日，全国人大常委会原副委员长、中国文化院院长许嘉璐先生在中国文化院会见了语文出版社社长王旭明一行，并欣然接受出任语文出版社修订版语文课标教材总顾问。

王旭明社长向许嘉璐先生介绍了语文社修订版教材的特点：一是注意通过课文篇目、课后练习、单元训练等方式加强传统文化教育；二是加强口语训练，听说读写同步推进；三是强调语文性，注意将思想道德教育融于语言文字的熏陶之中；四是教学目标、重难点和教学环节的设计充分考虑教学需要，突出实用性；五是教材、教参、学参，"三位一体"，努力打造一套老师好教、学生好学的语文教材。

许嘉璐先生充分肯定了语文社修订版教材的特点，认为这很好地体现了语文教育"润物细无声"的特点，也体现了教材编写者的思想高度。许先生着重指出：第一，中小学语文教材充实传统文化内容非常必要，但考虑到当前语文教学的实际情况，增加古诗文要适量。同时，应该注意选取适合学生年龄特点的篇目，既要避免让学生生吞活剥地背诵，又要避免教师烦琐的字词讲解。第二，许先生非常赞成在语文教学中加强口语训练。很多人讲话啰唆、缺乏逻辑、枯燥干瘪，都与语文课不重视口语训练有很大关系。讲演是培养口语表达能力和思维条理性的良好方式，教材可以在适当年级段安排讲演、辩论；还可以鼓励学生编写课本剧并进行表演，等等。第三，过去中学语文教材以文体组元，小学语文教材以主题组

※ 此文刊载于 2015 年 12 月《语言文字报》。

元，这样组元有优点，但缺点也比较明显，主要是学生连续学习相同文体或主题的课文容易感觉枯燥、难以发现文章个性。修订版教材淡化了文体和主题，突出了语文要素体系，这是非常好的做法。第四，教师用书的编写要注意从提升教师的语文素养出发，定位为教师进修读本。要把教材理念、编排意图和语文教学规律呈现出来，不能简单地把教师用书理解成是手把手教老师上课的工具书。

　　许嘉璐先生还对教材的培训工作提出了期望。他指出，教材培训要注意实效、感性和理性相结合，既要说明白教材的内容和特点，也要注意通过剖析实例让老师获得直观感受。要组织一支精干的讲师队伍，在培训之前要试讲，精心打磨、反复修改，把最好的内容传授给一线语文教师。

后　记

　　《未达续集》的稿子就要交付出版社了，为了便于读者翻阅，我想把所收文章、讲话大致分分类。起初，这个任务是交给友生薛冬梅的，她感到难以划分，于是我通读全书，拟自己动手。这时发现，这"类"实在不好分。按文体分，则无益于读者；按内容/主旨分，又几乎处处遇到此中有彼、彼中有此的情况，归于何处颇费斟酌。这或许是谈文化时实际情况的反映吧：文化是一个庞大的、几乎无边无沿的社会现象，谈其中某一形态或现象，都要牵扯（其实就是"关联"）到别的方面，有时还要为这个"别的方面"用去不少笔墨。诚然，文章（其实诗词也是如此）的分类自昭明太子选编《文选》时已经遇到，其后的众多选家也都绕不过去这道坎儿。

　　写了以上这么多话，我的意思就是想向读者交待：书中所分的几类，都是"大体如此"，莫太较真，同时也希望对中华文化和文化"走出去"感兴趣的读者，把我在这里的论说放到人类的和民族的整体文化中审视。

　　在搜寻我的文章和讲话时，参与者们发现了我于2007年在甘肃武威的一篇发言稿，建议收进来。该发言是谈生态的，和本书内容并"不搭界"。换个角度想想，现在生态问题不是越来越成为"热议"的话题吗？人们在谈到生态时不是越来越注重文化在其中的决定性作用吗？这就证明了友生们的建议是可取的。于是，我把它"附"在书后（不是"附录"），聊备一格。

　　帮我蒐集整理书稿的是友生张学涛、薛冬梅，总其事者，依然是朱小健、朱瑞平二位教授，对他们岂是一个谢字了得！

许嘉璐

2016.6.20 于京郊